# 李卓宝文集

李卓宝 · 著

清華大學出版社
北京

图书在版编目（CIP）数据

李卓宝文集/李卓宝著.—北京：清华大学出版社，2023.2
ISBN 978-7-302-62678-7

Ⅰ.①李… Ⅱ.①李… Ⅲ.①李卓宝-文集 Ⅳ.①G649.21-53

中国国家版本馆CIP数据核字（2023）第025971号

责任编辑：马庆洲
封面设计：傅瑞学
责任校对：赵丽敏
责任印制：杨　艳

出版发行：清华大学出版社
　　网　　址：http://www.tup.com.cn，http://www.wqbook.com
　　地　　址：北京清华大学学研大厦A座　　邮　　编：100084
　　社 总 机：010-83470000　　邮　　购：010-62786544
　　投稿与读者服务：010-62776969，c-service@tup.tsinghua.edu.cn
　　质量反馈：010-62772015，zhiliang@tup.tsinghua.edu.cn
印 装 者：三河市东方印刷有限公司
经　　销：全国新华书店
开　　本：145mm×210mm　　印　　张：8.375　　字　　数：206千字
版　　次：2023年3月第1版　　印　　次：2023年3月第1次印刷
定　　价：69.00元

产品编号：100083-01

# 回顾与李卓宝同志共事时的两三事
## （代序）

方惠坚

李卓宝同志在解放初期曾在学校团委担任副书记兼组织部长，在我调到团委时，她已在基础课工作，我和她工作上的联系不多。在我担任学校领导工作和退下来以后的一段时间里，经常要向何东昌同志汇报和请教一些工作，在她家里常常和她见面。她很关心学校的情况，问问学校的教学情况和学生的思想情况，和她的交往还是比较多的。在她搬到城里去以后，我曾到她家里看望她一次。由于相距较远，没有机会再去看望她。今年春节给她家里座机、手机都打了电话，想要问候她，没有接通。没有想到，过了几天，就得到她已离世的消息。

20 世纪 60 年代初，国家遇到经济困难，由于营养不足，学生的健康状况不好，特别表现在一部分女同学方面。蒋南翔校长很关心这一问题，要求学校建立女生工作委员会，请李卓宝同志任主任。在动员卓宝同志时，他说："女同学的好多事男干部很难去了解，当然要女干部去了解，党委里你是女的，又做过妇女工作，你有责任去解决。这些女学生不仅要培养成为红色工程师，将来她们还是母亲，我们共和国的母亲。她们的健康状况直接影响到我们的子孙后代，将来子孙后代都要感谢你的，是功德无量的事。"学校还让时任校长办公室主任朱志武和我（时任校团委副书记）担任女生工作委员会的副主任，协助卓宝同志工作。李卓宝同志上任以后，在女同学中认真进行调查研究，听取女同学的意见。在当时，男同学需要的菜量大一些，而女同学需要量少一点，稍为精一点。在学校总务部门的支持下，办了女生食堂，受到女生欢迎。那时吃过女生食堂的同志，说起当时给病号包的一两十个小饺子，还记忆犹新。另一件事，当时女同学住的东区五、六号楼厕所设置和男生楼的一样，早上要上早操，女生就来不及上厕所。学校了解情况后，给五号、六号楼每层增加两个厕所，解决了问题。

卓宝同志长期坚持从事教育研究，在她担任基础课委员会党总支书记时还和江丕权同志合作写了《关于基础理论课教学工作》一文，着重探讨了基础课与专业课、与应用学科的关系，以及古典理论与现代科学发展的关系，刊登在 1961 年《红旗》杂志上。学校 1979 年建立了教育研究室，她曾任主任，1985 年扩建为教育研究所，她任所长。和其他师范大学的教育研究所着重研究基础教育不同，清华着重研究高等教育。在 20 世纪 80 年代，教育研究所专职研究人员很少，为了开展教育研究，动员和吸收学校有关各部门和各系教学管理工作的教师参加教育研究工作。学校在 1986 年 4 月举行第一次教育思想研究与学术报告会，并成立了清华大学教育研究会，高景德校长担任会长，卓宝同志和我任副会长。这样，学校就有一大批既能从事教育管理工作又能参与教育研究的兼职人员，撰写一些教育研究的文章，发挥了积极作用。后来由我接任会长，配合卓宝同志开展教育研究工作。

在 20 世纪 90 年代，学校承担了“全国哲学社会科学‘八五’规划国家级重点研究课题”，以卓宝同志为主，我和安洪溪协助她主编了《坚持与超越——理工科大学培养人才的基本特征及其途径的研究与试验》一书。这一研究成果在 1999 年获全国教育科学优秀成果一等奖。

卓宝同志作风朴实，待人和蔼，平易近人，关心年轻教师和年轻干部的成长。晚年，为了照顾东昌同志，付出了心血。她的一生为清华的教育管理和教育研究工作做出了积极贡献，我们永远怀念她。

2020 年 6 月

# 深切缅怀李卓宝教授

清华大学教育研究院　王孙禺　刘惠琴

中国共产党优秀党员，清华大学原党委委员、校务委员会委员、校学术委员会委员；原国家教委教育科学规划领导小组成员兼高等教育学科组组长、国家教委教育发展研究中心研究员、中国教育学会常务理事、中国高等教育学会常务理事；清华大学教育研究所首任所长，原《清华大学教育研究》杂志主编李卓宝教授，因病医治无效，于2020年3月13日凌晨4时永远离开了我们，享年91岁。

## （一）救国求学

清华大学文科有着十分悠久的发展历史，其中教育学科是其重要的组成部分。1911年清华学堂设有哲学教育学科，1926年清华学校正式建立教育心理学系。1945年8月抗战胜利，次年5月西南联大宣告结束，随后，清华、北大、南开三校分别迁回原来校址。复员后的国立清华大学未设教育学系，但仍设有心理学系。

1946年，来自名门望族的李卓宝怀着救国求学的理想，毅然只身从澳门北上，到清华求学。当年的清华理学院心理学系是全国知名的学系之一。那年考取心理学的有陈金秀、李卓宝、姜德珍、马利英等学生[①]。由此，李卓宝成为心理学泰斗、系主任周先庚先生的学

① 《国立清华大学本科一年级学生名录》，清华大学校史研究室：《清华大学史料选编》（第4卷），北京，清华大学出版社，1994年，第460页。

生。四年后,1950 年李卓宝毕业,获心理学学士学位,留校执教。

在清华党组织的关怀和引导下,李卓宝于 1948 年 10 月加入我党领导的新民主主义青年联盟,开始革命工作。1949 年 2 月加入中国共产党。1949 年至 1953 年,任清华大学共青团团委副书记;1950 年 8 月至 1966 年 6 月,任清华大学党委委员;1953 年至 1958 年,任清华大学速成中学副校长、党组书记;1958 年 9 月至 1966 年 9 月,任清华大学基础部副主任,党总支书记;曾任北京市第二届、第三届党员代表大会代表、北京市妇联常委、北京市第一届妇女代表大会代表。

1984 年 3 月至 1986 年 2 月,李卓宝任清华大学教育研究室主任;1986 年 3 月至 1992 年 10 月,任清华大学教育研究所首任所长和《清华大学教育研究》主编。

1987 年 7 月,李卓宝获批研究员资格,是改革开放后我校文科最早获正高级职称的教师之一。

1993 年 3 月,李卓宝教授光荣离休。

李卓宝教授把一生献给了为之终生奋斗的共产主义事业,献给了祖国解放和社会主义建设事业,献给了继承发扬光荣革命传统和优秀文化传统的人民教育事业,献给了清华大学自强不息、厚德载物、创建世界一流大学的伟大事业。

## (二)建所之功

1952 年,全国高等院校进行院系调整,清华大学心理学系随理学院并入北京大学。尽管 1952 年院系调整至“文革”结束,清华大学没有设立教育及相关学科与课程,但关于教育研究的活动始终没有停止,特别是有关教育教学研讨会这样长期坚持的教育研究活动未曾中断。1953 年开始,学校共召开过数十次教育教学研讨会,内容涉及学校发展、学科建设、人才培养,以及修订教学大纲、交流教学经验、推进教学改革等等。

李卓宝教授始终是清华大学开展教育研究的积极倡导者和推动者。

改革开放以后，为适应社会发展及学校学科建设的需要，清华大学对原有院系、研究机构等进行了调整和增设。在李卓宝教授和多位领导的建议下，1979 年 10 月 26 日，经学校研究决定，成立“清华大学理工科教育研究室”①，下设应用心理学研究室、校史研究室、基础教育研究室等，直属学校领导。1980 年起，汪家镠、邢家鲤、李卓宝先后任教育研究室主任②。办公地址设在明斋东侧一楼北头，白手起家，创业十分艰苦。

随着清华大学教育事业的发展，1986 年 2 月 25 日，在校党委常委会和校长工作会联席会议上，决定将教育研究室改为教育研究所③，隶属于校机关。教育研究院下设高等教育研究室、普通教育研究室（附中）、校史研究室（党委宣传部）、杂志编辑部、资料室，由学校有关校长领导，党支部属校机关党委领导。同年 3 月 6 日，校长工作会议通过，任命李卓宝为教育研究所所长④。

1993 年 12 月 26 日，校务会议决定建立人文社会科学学院，教育研究所隶属关系由校机关转至人文社会科学学院。由此，清华大学教育研究所由一个隶属校机关的行政事务部门转型为一个学术研究机构，填补了清华学科门类中缺少教育学门类的空白。

李卓宝教授坚持教育研究要大中小学一起抓，认为从基础教育到高等教育是“一条龙”，因而特别邀请附中校长万邦儒兼教育研究所普通教育研究室主任。李卓宝教授曾自嘲，清华大学与别的大学

---

① 《清华大学一九七九年大事记》，《清华公报》增刊（2），1979 年 12 月 31 日，第 15 页。

② 《清华公报》，第 67 期，1982 年 12 月 30 日。

③ 《清华大学一九八六年大事记》，《清华公报》增刊（57），1987 年 3 月 2 日，第 3 页。

④ 《清华公报》，第 117、118 期，1986 年 4 月 3 日。

不同，别人称“高等教育科学研究所”，我们称“教育研究所”，比人家少四个字——“高等”和“科学”。因为我们不能只讲“高等教育”，研究高等教育必须考虑到基础教育的发展和衔接；我们不是不追求“科学”，但我们更强调的是，讲求实事求是，讲求解决具体问题。

在高等教育研究尚属创始阶段，李卓宝教授以马列主义、毛泽东思想为指导，旗帜鲜明地坚持党的领导，始终贯彻党的教育方针，结合和利用自身丰富的高等教育实践经验，深入调查研究，深刻论述了理工科高等教育发展问题；对高等教育研究中理论研究和实践研究的关系、领导干部与教师群众共同参与教育研究的关系、教育专业教师与理工科专业教师的关系等进行了深入思考。为清华大学和全国教育学科的发展贡献了智慧和力量，取得了杰出成就。

## （三）人才培养

改革开放以后，李卓宝教授意识到中国的教育要走向世界，提出要结合我国的国情，学习借鉴西方教育制度中的长处；针对我国现代化建设急需培养创新人才，提出要培养学生的独立创造性；针对提高工科人才培养质量的客观需求，提出工科需要有坚实的理科和人文科学基础等重要思想。

为此，教育研究所成立初期曾招收专科生。1990 年至 1996 年曾招收“高等教育管理专科班”和“办公自动化专科班”，开设高等数学、中国革命史、管理学、逻辑学、心理学、专业英语、电工与电子技术、办公自动化应用、普物实验等课程。[①] 同时，教育研究所招收研究生，为高等学校、国家机关、教育管理部门以及重点企事业单位培养输送高质量的毕业生；此外，教育研究所还开办研究生课程进修班，培养学校和教育管理部门的教学研究和管理骨干。

---

① 《清华大学教育研究所记事》（1976—1996），1997 年。

自1990年起,教育研究所相继获得高等教育学、教育管理学、应用心理学硕士学位授予权,后来还获教育经济与管理、高等教育学博士学位授予权。

1991年教育研究所获批高等教育学硕士授权点后,李卓宝教授开始招收硕士研究生,并亲自讲授研究生主干课程“高等教育学”。

1993年,李卓宝教授指导的清华大学第一位教育学科研究生王宇毕业,并获硕士学位,毕业论文题目为《中国理工科大学毕业设计(论文)之研究》。此后,李卓宝教授名下陆续毕业的硕士生有李学禄,硕士论文题目为《社会主义市场经济条件下我国高等学校办学自主权》;张岩峰,硕士论文题目为《人与文化——大学人文教育之意义》。

## (四)科学研究

在李卓宝教授的带领下,教育研究所除为教工、学生开设有关课程,承担教学任务外,还积极号召清华大学教育管理人员和教师参加各级各类教育科学的研究,积极参与全国哲学社会科学、教育科学的发展规划课题,整理编写清华大学校史,为教育研究人员提供相关图书资料等。在此基础上,李卓宝教授亲自推动并建立了一系列教育研究组织和机构,拓宽教育研究的平台,壮大教育研究的队伍,使清华教育研究得以形成自己鲜明的特色。

**清华大学教育研究会**。1986年4月,作为群众性学术团体的清华大学教育研究会成立,“其宗旨是:在马列主义、毛泽东思想指导下,从社会主义建设的需要出发,坚持理论联系实际的原则,积极开展群众性的教育科学研究,总结我国特别是我校教育工作的实践,借鉴国内外的有益经验,探讨教育的客观规律,促进学校教学质量、科学研究水平和管理水平的提高,为发展具有中国特色的社会主义教育事业做出贡献”。[①] 时任校长高景德任理事长,方惠坚、李卓宝任

① 《清华大学教育研究会简讯》,《清华大学教育研究》,1990年第2期。

副理事长。① 至1990年,教育研究会“有会员200余人,下设15个研究小组,结合本部门工作实际,积极开展总结、研究和交流活动。”②

1990年6月,召开第二届会员大会。1993年12月,召开第三次会员大会。大会通过第三届教育研究会理事会名单,其中,理事长杨家庆,副理事长胡显章、吴敏生、白永毅、郑燕康、王孙禺,秘书长李越,副秘书长李家强、刘惠琴。③

教育研究会的成立,“使学校教育研究队伍由少数专职和大量兼职人员相结合组成,日常组织工作由学校教育研究所负责,推动了群众性教育科学研究蓬勃开展,并取得大批研究成果,对学校的教育改革和建设工作起到了促进作用”。④ 在李卓宝教授的带领下,教育研究会先后完成了有关“工程科技人才培养”“理工科大学培养人才主要特征”“新时期高等工程教育人才培养规律及其应用”“应用学科高层次专门人才培养途径多样化”,以及“高等教育评估”“高等教育管理”“大学生社会实践”等全国哲学与社会科学“七五”“八五”国家重点课题⑤。

教育研究会承担的课题任务取得了良好的成果,其科研成果曾荣获“国家教育科学优秀成果奖、全国高等教育学会优秀成果奖、北京市高教学会优秀成果奖等,获奖数量和等级在全国高校中名列前茅”⑥。如,“大面积、多层次、多规格开展因材施教”的教改试验研究获第一届全国教育科学优秀成果一等奖;《清华大学研究生教育改革

---

① 《清华大学教育研究所记事》(1979—1996),1997年。

② 《清华大学教育研究会简讯》,《清华大学教育研究》,1990年第2期。

③ 《清华大学教育研究所记事》(1979—1996),1997年。

④ 《清华大学教育研究会简讯》,《清华大学教育研究》,1990年第2期。

⑤ 《清华大学教育研究会简讯》,《清华大学教育研究》,1990年第2期;桐叶:《清华大学教育研究会成立十周年》。

⑥ 桐叶:《清华大学教育研究会成立十周年》,《清华大学教育研究》,1997年第1期。

试验报告》获中国高等教育学会1990年教育研究优秀成果一等奖；还有多篇论文分获北京市高等教育学会教育科学优秀论文成果奖和国家教委直属高等工程教育研究协作组优秀论文奖。这些研究成果对繁荣我国社会主义高等教育研究做出了有益贡献。[①]

**清华大学高等教育学会**。2004年12月28日,清华大学高等教育学会正式宣布成立,校长顾秉林担任第一届理事会理事长。[②] 根据学会章程规定,"清华大学高等教育学会是学校广大教职员工的群众性学术团体,接受清华大学的领导和中国高等教育学会的指导。学会将面向高等教育的实践,开展教育科学研究,积极推进高等教育决策的科学化、民主化"[③]。此后,我校教育研究会与高等教育学会一并运行,一并开展工作。

**清华大学学生心理咨询中心**。1987年,清华大学建立了高校最早的学生心理咨询中心,为学生提供专业的心理服务[④]。2000年,"教育研究所设立了心理学研究室"[⑤]。2006年4月18日,成立"心理学与认知科学研究中心",主要从事心理学与认知科学的跨学科研究。[⑥] 2008年5月14日,校务会议讨论通过,决定成立"清华大学-伯克利心理学研究中心",中心"积极组织协调校内文、理、工、医等相关学科研究力量,开展跨学科前沿性研究,充分利用外部资源,积极开展国际合作,致力于心理学的研究和教育"[⑦]。

---

① 《清华大学教育研究会简讯》,《清华大学教育研究》,1990年第2期,第84页。

② 《清华大学高等教育学会成立》,《清华大学每日动态信息》(2004)第2919号(2004.12.29)。

③ 《清华大学成立高等教育学会》,《中国高教研究》,2005年第1期。

④ 清华大学心理学系网站,http://www.tsinghua.edu.cn/publish/psy/2282/index.html。

⑤ 清华大学心理学系网站,http://www.tsinghua.edu.cn/publish/psy/2282/index.html。

⑥ 清华大学心理学与认知科学研究中心编印:《清华大学心理学与认知科学研究中心工作简报》,第5期(总第5期),2006年12月30日。

⑦ 《关于成立清华大学-伯克利心理学研究中心的决定——经2007—2008学年度第20次校务会议讨论通过》(2008年5月14日),《清华公报》,2008。

在李卓宝等教授等专家的倡导下,同年 5 月 20 日,校务会议讨论决定恢复建立心理学系[①],其中应用心理学专业由教育研究所和人文社会科学学院心理学系共同建设。

在学科建设方面,李卓宝教授在创立全国理工科大学第一个教育研究所之后,除了担任教育研究所首任所长外,还曾担任理学院领导小组组长等职务。她曾多次召集校内外专家学者研讨清华大学心理学科建设问题。作为清华心理系的早期毕业生,李卓宝教授一生对心理学有着深厚的感情,一生从未放弃过重建和繁荣清华心理学学科的梦想。

**清华大学工程教育中心**。2008 年 12 月 3 日,校务会研究讨论通过,决定成立“清华大学工程教育中心”,挂靠教育研究所运行[②]。“清华大学工程教育研究中心由清华大学教育研究所、工业工程系、电机工程系、机械工程学院、信息科学技术学院、继续教育学院、基础工业训练中心等院系单位共同发起,在教务处、研究生院、科研院、企业集团的大力支持协助下,形成的‘学—产—研’跨学科和跨单位共同合作的研究机构。”[③]校长顾秉林院士受聘为中心名誉主任,原教育部副部长、清华校友吴启迪任中心主任,谢维和、袁驷、王孙禺、林健等任副主任;学校老领导余寿文担任中心学术委员会主任[④]。王孙禺任秘书长,李越、张文雪、刘惠琴等任副秘书长。

李卓宝教授对于工程教育中心的成立,给予了极高的评价和极大的支持。清华大学工程教育研究中心成为后来成立的“中国工程

---

① 《关于恢复建立心理学系的决定——经 2007—2008 学年度第 21 次校务会议讨论通过》(2008 年 5 月 20 日),《清华公报》,2008。

② 《关于成立清华大学工程教育研究中心的决定》,《清华公报》,2008 年。

③ 《清华大学工程教育研究中心揭牌成立》,《清华大学每日动态信息》,(2009)第 121 期。

④ 《清华大学工程教育研究中心揭牌成立》,《清华大学每日动态信息》,(2009)第 121 期。

院-清华大学工程教育研究中心”和“联合国教科文组织国际工程教育中心”的前身。

李卓宝教授曾任全国教育科学规划领导小组成员、高教组组长，一直积极承担、参与教育科学研究课题的领导组织工作。同时，参与全国哲学社会科学、教育科学发展规划的研究工作，取得了优异的科研成果。李卓宝教授承担和参与的部分重大科研课题有：“高等工程科学技术人才类型与主要素质培养的研究与试验”（哲学社会科学“七五”规划国家重点项目）；“我国理工科大学培养人才主要特征及途径的研究与试验”（哲学社会科学“八五”规划国家重点项目）；“理工科大学生思维能力培养的试验与研究”（哲学社会科学“八五”规划教委重点项目）；“我国社会主义理工科大学人才培养的主要特征及途径的研究与试验”（全国教育科学“八五”国家重点课题）；“三中全会以来我国高等教育科学研究的回顾、现状与展望”（中宣部重点课题子课题）；“建设有中国特色的社会主义高等教育理论研究”（国家教委课题）；“新的历史条件下关于大学教育本质与大学职能等问题的研究”（国家教委课题），等等。李卓宝教授在科研工作中多次获得国家级、北京市及学校奖励，其中有中国高等教育学会优秀成果奖二等奖（1988 年）、全国教育科学研究优秀成果奖一等奖（1999 年）、中国高等教育学会优秀成果奖一等奖（2005 年）、中国高等工程教育研究会优秀成果奖一等奖（2006 年）、全国教育教育规划优秀成果奖二等奖（2006 年），等等。

## （五）创办刊物

创刊于 1980 年的《清华大学教育研究》是国内理工科大学中最早创办的教育研究杂志，也是清华大学最早的文科学术期刊。当时刊名为《清华大学教育研究通讯》，李卓宝教授任主编。1986 年，杂志更名为《清华大学教育研究》，拥有国内刊号和国际刊号，面向国内外公开发行,是最早被列入全国《中文核心期刊要目总览》的“核心期刊”。同时,清华大学教育研究所还编辑出版了《教育研究参考资料》等内部学术刊物。[1]

李卓宝教授始终倡导《清华大学教育研究》要以“百花齐放,百家争鸣”、理论与实践相结合为办刊宗旨,在积极保持和发挥清华大学理工学科研究优势的同时,继承和发扬历史上清华的人文社会科学传统。李卓宝教授始终把《清华大学教育研究》作为教育研究和学科发展的实验基地,作为坚持和宣传党的教育方针的思想阵地。李卓宝教授始终坚持《清华大学教育研究》必须隶属于教育研究所,强调学术性、专业性,不得商品化、产业化。

## (六)学术交流

为提升自身科研水平,教育研究所积极组织和参加海内外教育及相关学术研讨会,派员赴美国、德国、日本、苏联等国家和我国香港、台湾地区进行教育考察,同时邀请专家学者来校座谈、报告,开展广泛的学术交流与互访。

李卓宝教授参与的部分国际或地区学术活动有:1980 年 5 月,作为清华大学访美代表团成员考察美国教育;1986 年 1 月,率教育代表团考察香港教育;1990 年 6 月,作为中国教育代表团成员赴德访问;1991 年 6 月,作为中国教育代表团成员访苏,在莫斯科召开的中苏高等教育改革研讨会上宣读论文《坚持社会主义方向,全面提高教育质量》。此外,李卓宝教授十分关心青年教师的成长,鼓励青年教师参与国际交流,选派青年教师出国(出境)攻读博士学位或做短期访问学者。

作为清华大学教育研究所首任所长,李卓宝教授带领全所师生

---

① 桐叶:《清华大学教育研究会成立十周年》,《清华大学教育研究》,1997 年第 1 期;《清华大学教育研究会简讯》,《清华大学教育研究》,1990 年第 2 期,第 84 页。

艰苦创业、砥砺前行，探索既不同于西方教育研究、也不同于师范院校的教育研究之路。在建所之初，她就明确提出清华教育研究所的宗旨，要坚持以马克思主义为指导，着力研究我国社会主义教育事业发展改革过程中的理论问题和重大现实问题为中心，探索具有中国特色的社会主义教育规律，努力为建立和完善具有中国特色的社会主义高等教育科学体系做出贡献。

经过长期的努力，清华大学的教育研究机构走过了初创和发展的进程，从教育研究室到教育研究所，再到教育研究院的成立。2009年11月6日教育研究院举行成立大会时，老所长李卓宝教授在大会上做了重要发言。[①] 清华大学教育研究院的成立，表明了学校对教育学科的高度重视，开启了清华大学教育学科发展的新阶段。2019年10月，清华大学召开"教育研究院成立四十周年庆祝大会"，李卓宝教授通过视频，表示热烈的祝贺。

如今，教育研究院经过多年的积累，在学科建设、人才培养、科学研究、师资队伍、国际交流和服务学校等方面取得了突出的成绩，为学校和国家做出了重要贡献。

春华秋实，继往开来。如今的教育研究院在学校的坚强领导和大力支持下，团结一心，众志成城，面向宏观教育政策、面向学校改革、面向教育学科前沿，继承李卓宝教授的遗愿，努力推进中国特色、清华风格的世界一流教育学科建设，为清华大学早日跻身世界一流大学前列和加快实现国家教育现代化做出更大努力。

敬爱的老所长李卓宝教授永远活在我们心中！

2020年4月5日清明节

① 《清华大学教育研究院成立》，http://www.ioe.tsinghua.edu.cn/publish/ioe/5332/2010/20101222112814339329880/20101222112814339329880_.html。

# 目　　录

# 关于自然科学基础理论课的教学工作*

加强自然科学基础理论课(以下简称“基础课”)的教学工作,是高等学校培养理工科的各种专门人才的重要关键之一。基础课之所以重要,是因为它对提高学生的科学理论水平和业务能力起着决定性的作用。根据多年来的经验,基础课学好了,专业课才有条件学好。理论教学(包括基础课和专业课)的质量提高了,有了深厚的理论知识作为基础,才有可能使学生在生产劳动、生产实习与其他实践性教学环节中,正确地运用理论知识来解决实际问题。这样,学生毕业以后就可以较好地适应实际工作的需要,具备比较高的独立工作能力。

在基础课教学工作中,如何贯彻党的教育方针,不断提高教学质量的问题,是比较复杂的,本文不能一一予以论述。现仅就清华大学几年来基础课教学工作的情况,提出其中几个有关的问题,试做初步探讨。

## 关于适应不同专业需要的问题

基础课的基本任务,是帮助学生掌握自然界各种基本的运动形

---

* 本文原载《红旗》1961年第24期,与江丕权共同署名。

态及其相互联系的规律性的知识。人们改造自然界的种种活动,归根到底,无非是通过物理的(包括机械的)和化学的变化(对生物界来说还有生物学的变化)来实现的,而且,还必须运用数学这个研究关于数量和空间形式的科学。因此,不同专业的学生都要学习物理、化学、力学、数学等基础课程。所以不同专业的基础课,是有很大的共同性的。但是不同专业,由于培养目标不同,对基础课的要求又是有所不同的。那么,基础课教学应该如何适应不同专业的需要呢?这个问题,也就是通常所谓结合专业的问题。

为了提高学生的基础理论水平,扩大他们毕业以后在工作中的适应能力,一般地说,基础理论知识是越广博越深入越好。但是学生可以用来学习这些基础课的时间毕竟是有限的,这常常与上述广博和深入的要求有矛盾。因此,基础课在保证使学生能够系统和巩固地掌握基本理论知识的条件下,必须照顾到不同专业的不同需要,在内容的范围、重点和深度等方面适当地有所安排。同时,基础课应该为学生学习后续课程有关的教学环节做好准备,使整个教学过程能够根据学生认识规律循序前进。不同专业的课程设置是不同的,所以有时也需要基础课在教学中适当地照顾这些差别,使不同的教学过程互相衔接起来,并避免相互之间的脱节或不必要的重复。例如在工科专业中,虽然一般都要有化学基础课,但是化工类的专业,由于必须以化学作为最主要的基础知识,所以与其他专业在化学基础课的要求上就有着较大的差别。总之,基础课必须适应这些专业之间的不同需要,在教学计划和教学大纲中做出相应的规定。基础课教师,为了准确地实现教学计划和教学大纲中规定的要求,应该了解不同专业的基础课之间主要的差别和有关的后续课程。只有这样,他们才能明确了解所教课程的要求,有目的地去改进教学工作,使学生在有限时间内,能够牢固而深刻地掌握培养目标所需要的基本理论知识与技能。

在注意基础课适应不同专业需要,改进教学工作时,必须注意以下几方面的问题。

基础课要为专业课在基础理论方面做好准备,但是又不能认为只是专业课需要什么才教什么,而不注意去提高基础课的理论水平和适当照顾到学生毕业以后工作中发展的需要。例如,工科许多专业,对化学知识的直接需要是由于要使学生了解有关工程材料的化学性能和化学加工过程而引起的。但是,如果根据这样狭隘的理解来确定化学课的内容,就很可能把化学课变成种类繁多的工程材料课,因而不适当地降低对化学课的理论要求。又如,现代计算技术在我国工业中应用还比较少,目前在基础课中不考虑到这方面的需要,一般并不会影响学生学习专业课。但是完全可以预计,不久的将来,现代计算技术的应用是会十分广泛的,因而在数学基础课中,如果适当增加某些有关现代计算教学的基础知识,将会给学生适应这种科学技术的发展带来好处。

基础课既然是要帮助学生掌握自然界的基本运动形态与规律,使学生了解这些现象的本质与规律的普遍意义,这就要通过了解它们的各种典型的表现形式来实现。在基础课的讲课、习题等教学过程中,可以联系到学生在专业课或实际工作中可能遇到的实际问题。这样可以帮助学生更好地学习理论,增加他们学习的兴趣。但是,又不能狭隘地理解为基础课只能联系到所学专业有关的实际问题。事实上,在大多数情况下,为了学生理解某个自然现象与规律,只联系一个专业范围内的实际问题,往往是不够的,或是不典型的。例如,对动力机械系的学生,讲述物理课中的能量守恒及其转化定律,就不能只限于动力机械中机械能与热能的相互转化。又如,为了使水工结构专业的学生理解数学中极限的概念,如果一定要以水坝的沉降现象作为实际例证,往往会因过于复杂而使学生难于理解,不如从物体运动速度这些常见的物理现象中抽象出这个概念更容易明了。总之,在基础课中联系到与专业有关的实际问题时,必须首先服从于使学生学好基础理论这个主要的目的。

不同专业对基础课的要求有很大的共同性,因此在基础课教学中,适应不同专业需要时,要注意不能过分强调它们之间的次要差别。对于性质相近的专业来说,其中的差别,甚至完全可以忽略。如果过分强调这些次要的差别,就可能妨碍基础课教师把精力集中用在对提高教学质量的主要问题上来。如果过多地照顾这些次要的差别,就要编写种类过多的教材,要许多教师分别讲内容大同小异的但又是不同类型的课程等等,这样就不利于提高教材的质量,不利于保证有经验的教师去讲课。

## 关于联系生产实际的问题

学生在学校里,主要是学习理性知识与间接经验。学生学习这些知识的认识过程,与人类认识的历史过程从根本上说是一致的,都是以感性认识作为基础、从感性到理性的认识运动,而其最终目的,则都是为了解决实际问题、为改造世界服务。因此,在教学过程中,必须注意正确处理理论与实际的关系,切实贯彻理论联系实际的原则。

在基础课教学过程中联系生产实际,首先,要让学生在必要的感性材料或已经初步掌握的理性知识的基础上,学习新的概念与规律。其次,要通过讲课和实验,使学生懂得基础课中的理论知识与人类任何知识一样,最根本的源泉是人类的实践,它们是在生产实践或科学实验中验证过的。在可能条件下,应该通过实验课让学生亲自验证某些原理,并且逐步地培养他们掌握有关的实验方法与技能。再次,学生学习这些理论,归根到底,是要用它们为当前和将来的生产实际服务,教师应该使学生初步了解这些理论知识对生产实践的指导作用,使他们正确地了解学习基础课的意义。最后,在基础课教学中还要通过习题、作业与部分实验课，一方面使学生巩固地掌握所学的理论知识，另一方面使学生通过这些教学环节，对如何运用基础理论知识解决实际问题，得到一些初步的练习。在这些练习中，教师还应该严格地要求学生，力求学生把在基础课中得到的训练，与专业课、毕业设计或论文的要求，紧密地衔接起来，以便毕业后能够适应实际工作的需要。

在强调基础课教学必须贯彻理论联系实际的原则的同时，还必须注意到学生学习的认识过程，虽然与人类认识的历史过程总的说来是一致的，但是，又是有区别的。人类认识的历史过程是不断向尚未发现的客观真理进行探索的过程。它必须在反复实践的基础上，综合大量感性材料，才能上升到理性认识；又必须经过实践、认识、再实践、再认识的多次循环往复，才能克服认识上的各种片面性和表面性，逐渐接近客观真理。这个过程，充满着错综复杂的各种偶然的因素，是一条曲折漫长的道路。例如，人类从摩擦生热的感性认识开始，上升到机械运动与热可以互相转化的理性认识，就要经过若干万年的时间。而学生在学校里的学习，主要不是去发现人类所不知道的新规律，而是接受经过前人总结概括了的系统知识。学生学习这些知识，虽然也要以一定的感性认识作为基础，但是并不等于说事事都要经过自己亲身的实践。学校教育的作用，就是使学生在教师的指导与帮助下，尽量排除人类认识历史上的那些偶然性和弯路，在最短而且比较集中的时间内，循序渐进地掌握前人经过漫长岁月才积累下来的知识。因此，不能把人们探索新的科学课题的过程，机械地搬用到教学过程中来。看不到这两个认识过程的区别，其结果必然是低估学生学习间接知识的可能性，要求学生配合基础课或其他理论课程的学习，参加过多的生产实践活动，或竟以生产实践来代替基础课或其他理论课程的学习。这种做法，实际上是不必要地延长了学生的学习时间，或者降低了课程的理论水平。当然，学生要深刻地掌握这些知识,还有待于他们毕业以后在亲身的实践中运用和验证这些知识。在这个意义上说,学生在学校学习的阶段里,只是初步地完成了掌握这些知识的这个过程。

现在学校教学计划中各门课程的安排,大体上是先让学生学习基础课和有关的技术基础课,然后再学习各种专业课,并参加专业性生产实习等实践活动。这种安排,是符合学生的认识规律的。

近代科学的发展表明,一方面,自然界和生产实践中任何运动过程,总可以分解为若干基本运动形态;另一方面,自然界和生产实践中任何具体的运动过程,一般总不能完全归结为某一种基本运动形态,它们总是若干基本运动规律的许多特殊表现形式的有机结合。基础课教学,就是让学生在研究自然界和生产实践中具体的运动过程之前,由浅入深地掌握自然界各种基本运动形态的规律性的知识。而专业课以及有关的教学环节,才是综合运用这些基本理论知识,进一步分析自然界某些具体运动形态或解决生产实践中的某些专门问题。这样,学生在学习专业知识与参加有关专业的实践活动时,才能由于有了良好的基本理论知识作为基础,真正掌握住客观事物的规律性。例如,一个学习汽车专业的毕业生对一辆汽车的认识,就与没有受过这种专业训练的人不同。他不只是感性的、停留在外部现象上的认识,而是懂得汽车内部各部分运动的实质和它们之间的相互联系,能够把汽车底盘的结构力学问题、汽车各部机械传动的力学问题、内燃机的热力学问题以及燃料系统、电力系统等等各方面统一起来认识。对一个具体的客观事物,要达到这样的认识,就必须首先懂得有关的基础理论知识,了解有关的自然界物质运动的普遍规律,也就是说,要首先学好基础课。

根据以上分析,可以看出,如果因为基础课的内容与生产实际的关系比较间接而移到高年级去学习,而把与生产实际有直接关系的专业课程和有关的教学环节提前到低年级中来学习,那么这种做法势必造成这些专业课及有关的教学环节，由于没有足够的理论知识作为基础，只能教一些缺乏理论分析的感性材料，而降低了教学质量。

基础课既然是讲述自然界基本运动形态的规律性的知识，正如以上所分析的，它们离直接解决生产中的实际问题还有一系列的中间的教学环节。从这个意义上说，它们是比较抽象的。要求在这些基础课程中讲授立即能够解决实际问题的知识是不切实际的，也不利于学生系统地学习理论。因为在基础理论中某些抽象概念与原理，虽然在实际中不能直接找到，但是，它们却深刻地反映了自然现象的本质。例如，卡诺的理想热力循环，恩格斯说他"构造了一部理想的蒸汽机"，"这样一部机器就像几何学上的线或面一样是决不可能制造出来的，但是……它表现着纯粹的、独立的、真正的过程"[①]。当然，仅仅懂得了卡诺的理想蒸汽机，是不可能设计出一部真正的蒸汽机或其他热力机来的。但是它对于各种热力机树立了一个最高的热效率标准，不研究它就不可能了解各种热力机的工作原理，也就不可能找到提高它们的热效率的方向。

同样地，在基础课的某些实验中也有类似的情况。马克思分析科学实验时说："物理学者考察自然过程时，要在它表现在最精确的形态且最不受扰乱影响的地方去考察。"[②]因为只有这样，才能把事物内在联系进一步揭发出来，并利用各种仪表和仪器来代替感官的直接观察，进行精密的测量和研究。不能因为这种将许多复杂的干扰因素尽可能简化掉了的实验，在生产过程中通常无法实现，就认为是脱离实际的，因而勉强用生产中的一具体任务去代替这些实验。这种做法，不利于帮助学生理解客观事物的本质，也不利于培养学生在从事科学工作时所必需的理论分析能力与科学实验技能，因之，这不是正确的理论联系实际的做法。当然，为了提高学生的实验技能，

① 《自然辩证法》，人民出版社，1955 年版，第 190 页。

② 《资本论》第 1 卷，人民出版社，1953 年版，第 3 页。

培养学生的独立工作能力,在一系列基本实验之后,安排一些综合性的实验,对提高实验教学的质量,训练学生解决实际问题的能力,是有好处的。

## 关于反映近代科学与技术发展的问题

基础课既然是以帮助学生掌握基本理论知识作为自己的主要任务,那么,它是否还需要注意反映近代科学与技术的发展呢?对这个问题必须给予肯定的答复。

首先,近代科学与技术愈往前发展,它们所需要的理论基础也就愈要深厚,愈需要综合更广泛更多方面的基础知识。因此,随着科学与技术的发展,对基础课的要求也愈来愈高了。例如机械制造专业,由于用计算机控制工作程序的自动化机床的出现,对基础课的要求显然比过去提高了。学生为了要掌握这种机床控制系统的运动的知识,所需要的教学、力学和物理学等基础知识与过去不相同了。基础课教师应该了解近代科学技术的新发展,及时在教学中适当地反映这种要求。并且还应该尽可能考虑到它们今后发展的趋势,从基本理论方面准备好条件。

其次,由于近代科学理论不断地发展,人们对自然界基本规律的认识也在不断地深化和更加全面。因此,基础课教师应该密切注意科学上的新发现,掌握最新的科学理论知识。这样就可以站在更高的科学水平上,来研究如何把自然科学的基本规律讲述得更为深刻、更为全面。例如,爱因斯坦发现了相对论力学以后,人们对牛顿力学的认识更全面、更深刻了,知道了这个科学真理的局限性。此外,在不影响学生学习基础知识的条件下,适当地介绍一些近代科学技术的最新成就,对扩大学生的知识领域,更加提高他们学习基础课的自觉性也是有利的。由此可见,在基础课教学中,必须适当地反映近代科学技术的发展。

在指出基础课要反映近代科学技术发展新成就的同时，可能出现这样的问题：在基础课里还以那些人类在十八、十九世纪，甚至更早发现的自然科学基本理论作为主要内容，是不是太陈旧了？这些古典科学理论是不是过时了？要不要以近代科学理论去全部代替？

自然科学的原理只要是在一定的条件下经过实践检验的，它在相同的条件下就是科学的真理。社会制度的改变，并不会引起对自然科学基本原理的重新审查。大家知道，欧几里德几何远在奴隶占有制社会就已经提出了，从那时起，社会制度已经变更了好几次，然而这一原理一直到现在仍然有意义，仍然是近代数学发展的理论基础之一。像欧几里德几何那样古典的理论，是人类二千多年以前发现的，可是由于它是在一定条件下正确反映了客观实际，因此具有一定的科学真理性。我们不能因为它是在二千多年前发现的，或者是在奴隶社会中发现的，而轻率地、简单地把它抛弃。

自然科学基础理论与工程技术不同，工程技术的革新往往来得更加迅速和频繁。技术上更新了，但有关的基本原理可能并没有发生重大的变化。例如，自一七八四年瓦特发明他的蒸汽机到现在，热力机已经有了很大的变化，不少旧型蒸汽机不断地被新型的淘汰了、代替了。因此，除了在科学技术发展史里可以提到瓦特的蒸汽机以外，在教学中我们可以不必去讲述它的具体技术知识。可是作为热力机的一个基本原理——卡诺定理，却始终没有变。相反地，每一种热力机的出现，都一再证明在同样温度界限以内它的热效率都不能高过卡诺循环的热效率，就是说，都一再证明卡诺定理的正确性。由此可见，自然科学的基本理论，比起工程技术来有比较大的稳定性。

这里还必须指出，在自然科学的基本理论中，它的新规律的发现，新的理论的创立，往往并不意味着过去发现的原理与创立的理论可以被新的代替。如果过去发现的原理是相对地但是正确地反映了客观事物的本身，那么不管科学如何向前发展，在人类认识客观世界的长河中,它永远是科学向绝对真理发展的一个阶梯。科学所以能够发展,必然是继承了前人已有的知识。新的理论是在原有理论的基础上向前发展的。

学习新的理论,一般也必须很好地学习原有的基础理论。例如爱因斯坦发现相对论力学,是在牛顿力学的基础上前进了一大步。但是,经过实践检验的牛顿力学所反映的特定范围内的机械运动规律,在一般工程所涉及的力学问题中,并没有因为相对论力学的发现而改变它们的地位与作用。而从教学过程来说,要想掌握相对论力学也必须首先掌握牛顿力学。从这个例子可以看出自然科学基本理论发展中的继承关系。

当然,在基础课教材的基本内容中,除了大部分是经过实践证明了的科学真理以外,还有一些其他的内容。例如:建立在人们对自然规律的片面的、表面的认识基础上的不正确的理论概括;没有经过实践充分检验的科学假设;某些比较落后的理论分析方法和实验工具等等。随着科学的向前发展,如果这些理论概括与科学假说已经被实践所否定,某些先进的理论分析方法与实验工具已经被发现,那当然可以认为这一部分内容是陈旧了、过时了,应该让那些更接近客观道理的理论概括或科学假说,和比较先进的方法与工具去代替它们。同时,由于先进科学技术不断地在工业生产与人们日常生活中推广与应用,有一些基本的科学知识,已经逐渐成为人所共知的科学常识,或者已很好地反映在中学的教材之中,这也会促使基础课的教材内容不断地有所调整。

但是,在当前的基础课中,需要更新与调整的内容毕竟还是小部分,而且,对这些内容的处理,也必须从教学上考虑,采取慎重的态度。例如,某些先进的精密的实验工具,虽然可以使实验得到更准确的结果,可是因为实验设备或方法过于复杂,有时不如通过原来比较简单的仪器和方法,更容易使学生掌握基本的原理与技能。总的看来,基础课的理论体系有比较大的稳定性,它的内容有比较大的继承性,因此对基础课教学内容的较大改革,必须经过充分的研究和试验,不能采取简单的办法。

基础课教学在反映近代科学技术发展时,其主要任务还是让学生掌握基本的理论知识,帮助学生为适应科学技术的发展,在基础理论知识和训练方面做好准备。因此,不能在基础课中过多地增加新的科学技术的具体知识。否则,不是课程内容过于臃肿,学生难以消化,就是不恰当地压缩课程的基本部分,两者都将会影响学生很好地掌握基本理论知识。例如苏联发射了人造卫星,这说明了今天科学在力学方面有很高的成就,但是在理论力学教学中,却不是删减那些所谓陈旧的内容,增加许多与火箭和人造卫星有关的力学专门知识,如变质量力学、天体力学等等,而主要是丰富与加强作为这些专门知识的理论基础的动力学部分。同样,在基础课中反映科学理论的新发展,也不是简单地抛弃或削弱古典理论,而是用现代的更深刻更全面的观点,来讲授这些基本理论的内容和它的局限性,为学生进一步掌握新的科学理论做好准备。

综合以上所述,基础课教学应该让学生在一定的时间内,系统地并且牢固地掌握好主要的基本理论知识与技能。在这个前提下,再考虑到不同专业对基础课的不同要求。应该切实贯彻理论联系实际的原则,但是要注意到学生学习过程中认识规律上的特殊性,正确处理关于联系生产实际的问题,才能使学生系统地学好这些理论知识。还应该注意反映近代科学与技术的发展,为学生将来适应这种发展在基本理论知识与训练方面做好必要的准备,但是不能因此而削弱了基本理论知识的教学。总之,在基础课教学中,结合专业、联系生产实际和反映近代科学与技术的发展,都是必要的。只有正确地理解基础课的性质与任务,才能恰当地处理上述问题,使教学工作循着正确的方向不断地得到改进。

# 试论高等学校科研工作的优势及发展趋势

## ——从清华大学科研工作的调查中得到的启示*

1978年至1984年,清华大学通过技术鉴定或评审正式上报教育部的科技成果共543项,90%的科研成果已在生产中得到不同程度的应用,效果突出的约占20%。其中,效益上亿元1项,上千万元的5项,上百万元的13项,所以取得这样的成果,根本原因是发挥了高等学校固有的内在潜力。

高等学校科研工作的优势和主要特点是:1. 学科门类比较齐全,有利于发展新学科,为科研开辟新的途径;2. 有比较完整的教学体系,各学科有纵向联系的特点,有利于部署科研的纵深配置,提高科研水平;3. 人才充足,科类层次齐全,有利于建立合理梯队,使科研得以深入、持久地发展。

高等学校科研工作的地位和作用,随着社会主义经济的发展日趋重要,这是客观规律发展的必然过程。要实现党在新的历史时期的宏伟目标和我国高等教育发展的战略目标,就必须极为重视和大力加强高等学校的科研工作。我们必须从这个高度来充分认识高等学校科研工作的战略意义。

---

* 本文原载《中国高教研究》1985年第3期,与江丕权、吴荫芳、孙殷望共同署名。

最近一段时间,我们在学习党中央相继做出的经济、科技、教育三个体制改革决定的过程中,对清华大学近几年的科研工作进行了一次初步调查,同时又学习了邓小平同志关于高等教育的一些论述,参阅了国外的一些有关资料。通过学习和调查,我们对高等学校在开展科研工作方面的历史进程及其所具有的优势和潜力加深了了解。本文从分析这次调查的材料入手,并参考国外一些高等学校科研工作发展的情况,力图探讨某些规律性的东西。由于一个学校的情况毕竟比较局限,且笔者水平有限,故本文所述难免偏颇,姑妄言之,以期教育、科学界的同行切磋指教。

## 一、清华大学近几年所取得的科技成果表明,高等学校确实是我国科学研究的一个重要方面军

近几年来,清华大学在全面提高教育质量的同时,面向经济建设,大力开展了多层次、多形式的科研工作,取得了丰硕成果。1978 年至 1984 年,全校通过技术鉴定或评审正式上报教育部的科技成果共 543 项,继 1978 年获得 74 项全国科学大会奖励之后,又有 361 项获得国家、中央有关部委和省市的优秀成果奖。其中,国家发明奖 18 项(一等奖 2 项,二等奖 1 项,三等奖 10 项,四等奖 5 项),部委、省市级一等奖 25 项。这些科技成果中,被认为达到国际先进水平的 51 项,属国内首创的 138 项。据不完全统计,这几年清华大学开展的科研项目中,基础研究约占 5%,应用研究约占 60%,开发研究约占 35%。基础研究的比例虽小,也取得了一定成果。其中黄河泥沙的研究获得了国家自然科学奖,其它如液晶中指向波的实验研究,原子结构模型的相互作用及波色子模型Ⅱ的研究,由钾原子光波混频产生紫外相干辐射的研究以及渗流问题的数学理论研究等,均受到了国外学术界的好评。与此同时,近五年来,全校在国内外发表科学论文 6427 篇,其中在国外杂志上发表 142 篇,在国际学术会上

宣读383篇，计算机系副教授张钹等的论文《逐次SA搜集及其计算复杂性》，在欧洲人工智能会议上获奖，还出版科技专著301种。其中《电机过渡过程的基本理论及分析方法》《输电系统最优控制》《泥沙运动力学》等五种科学著作获国家优秀科技图书一等奖，这些理论上的成果，对于培养人才和技术进步有重要作用。

在基础研究和应用研究的基础上，近几年来清华大学的技术开发工作有较大发展，科技成果在推广和应用中取得了较大的经济效益。据初步调查，90%的科研成果已在生产中得到不同程度的应用，效果突出的约占20%。其中，效益上亿元的1项，上千万元的5项，上百万元的13项。如化学与化学工程系研制的“新型合金纬纱管”代替木纱管，经有关工厂使用后，年经济效益超过100万元，已由纺织部在全国推广，估计年总效益可达1亿元以上。该系研制的适用于小化肥厂的“Φ2260螺旋锥形炉篦”，使用后年单炉效益达10万元以上，已推广使用300多台，年效益超过1000万元，如在全国所有小化肥厂推广，则年总效益也可达1亿元以上。又如，工程物理系研制的用于水泥工业的“γ射线料位计”，经对346台使用情况的抽查，年增产值共6400万元，年增利润1600万元，已成为水泥立窑的重要配套设备。今年4月1日，我国开始实行专利法，清华大学当天申请专利145项，其中“发明专利”110项，“实用新型专利”35项，占全国高校首次申请专利总数(623项)的23.3%。在今年五月全国首届科技成果交易会上，清华大学成交项目187个，签订正式合同的成交金额达1194万元，获交易会颁发的“技术交易转让项次奖”和教育部系统一等奖。

由于国家实行对外开放，对内搞活的战略方针和采取一系列改革的措施，国民经济迅速发展，地方自主权逐步扩大，地区工业生产积极性空前高涨，对科学技术的需求越来越迫切，这就为学校开展多层次、多形式的科研工作创造了较好的外在条件。同时，学校为了适应教育“要面向现代化，面向世界，面向未来”的要求，在系科和专业的设置上做了较大变革，使清华大学初步形成为一个以工科为主，包括理科、管理学科和文科的综合大学，为科研工作的发展开辟了更为广阔的领域。因此，清华大学近几年来的科研工作不仅在规模和水平上有了较大的发展和提高，而且在内容和形式上也发生了新的变化，呈现出向广度和深度进军的蓬勃向上的新局面，其主要标志是：

第一，科研课题的来源更多，科技协作的范围更广。过去清华大学主要承担国家及有关工业部门下达的“纵向”科研任务，和各省、市、地区进行科技协作的“横向”联系较少。现在，既承担国家攻关任务和工业部门的重点任务，又面向全国各省、市及地区直至乡镇企业开展科技协作，初步形成了上下结合、纵横交错的科研任务的“网状渠道”。这种发展和变化，使高等学校和社会的联系更加紧密，使学校的科研工作更加成为国家经济建设不可分割的一个组成部分。据1984年统计，清华大学承担了国家下达的“六五”攻关项目（三、四级课题）54个；“六五”基础研究课题34个；科学院科学基金课题58个；承担有关工业部门和所属单位的科研任务约150项；和地方上的科技协作项目已达420个，协作地区除台湾省外，已遍及全国29个省、市、自治区。学校还和天津、武汉、常州、丹东等大中城市建立了长期的全面合作关系，同有关对口企业建立了13个科研生产联合体。热能工程系还就“煤的沸腾炉燃烧”科研项目与日本、美国有关公司达成了联合开发的协议，把科技协作的范围扩展到国外。

第二，科学研究的领域更为宽广，科技工作的形式更加多样。为了适应国家现代化建设和新的世界技术革命的发展，清华大学近几年来，增设了一批理科、管理学科和文科方面的系和专业，工科中的新兴技术专业的比重也有较大增长，并向传统专业渗透。因此，在科学研究的项目中，新兴学科、边缘学科的比重增大，并促进了传统专业和新兴技术的结合，理科和工科的结合，理工和文科的结合，软科学与硬科学的结合。在科技工作的形式上，也扩展到委托研制、成果转让、咨询顾问、技术培训、实验测试、设计计算等多种方式，促进了科学研究和技术开发的结合。这几种“结合”的形式，既有利于为国家科学技术的发展开辟新的学科和领域，又有利于使科研成果迅速地转化为生产力，直接为国家的经济建设服务。

第三，科研人员的队伍壮大，组织形式更为灵活。清华大学现有3000余名教师和800余名实验技术人员，其中除部分人员属专职科研编制外，其余的绝大多数同志也积极从事兼职科研工作，近几年来，招收研究生的数量逐年增加，1984年底，在校研究生总数已达1500人，是“文革”前的8倍多，其中博士生154人。大学生中课外科技活动也比过去活跃。已形成了一个以教师为主力的，包括研究生、高年级大学生和实验技术人员广泛参加的强大的科研队伍。特别是其中的研究生，是一支充满活力的骨干力量。而且，根据科研任务的不同和实际条件的差异，科研机构的设置也大小不同，科研组织的形式灵活多样。有的是相对独立的实体，有的是和教研组形成结合体，重点项目跨系跨学科联合攻关，一般项目按课题小组进行，少数项目也可以由个人承担。这样，教学和科研相结合，专职与兼职相结合，小组与个人相结合，有助于建立比较合理、配套的科研梯队，有利于各类科技人员各得其所，各尽所能，既发挥个人的积极性，又提高整体的战斗力。

上述清华大学近几年来所取得的科技成果和所形成的科研工作的新局面，反映了学校科学研究的重大进展和所发生的带有根本性的变化。而且，在我国高等学校特别是重点院校具有一定的普遍性。它显示了高等学校开展科研工作的巨大活力和光明前景。事实证明，邓小平同志早在1978年提出的关于“高等院校，特别是重点高等院校，应当是科研的一个重要方面军，这一点要定下来。它们有这个能力，有这方面的人才”①的论断，是完全正确的。

---

① 《关于科学和教育工作的几点意见》，《邓小平文选》，第2卷，人民出版社，1983年第50页。

## 二、清华大学科研工作取得较多成果的根本原因，是发挥了高等学校所固有的内在优势

我国现有的几支主要科技力量，包括科学院系统、高等学校和产业部门，各有自己的优势和特点。就高等学校，特别是重点院校来说，其优势和特点主要表现在三个方面：

1. 多科性综合大学的学科门类比较齐全，有利于加强各个学科之间的横向联系和相互渗透，发展新的学科，为科学研究开辟新的途径。

现代科学技术的发展，一方面继续加速分化，学科愈来愈多；另一方面各学科之间相互依赖，相互渗透，相互交错的趋势更加明显。因此，为了适应新的世界技术革命迅速发展的形势，在科学技术工作中，需要注重加强各个学科之间的横向联系。这样既有利于新技术的推广和应用，促进传统专业的更新与改造，为科研工作开辟新的途径；又有利于进行跨学科的研究，发展各种类型的边缘学科或交叉科学。

例如，清华大学利用设有计算机工程与科学系和建立了计算中心的有利条件，近几年来在全校师生中大力普及计算机知识，在各系各专业推广和应用计算机技术，并积极开展硬件研制和软件开发工作，取得了明显效果。据不完全统计，这几年学校和有关单位协作，推广和应用计算机技术的科技成果有500多项，几乎遍及校内各个专业。计算机系编制的软件，在我国首次出口日本，被称为“高水平的电脑软件”。日本有关人士认为：“中国意外迅速地进入软件先进国行列，在全世界也将引起反响。”特别是一些老的传统专业，在引入计算机等新技术以后，得到了更新和改造，使教学和科研的面貌为之一新。热能工程系研制成功的“20万千瓦火电站机组模拟培训系统”，就是用计算机模拟电站运行中的各种事故，使我国火电站的培

训手段产生了质的变化,获得水电部科技成果一等奖。又如,将激光技术应用于实验力学等方面,进行全息照相、测光、测速测振以及测齿轮应力;将现代分析测试手段移植到传统陶瓷工艺;将核技术的萃取工艺用于冶金、化工、石油等行业,都取得了显著效果,为这些传统专业的科学研究开辟了新的途径,注入了新的活力。

为了适应我国电子工业发展的需要,近几年来清华大学精密仪器系、自动化系、现代应用物理系、计算机系合作,发挥机、光、电相结合的多学科的优势,先后研制了“自动分步照相机”“双频激光干涉仪”“自动对准光刻机”“图形发生器”“紫外曝光铬版精缩机”等一系列生产大规模集成电路的专用设备。在上级部门和有关单位的支持下,学校微电子学研究所先后研制成功了广泛用于微处理机和小型计算机的两种大规模集成电路,各项参数均达到国外同类产品的指标,个别主要参数还优于国外同类产品,最近又研制成功单片达10.6万元件的16K静态贮存器,这是我国第一次用自己的力量生产出的超大规模集成电路。这一系列科研成果,为发展我国电子工业做出了贡献。又如水利工程系与应用数学系和广东省电力工业局等有关单位协作,运用系统工程理论对枫树坝水电站水库进行优化调度,增加年额外发电量1800万度,年增效益100多万元。

这几年清华大学开拓了一些新的学科,增设了必要的系和专业,都是在原有学科相互结合的基础上生长的。如,工科与文科(经济学)的结合成立了经济管理学院,理科(物理、化学等)与工科(电子学等)相结合成立了生物科学和技术系。其它一些边缘学科,如遗传工程、海洋工程、生物力学、系统工程等,也都是在有关学科相互结合和渗透的基础上开始布点,进行研究,并一般都要经过“科研——招收研究生——建立专业招收本科生”的阶段,促其逐步生长和发展。

2. 大学的教育,是一个从基础到专业,理论和实践密切结合的完整的教学体系,各学科具有纵向联系的特点,有利于合理部署科学研究的纵深配置，增强科研工作的后劲，提高科研工作的水平。

高等学校的教学过程，一般由基础课到技术基础课再到专业课，有理论教学、实验教学、生产实习、毕业设计（或论文）等教学环节，这和科学研究中的基础研究、应用研究和开发研究既有大体相互对应的一面，又有相互交叉和结合的一面。因此，高等学校在合理部署科学研究的纵深配置方面，具有比较有利的条件。以化工系某专业科研项目为例，为了解决金属元素的萃取分离问题，他们先从物质基本属性研究做起，进行了大量的基础研究，探索不同金属元素萃取热力学和动力学的规律；同时运用这些规律研制萃取所用的有机溶剂及工艺参数，这是应用研究；最后又与企业结合，研究如何把这些研究成果用于生产，这就属于开发研究了。当然科学研究的纵深配置，并不局限于一个学科，而是可以跨学科组织，各自发挥自己的特长和作用。如工程物理系某科研组，1958 年承担了一项国家的重大科研课题。这项课题的难度很大。围绕这个项目，学校配备了应用研究和基础研究的队伍，其中基础研究是和工程力学系的教师共同承担的。经过多年的努力，最近终于有了很大的突破，获得了国内首创的科研成果，填补了国内的空白。

应当指出，高等学校虽然具有合理部署科学研究纵深配置的有利条件，但能否自觉运用这个条件，把可能变成现实，关键在于科研的领导者要有较高的学术水平，理论基础要比较深厚，能够从大量的应用研究中，抽象出基础研究的课题，并锲而不舍地组织力量加以实现。从清华大学目前的情况来看，由于各科研项目负责人的水平不一，工作发展不平衡，以及客观存在的种种困难，自觉运用有利条件，合理部署科学研究纵深配置的问题，还没有得到普遍的重视和有力的解决。

3. 大学是培养人才的场所，科技队伍来源充足，种类层次齐全，有利于建立合理梯队，发挥各种人才的作用。使科研工作得以深入、持久地发展。

高等学校科技队伍的构成,有其独具的特点和优越性。这支队伍既有老中青不同学术职务的教师作为主力,又有实验技术人员与之配合,而且还有一批又一批处于自然流动之中的研究生、大学生作为生力军。这几部分人的相互结合,既能够比较容易形成合理的科技队伍的纵深配置,又可以源源不断地补充新生力量,使科技队伍经常保持应有的朝气和活力。例如,无线电电子学系信号检测与处理教研组,通过对国内外科技发展动向和学科前沿的分析,确定以"高速实时信号处理"作为本学科的发展方向之一。由导师、副导师指导博士生进行最大熵谱分析及杂波的时域、频域和统计特征等基础理论和技术基础理论的探讨;由骨干教师指导硕士生和高年级大学生进行微波压控振荡器、动目标检测系统及性能研究等开发性课题,形成了基础、应用、开发三种研究和教师、研究生、大学生三档科研人员的两个合理的纵深配置。这样既有比较扎实的理论基础,又能取得实用的科技成果,并使科学研究具有后劲和必要的技术储备;既能承接不同层次的课题任务,又能培养不同层次的人才。这个教研组的科研成果"自适应频率捷变雷达系统"获得国家发明一等奖,对我国国防建设做出了贡献。

由于学校工作的特点,教师在培养人才的过程中,需要对本门学科的基础理论、应用实例及发展前沿,经常处于积极、活跃的思考之中,需要自己的知识和思维有相当的广度和深度,而在科研方向和任务的选择上又有较大的自由度,便于从本门学科的发展趋势和不同学科的结合点上自由思考。这种素质和特点一旦与对实际发展需要的深刻理解相结合,就能够在科研工作中易于萌发新的思想"火花",提出新的探索方案。而广大青年学生,思想敏锐,富于创造精神,易于接受新的知识和技术。特别是数量逐年增长的研究生(尤其是博士生)更是有理论基础比较宽厚、独立工作能力比较强,又有较多时间从事科研实践等优势,他们在教师的指导下,能够在科研中发挥更大的积极作用。例如,清华大学机械系获国家发明一等奖的《新型MIG焊接电弧控制法》,是在潘际銮教授领导下研究成功的。这项重大发明中的一个新思想(即把一百多年焊接技术史上公认的禁区——陡升电源外特性,变成为非常有用的控制手段),就是他的博士研究生区智明首先提出,并立即得到导师的肯定和进一步完善后实现的。这个例子说明,科研工作可以提高人才培养的质量,人才的脱颖而出又反过来加快科技的发展,显示了教学与科研紧密结合、互相促进的重要作用。

从这次对清华大学的调查中,我们感到,高等学校学科设置多样性和人员结构多样性的统一,科技工作和教育工作的统一,既有利于各学科之间的相互渗透和结合,也有利于各类人才的相互学习和交流。而且,广大师生通过各种渠道,与校外的研究机构、厂矿企业以及各省、市、自治区建立了广泛的联系,分布在国内外的众多校友又与母校保持着天然的联系,再加上国际间教育、学术和文化交流也随着国家实行开放政策而逐步扩大和发展,这样就使高等学校能够比较快地掌握和集中各种有关科技发展的动向和经济建设对科技需求的信息,这也是一种优势。同时,高等学校本身,也易于形成良好的学术环境和比较浓厚的学术空气。这一切,对于活跃科技人员的学术思想是十分有益的。因此有些省、市在近几年与一些高等学校进行科技协作的实践中,体会到高等学校是“多学科、多层次密集的知识、人才、信息和科技成果的宝库”,这在一定程度上反映了客观的事实。

总之,上述几个方面的优势,显示了高等学校在科研工作中所独具的雄厚实力和有利条件。充分发挥这种优势,就能够为自主地进行科学技术发展和解决社会主义现代化建设中重大理论问题和实际问题做出较大贡献。

## 三、高等学校科研工作的地位和作用，随着国家经济的发展而愈显重要，这是一个有规律性的发展过程

清华大学的科研工作达到今天这样的规模和水平，并不是偶然的，有一个历史发展过程。而且这一过程与整个社会经济发展过程是密切相关的，在半封建半殖民地的旧中国，国家经济极度落后，不可能也不允许发展自己独立的科学事业。当时的清华大学虽然也是设有众多学科的高等学府，但是科学研究的工作却极少开展。解放初期，当时高等学校的首要任务是改革旧的教育制度，为国家培养急需的建设人才，再加上学校本身条件的限制，因此学校的科研工作难以有较多地开展。直到五十年代后半期，随着国家经济的进一步发展，对科学技术的需要开始突出，因此党中央提出了"向科学进军"的号召。在这种形势下，清华大学在学校部署了一批新兴学科的生长点，如无线电、工程物理、工程化学、工程力学、自动控制等系，就是在这一时期开展科研工作的基础上先后建立的。1957 年的"反右"和 1958 年的"大跃进"，在"左"的指导思想影响下，学校虽然也受到一些波折，但科研工作仍有较大进展，这与当时的经济形势有关。1962 年度过了三年经济困难以后经过调整，国家经济迅速好转，学校的科研工作也进一步得到发展。当时建成了完全依靠自己的力量建设的实验核反应堆，制成了 112 晶体管电子计算机，研制成功了集成电路的前身——平面管，并在计算机，激光，超声波等新技术的应用上做出了成绩。在 1965 年全国高校科研展览会上展出的一百多项重大成果中，清华大学有十多项，约占 10%。"文化大革命"开始后，清华大学首当其冲，成了全国的"重灾区"。这十年浩劫，使国家经济濒于崩溃的边缘，科学教育事业遭到严重摧残。清华大学的广大干部和教师受到残酷迫害，大批实验、研究设备被破坏，科研工作大伤元气。1978 年党的十一届三中全会以后，经过拨乱反正，国家经济迅

速恢复和发展，科学、教育事业也随之振兴。特别是1982年党的十二大作出了重大决策，把科学、教育列为国家经济发展的战略重点之一，给全国高等学校以极大鼓舞。正是在这种大好形势的推动下，在党的正确方针、政策指引下，清华大学近几年的科研工作才得到空前的发展和提高，高等学校所固有的优势和潜力才得以较好地发挥，初步形成为既是教育中心，又是科研中心。回顾这段历史进程，我们从中可以看出：高等学校科研工作的地位和作用，是随着整个国家的经济发展和教育、科学事业的发展，而越来越显示出其重要性的，这可以说是一个带有规律性的发展过程。

在调查中，我们参阅了苏联和联邦德国一些高等学校的有关材料，进一步加深了对上述规律性的认识。

苏联在十月革命胜利后初期，"高等学校的主要任务是消除严重缺乏熟练干部的现象"，"它只考虑到高等学校教学人员的教学活动，因而不能促进科学研究工作的开展"①。从20年代到30年代，苏联广泛建立了许多专门的研究所，改组和加强了科学院，但科学研究和高等学校仍然是分离的。直到1936年，苏联才在《关于高等学校工作和高等学校领导》的决议中提出："高等学校不进行科学研究就不能在现代科学要求的水平上培养专家，也不能培养科学教育干部和提高他们的业务能力。"②但这个决议也只是把高等学校的科研工作首先看作是完善学校本身的手段，还没有把高等学校应对国家科技发展多做贡献的任务，完全提到议事日程。因此，从战后一直到五十年代中期，苏联高校的科研工作仍然面临很大困难。其中一个重要原因就是高等学校的科研只能在一些既不适合科学院也不适合产业部门的领域内进行，工作条件得不到保证。1956年，由于当时世界科学技术的发展加速了学科之间的相互渗透，苏联经济建设中也提

① ［苏］B. 叶留金：《苏联高等学校》1983年，第5章第33页。

② 《高等学校主要决议、命令和指示汇编》1978年，第2册第100页。

出了不少带有跨学科的综合性质的研究课题,而按专业分工占主导地位的科学院和产业部门的研究机构却缺乏这方面的优势,正是在这种历史背景下,苏联才颁布决定,授权政府各部在高校建立科研实验室,借助学校力量完成上述迫切的研究任务,并允许各部把需要的经费、设备、器材以及需增加的工资基金和人员编制指标拨给有关高校。1964 年,苏联又作出了进一步发展高等学校科研工作的决定,加强高校和科学院、企业部门研究机构的联系,并把高校科研有机地纳入发展科学技术的全国计划之中,成为国家科研工作的组成部分。1978 年又再次决定给高校补充教师和教辅人员编制,以减轻教师的教学负担,为他们积极参加科研创造条件。为了保证把科研成果尽快应用到经济建设中去,还决定普遍推广高等学校和研究机构、专业对口的企业实行整体化,建立教学——科研——生产的联合体。现在,苏联高校的科研力量比五十年代大大加强了,科研人员数占教师总数的五分之一,科研课题与国家建设中的重点项目密切相关。仅莫斯科大学每年接受企业科研投资就达 3000 万卢布。

联邦德国也十分重视培养人才和发展科学的关系。从 19 世纪末到 20 世纪 30 年代,是德国大学的繁荣时期,科研和教学几乎是并生的统一体。第二次世界大战后,由于恢复经济急需大量建设人才,大学也一度忙于教学,科研因之受到削弱,使德国在自然科学方面的领先地位开始趋于削弱,这对于商品出口所产生的影响已经触及了一个现代化工业国敏感的神经。在客观形势需要的推动和舆论界的强烈呼吁下,各大学迅速地加强了科学研究。目前在西德的大学里,又恢复了教学与科研的统一,全国 90% 的科学任务是在大学里进行的。据了解,在美、日、英、法等国家,带有发现性、基础性的科研成果,也大都出自大学。那里的一些名牌大学,早已既是教育中心,又是科研中心。

从上述苏联和西德的高等学校科研工作发展的历史过程中,我们可以看到:不同的历史时期,高等学校在国家科学技术发展中的地位和作用、科学和教育的相互作用和结合的性质、高等学校和社会的联系等方面,都曾发生过很大的变化。这种变化是由社会经济发展对科学技术的需要、科学知识发展具体阶段的特点以及高等教育本身的发展阶段所决定的。但是,总的说来,随着世界科学技术的飞跃发展,高等学校,特别是重点大学的科研工作,由于它独具的特点和优势,在国家经济发展和科学技术发展中的地位和作用,愈来愈显得重要和突出。教育和科研的结合也愈来愈密切,成为不可分割的统一体。这一趋势,似乎已经是在世界范围内具有普遍性的发展规律。如前所述,清华大学科研工作发展的历史进程,以及我们所了解的我国一些重点高等院校的发展历史也是基本符合这一规律的。

党的十一届三中全会以后,党中央一再强调科学、教育的重要性。1985 年 5 月,《中共中央关于教育体制改革的决定》中又明确提出:“高等学校担负着培养高级专门人才和发展科学技术文化的重大任务。”而高等学校作为科研的一个重要方面军,已经和正在发挥着巨大的作用。据了解,目前我国高等学校研究和教学人员中副教授以上人员占全国具有高级职称人数的 50%,高等学校培养研究生的人数约占全国总数的 80%。在 1982 年 10 月全国被授予自然科学奖的 124 个项目中,由高校主要完成或参与完成的有 56 项,占 45%;全国被授予发明奖的 906 项科研成果中,高校占 24.4%;1985 年 4 月 1 日,教育部部属 31 所高等院校共申请专利 623 项,占当天申请专利总数的 24%。这些事实说明,我国高等学校确实拥有雄厚的科研力量,它的科研成果也确实为国家经济发展做出了贡献。同时还应看到:“我国科学研究的希望,在于它的队伍有来源。科研是靠教育输送人才的,一定要把教育办好。”①而科学研究也是培养人才过程中的最活跃的因素,没有高水平的科学研究,就不可能有高水平的教育

① 《邓小平文选》,第 2 卷,第 47 页。

质量。教学和科研的有机结合和相互促进,已经是现代高等教育的重要特点。因为,要实现我们党在新的历史时期的宏伟目标和我国高等教育发展的战略目标,就必须极为重视和大力加强高等学校的科研工作。我们应当从这个高度来充分认识高等学校科研工作的战略意义。

通过这次对清华大学科研工作历史和现状的调查,我们"解剖一个麻雀",从中看到了高等学校,特别是重点大学的科研所具有的特点和优势以及发展的潜力和趋势。随着我国社会主义现代化建设事业和世界范围内新的技术革命的迅速发展,高等学校的科研工作,对整个国家的经济建设和科学技术的发展将发挥越来越大的作用。高等学校甚至可能成为实现我国科学研究的基础研究和应用研究的中心基地,以及开发研究的后盾。我们对这种发展趋势应当有预见性。尽管人们的认识有早有晚,但这种发展趋势是不以人们的意志为转移的客观规律。

现在,党中央作出了关于经济、科技、教育三个体制改革的决定,为建设具有中国特色的社会主义指明了方向,为发展我国科学、教育事业规定了一系列具体的方针、政策和措施,关键的问题是要贯彻和落实。在这次调查中,我们也感到,由于种种主观和客观上的原因,高等学校科研工作的战略意义还没有被整个社会所认识,它所具有的优势和潜力还远没有得到充分发挥,在实际工作中还存在着许多急待解决的问题和不尽人意之处。因此,我们认为当前需要对我国高等学校科研工作的状况及发展前景作一次全面、深入地调查和分析,从而使更多的同志充分认识和重视高等学校科研工作的优势及发展趋势,使整个社会都来发挥这个优势,以促进高等学校科研工作的迅速发展,这正是贯彻和落实中央三个体制改革决定的一个必不可少的环节。为此,我们愿以此文抛砖引玉,和教育、科学界的同行共同探讨。不妥之处,恳望批评指正。

# 关于开展高等教育研究的有关情况和问题*

清华大学召开历史上第一次高等教育研究论文报告会，确实是一件很有意义的事，借此机会，我想就开展高等教育研究有关情况和问题，谈几点不成熟的看法，供同志们讨论时参考，不确之处，请大家批评指正。

## 一、当前国内外高等教育研究的状况

过去，很多人认为：只要有一定的学术水平，就可以在大学当好教师了，不必去研究什么教育思想理论、讲究什么教学方法；大学各级组织的管理干部，只要有办事的才干就成了，也不需要去学习什么教育理论。最近还有同志对我说过类似的话。这说明我们教育研究所工作做得差，对高等教育研究的重要性宣传得很不够。但是，应当指出，这种轻视高等教育研究的观点是不正确的，它不符合实际，又落后于形势。

1978 年 6 月，邓小平同志在和蒋南翔、刘达同志谈清华工作时，曾讲过一句很重要的话，就是“办学校，要按照学校工作规律办事”。这种规律是客观存在的，不以人们的意志为转移的，而认识和掌握这

---

* 本文原载《清华大学教育研究》1986 年第 2 期。

个规律,恰恰又是教育研究的根本目的。一个教学效果很好的教师,或者一个工作卓有成效的大学干部,不管他自觉还是不自觉,他的教学工作,总是符合高等教育有关规律的。相反,一个教师不论学问多大,如果他教育思想不端正,教学方法不对头,就不可能有好的效果;一个大学干部,如果不按照学校本身的规律办事,也不可能办好学校。因此,积极开展高等教育研究,认真总结实践经验,自觉地按照学校工作规律办事,对于我们深入进行教育改革,做好各项工作,都是很重要的。

大家知道,近代高等教育是建立在普通教育基础上的专业教育,它是随着资本主义经济的萌芽与发展,近代科学技术的产生与发展而在教育领域中逐渐形成的历史概念。近代高等教育体系是现代化大生产的产物,它发生发展的历史比较短,因此和中小学不同,过去确实没有专人专门去研究它,也很少有这方面的专著。但是这个局面,在近二十年来,随着科学技术水平的迅速提高,现代化大生产的飞跃发展,在国际范围内已经被打破了。许多国家,无论是社会主义或资本主义,都已开始研究起高等教育的理论来了。就以苏联为例,苏联过去只研究中小学教育规律,近年来十分重视研究高等教育的规律,而且出版了好几本高等教育理论方面的专著。近年来,苏联高等和中等专业教育部规定,凡是要当大学教师的,都要学习高等教育学这门课程,1978 年他们公布了这门课程的教学大纲,该大纲分 3 个部分,12 个课题,共需 50 个课时。1982 年又公布了《高等学校教育学和心理学原理》的教学大纲,把教育和心理学的讲授结合起来。苏联还在莫斯科成立了一个高等教育研究中心,1980 年共有 200 人,1984 年已发展到 500 人,其中 470 人是专职研究人员。美国有全国高等教育学会,高等教育研究会,许多大学的教育学院里设有高等教育研究中心。日本广岛大学设有高等教育研究中心,这个研究中心是国际性的,1976 年、1980 年、1982 年连续开过三次国际性的讨论会,其他如英国、德国、波兰等国,都在首都设有高等教育研究中心。

我国高等教育研究开展得比较晚,1983 年全国高等教育学会才正式成立。但事实上,从粉碎“四人帮”以后,自 1978 年起,各大学已纷纷自动成立了高等教育研究室。据初步统计,目前全国已有 236 个大学设有高等教育研究室,其中有的已发展成研究所,培养这方面的高层次专门人才。特别要提到的是,过去和教育学、心理学没有任何联系的工科大学,也纷纷建立起自己的教育研究室。1983 年 1 月,教育部组织了 14 所部属高等工科院校成立了高等工程教育研究协作组,有计划、有组织地开始高等工程教育研究,取得了一些成果,推动了工科教育的改革和发展。以上事实都说明,高等教育研究已经在国内外热起来了,很显然,我们的思想不应落后于这个形势。

## 二、高等教育研究热潮的出现是历史发展的必然趋势

高等教育研究在全世界范围内逐步形成了一种历史的趋势和潮流,反映了当代科学技术的迅速进步和发展,对高等教育提出了新的迫切的要求。人们如果不去认真研究高等教育理论,摸清它发展的规律,就很难跟上时代的步伐,赶上社会的需要。同此,高等教育研究热潮的出现是历史的必然结果。这可以从以下几个方面来说明:

1. 现代高等学校已经不是少数人做学问、搞研究的场所,它的教学、科研工作已经由学术性转入以科学、技术、文化为中心,和整个社会的经济基础和上层建筑紧密相连,成为社会发展的不可缺少的一部分。五十年代以前,全世界只有美国一个国家进入高等学校人数占适龄青年的比例达到了 5% 左右。但是,随着社会生产力水平的不断提高,这个比例逐渐增大。到了 70 年代中期,发达资本主义国家平均已超过 20%,其中英国为 20. 3%,西德为 21. 5%,法国为 23. 9%,日本为 39. 2%,美国则达到 50%。苏联从 1950 年到 1970 年,

这20年间,大学生人数增长了300%。进入80年代后,世界上高等教育发展的速度又加快了,特别是开放大学发展的势头更为惊人。就以我国为例,1985年电视大学、函授大学、职工夜大学等成人高等教育学生人数达172万人,比在校本科大学生总数177万人只差5万人。可见科学技术飞跃进步与现代化大生产的迅速发展,极大地促进和推动了高等教育的发展。这种发展就使高等教育本身成了研究对象。高等教育究竟应以怎样的速度、规模和质量来发展,才能既服务于社会发展的需要,又为国家经济条件所制约?这里还包括高等学校的专业设置,文、理、工、农、医、财经、政、法的比例以及博士生、硕士生、本科生、大专生、中专生的比例等等。这都是高等教育理论中属于宏观教育的重要课题。目前世界各国都在这方面进行了大量的研究,最近日本的研究报告提出,日本的高等教育发展过快,今后拟减慢速度,并致力于提高质量。如果我们不认真结合我国实际情况,研究这方面的规律,我国高等教育的发展就会陷入盲目性,就难以避免遭受挫折和走弯路。

2. 科学技术的迅猛发展,使得科学技术知识飞跃性地增长,引起了近代高等教育任务的变化。近几十年来,人类的知识量已超过了以往几千年积累的总和。据统计,70年代以来出版图书每年50万种,平均每分钟1种,每天1440种;发表科学论文每年500万篇,平均每天13000~14000篇;发明创造专利每年30万件,平均每天800~900件。所以最近有人计算,以目前速度发展下去,7年至10年,人类知识量可以翻一番,25年以后,则可达50倍。知识的增长当然不能这样简单地用数量来表示。但是可以看出一种趋势,已为人们所普遍认识。它促进了现代化生产技术的不断革新。但是大学教育的时间却不能无限制地延长和增加。在大学教育的短短几年里,不可能也没有必要把本专业所有的知识都传授给学生。因此,近代高等教育的任务不能只是传授知识,更重要的是教师在传授知识的同时,注意培养学生的能力，使大学生既掌握到学科最基本的理论知识，又要了解本学科发展的趋势，具有不断掌握新知识和探索新知识的能力。

什么是能力？如何发展大学生的能力？这是一个涉及教育学和心理学的问题。目前还在讨论研究之中。有的同志认为，能力不只是一般的技能和技巧，更本质的是学生的智力和心理发展水平，它包括注意力、观察力、记忆力、思维力和想象力等智力因素以及意志和感情等心理品质。这种能力，不是和知识对立的，它除了要学习人类的间接经验外，很重要的还要在社会生活、生产实践和科学实验中锻炼和培养。在这方面，目前国外有很多新的研究成果。如过去认为人的智力，通常在15、16岁时便已形成了，再不会有很大变化。但最近心理学研究已提出成年人的智力，是按照不为感觉和知觉所制约的特殊规律发展着的，它随着人的教育程度、知识增长、经验积累而不断提高和完善。一个人如果他的大脑生理机制，没有受到抑制或损害，这种智力是不会衰退的，而且随着个人勤奋的程度还能不断提高，一直到六七十岁。研究这方面的规律，是目前高等教育理论中属于微观教育的一个十分重要的课题。

关于大学教学过程，不仅是传授知识，而且更重要的是培养学生能力的思想，并不是最近才提出来的，更不是对外开放以后，从西方输入的。早在五十年代的学苏阶段，清华就提出过，社会主义教育的重要特征，是在教学过程中培养学生具有科学世界观和共产主义道德品质。业务课的老师要研究如何通过业务教学，培养学生辩证唯物主义的思维方法。这其实和发展学生的智力有密切的联系。以后又提出结合实际，走自己的路，并明确提出“干粮和猎枪”的思想。在理论教学中提出“少而精”的教学原则，引导教师研究学生认识过程的台阶，在教学的实践环节中提出“真刀真枪毕业设计”，要求在实践过程中培养学生的才干和能力。这些教育思想付诸实践的结果表明,“文革”前的大学毕业生,政治思想方向是明确的、坚定的,他们不仅有扎实的理论基础,独立工作能力也是强的,不少外国学者认为,中国大学的本科教学质量,不但比美国高,而且在世界上也是第一流的,他们还希望中国不要丢掉这个好的传统,这说明了社会主义教育确有它的特点和优越性。当然这并不是说,在这个问题上,我们已经完全解决了。而且,正是由于我们处在不自觉的、分散的、局部的实践过程之中,即使有过宝贵的经验,由于没有认真地提炼、总结、特别是提高到理论上去概括和认识,因此,很容易又会丢掉的。近年来,由于种种原因,有的单位轻视教学工作,对学习苏联和 1958 年以后的教学实践,不是采取一分为二,而是采取全盘否定的态度,是值得注意的。当然,那时的认识也是很初步的,还没有认识到全面提高大学生的智力和心理发展的水平,更不可能把教育学和心理学结合起来进行研究。这方面,我们需要奋起直追,迎头赶上。

3. 现代高等学校是一个相当庞大复杂的教育机构,和国家经济基础和上层建筑各部门的关系愈来愈密切。国际上的学术交流科学技术合作也愈来愈频繁。电化教育随着新技术革命中信息技术迅猛发展,逐渐在教学活动中得到普遍应用,为高等教育提供了新的物质手段。由于历史形成的办学格局,我国高等学校像个“小社会”,师生员工的生、老、病、死、衣、食、住、行基本上都靠学校。所有这些都决定了高等学校人、财、物的结构和统筹使用问题变得愈来愈复杂。因此,如何按照高等教育的规律,组织和调整学校内部的部门与部门、各种人之间的关系,使学校的领导体制、组织机构和各项工作(如教学、科研、思想政治教育、体育卫生、人事、财务、后勤以及外事等工作)的管理过程达到最优化,并与学校外部各有关机构相协调,充分发挥学校人力、物力、财力的效益,这是当前高等教育理论中亟待需要研究解决的重要课题。一所规模不大,仅以传授知识为任务的传统学校,依靠经验和常识或许可以把它办好,但是一所现代化的高等学校，就完全不同了。随着科学技术的发展，学校规模扩大、层次增多、职能多样、机构复杂、仪器设备不断更新、信息来往频繁，如果不用科学管理方法，是很难有效运转的。目前学校办事效率之所以不高，就是因为停留在经验性的管理水平上，未能实现科学的管理。而要使管理工作科学化，不仅需要懂得教育方面的知识，而且需要懂得管理学方面的知识。特别是随着信息技术在管理科学方面的应用，以及两者的互相渗透、互相结合，高等教育管理学必将发展成为一门新的学科，这也是高等教育科学发展的必然趋势。

4. 由于我们研究的不是一般的高等教育，而是具有中国特色的社会主义高等教育，因此它没有什么现成的模式。外国的经验虽然可以借鉴，但是不能照搬。需要我们认真总结自己已有的经验，从中找出规律性的东西。

解放前我国近代高等教育，基本上是 1840 年鸦片战争以后，从西方资本主义国家输入的，在我国半殖民地、半封建的土地上，有过美国、英国、法国、日本主办过的高等学校。解放初期，我们改造旧中国，建立新中国的任务十分繁重，在学习苏联进行教育改革的阶段，还来不及认真总结分析我国解放前后的教育经验，也不可能事前对苏联的教育经验作历史研究。这样实践的结果，虽然成绩很大，但是仍然有不少地方带有盲目性。到 1958 年才明确提出结合我国实际情况，走自己的路，并在 1962 年，初步总结了解放以来正反二方面的经验教训，制订了《高教 60 条》。这标志着我国开始有了从自己国情出发，比较全面的、系统的社会主义高等教育体系，从而结束了近百年来主要照搬外国的历史。这种发扬独立创造精神，从研究自己国情入手，以总结自己实践经验为主，探索教育规律的做法，是符合我党实事求是的思想路线的，也是对我们创造具有中国特色的社会主义高等教育十分重要的。不久以前，有人提出，要请美、德、日、法等国来我国各办一所大学，认为这是向外国学习、发展我国高等教育的

"好办法"。其实,这种办法在旧中国早就搞过了,其后果,历史已经作了结论。当然,世界各国高等教育,都有其形成各自特点的社会历史条件,我们应当认真分析研究他们的经验,博众长为我所用。但是要创建具有中国特色的社会主义高等教育,毕竟主要依靠成长在这块土地上的知识分子。他们这几十年,与国家和人民同呼吸、共命运,对国内的情况最了解、最熟悉,知道怎样才符合实际情况,适应社会主义祖国的需要。回顾解放后三十六年,高等教育有过曲折,我们有过成功的经验,也有过失误的教训,这都是十分宝贵的。但是,成功的经验,如果不提高到理论上去认识,是难以继承和发扬的,甚至很容易被否定或丢掉;失误的教训,对我们来说也是财富,恩格斯曾经说过,"要明确地懂得理论,最好的道路就是从本身的错误中,'从亲身经历的痛苦经验中'学习"[①]。我们要研究失误的教训,搞清楚失误的根源,只有这样才能使失误不再重演。

现在我们正在贯彻落实中央关于教育体制改革的决定,深入进行各方面的改革。一个清醒的从事改革的人绝不是盲目摸索的,只凭经验办事的人,否则不但不能形成自己独立的见解,走独创道路;而且在当前对外开放的形势下,很容易被洋教条所俘虏,盲目跟着外国经验跑。因此我们必须认识到,大力开展高等教育研究,是教育改革的需要,是形势发展的需要,是历史赋予我们这一代人的光荣任务。

## 三、当前我校开展高等教育研究的情况和应当重视的问题

我校的高等教育研究起步也比较晚,1980 年初成立了教育研究室,并开始出版《教育研究通讯》,为广大教师、干部总结教育经验开辟了园地。六年来共出版了 19 期,刊登了 197 篇文章,其中不少文章很有价值,对全校的教育研究工作起了推动作用。1982 年和 1984

---

① 《马克思恩格斯书信选集》,第 440 页。

年我校两度召开了教学讨论会和科研讨论会，又集中了全校拨乱反正以来教学和科研两方面的工作经验，出版了文集，对进一步提高教育质量和科研水平起了重要作用。1983 年我校参加部属高等工程教育研究协作组，不少教师和干部积极参加关于专业设置、层次规格、教学原则和评估等专题研究，先后向协作组组织的专题研究提供了 59 篇论文，博得了大家的好评，其中三篇获得协作组颁发的优秀教育研究论文奖。1983—1984 两年，全校同志发表在校内各刊物上的教育研究论文共 206 篇。1985 年全校同志发表的教育研究论文总数尚未统计，仅提交给本次教育研究学术报告的论文数已有近 120 篇。这些情况，都说明我校开展高等教育研究是有成绩的，已经出现了一批热心于教育研究的积极分子，他们长期从事第一线的教学、科研和管理工作，积累了丰富的经验，又有一定的马列主义修养和教育研究能力，他们已经在高等教育领域里，迈出了可喜的一步。

纵观五年来我校教育研究文章，总的说来是比较好的。首先，我校是理工科为主的大学，教师、干部都从事教学、科研和管理的实际工作，所写论文，绝大多数都比较实际，反映了教师、干部在第一线从事教学、科研和管理方面的实际经验，因此一般说来都是言之有物，有实践基础的。实践是教育理论发展的源泉，只要来自实践，就能够给教育研究提供新情况和新问题，就有一定的应用价值，其中有些文章还有一定的理论价值。但是，应当看到，在这几百篇论文中，也存在着理论水平不高、调查研究不够、科学论证不足和有意识地开展教育研究试验还太少等问题。存在这些不足的根本原因，是全校还没有把高等教育作为一门科学来进行研究。我们在教学、科研、管理上虽然已经取得了一些成就，但是目前还停留在实践阶段，还没有上升到应有的理论高度，当然离开发展高等教育科学还有距离。我们学校不仅应该为国家多出人才、多出科研成果，而且肩负着通过教育实践，为建立具有中国特色的社会主义高等教育科学理论做出贡献的

任务。如果长期安于理论落后于实践的状况,其结果实践也必将会落后。为此,我校的高等教育研究,必须重视以下几个问题:

1. 坚持以马克思主义为指导思想。

高等教育作为一种社会现象,在宏观上,它是受政治、经济、科学技术、历史文化等社会因素制约的,因此它首先是一门社会科学。马克思和恩格斯把辩证唯物主义推广到对人类社会的认识,为社会科学提供了唯一正确的理论和方法,使得社会历史的研究第一次可能克服人们过去对于社会现象所持有的唯心的混乱和武断的见解,而成为真正的科学。辩证唯物主义和历史唯物主义是研究一切社会科学的基础,它要求人们像研究自然科学一样,科学地、严肃地去研究社会现象。我们要研究具有中国特色的社会主义高等教育科学必须坚持以马克思主义为指导思想。

马克思主义是在推动人类历史不断前进的革命实践过程中,建立自己的思想体系的,这个思想体系不是停滞的、封闭的,而是发展的。它将随着人类历史的前进,科学文化的发展,不断以最先进的科学成就,来检验修正自己的具体结论,丰富发展自己的思想体系。

马克思、恩格斯在研究资本主义制度的弊端时,曾对教育进行过一系列精辟的论述。但是当时他们的革命实践主要放在推翻资产阶级政权,建立无产阶级政权上,不可能专门去研究教育科学。在当时的历史环境,社会主义教育也缺乏实践的基础。列宁对社会主义教育的实践时间也很短,因此,不可能要求他们对今天社会主义教育的所有问题作出回答。所以,我们说坚持以马克思主义思想为指导,绝不是说躺在马克思主义的经典著作上,如果这样做,就不是马克思主义的科学态度,而是要求我们以马克思主义思想体系为武器,用马克思主义的立场、观点、方法研究历史,研究现状。有的具体结论,不切合当今实际,可以修改,不完全之处,也可以完善发展。毛主席在《整顿党的作风》一文中指出:“对于马克思主义的理论,要能够精通它、应用它,精通的目的全在于应用。如果你能应用马克思列宁主义的观点,说明一个两个实际问题,那就要受到称赞,就算有了几分成绩。被你说明的东西越多,越普遍,越深刻,你的成绩就越大。”我想,我校教育研究,也要根据毛主席这一论述,定一个规矩,这就是评估教育研究的成绩和水平如何,主要不是看论文数量多少、观点如何新颖、笔调如何流畅,而主要是看能否运用马列主义理论,科学地分析历史和现在所发生的教育实际问题,从中找出它发生、发展的规律,并给予理论说明。这样来评优劣,分好坏,培养我们真正需要的高等教育研究工作者。

2. 坚持社会实践是检验教育效果的唯一标准。

教育与社会其他活动相区别的特殊功能是:教育活动是通过培养人而作用于社会的,使社会能够更好地延续和发展。因此教育的效果应该而且只能从社会实践中去检验和评判。教育工作首先要关心自己所培养的学生质量,以及他们在社会实践中所起的作用和贡献。这种验证,短时期是不易看出来的,需要较长时间的调查和观察。同一个历史时期,有的学校培养出来的学生作用贡献大,有的学校培养出来的学生作用贡献小,因素是很复杂的,如毕业学生分配是否得当,使用是否合理,各个时期的政治风浪以及学生个人的不同遭遇都会有影响。但是这其中教育肯定是个重要因素,只要仔细认真地去调查、研究、分析,是可以得出结论的。这种调查、研究分析是很艰苦细致的科学研究工作。再加上培养人才和检验人才的时间很长,今年的毕业生,至少十年左右的时间才能判断清楚,这就需要追踪调查,进行长时间的有计划的观察,占有大量资料,才能获得科学的结论。

“文化大革命”中,对十七年教育的“两个估计”就是违背了社会实践是检验教育效果的科学标准。它不是经过缜密的调查研究得出结论,而是凭某个领导人主观臆想的一句话作为依据,下的断语。那是唯心主义的，是反科学的。“文化大革命”以后，广大群众，也正是运用这个科学标准，用建国以来学校所培养的知识分子对社会、对科学技术文化发展所做的贡献的无可辩驳的事实，有力地推翻了这“两个估计”。

当前，我国在经济改革的大好形势下，教育改革正在蓬蓬勃勃的开展，我们必须清醒地认识到，我们不是为改革而改革，改革的效果如何，不是单纯看学生考试的分数，上研究院或出国留学的人员多少，学校经济上有多大收益，更不是看被舆论喧嚣一时的貌似新颖的说法，归根结底是要看学校培养学生的质量，以及他们毕业以后对社会所起的作用和所做的贡献。

“文革”前，蒋南翔同志曾经用“三阶段二点论”的观点，分析我校历史上各个阶段的教育经验，凡是经受了实践检验证明是行之有效的就继续发扬，凡是实践证明是不符合教育规律的，就否定和抛弃。这个观点体现了我们党创导的实事求是的原则，符合事物发展的辩证法，对于我们今后搞好学校工作和开展高等教育研究仍然有指导意义。

3. 坚持正确的态度和科学的学风。

高等教育科学是一门理论密切联系实际的新兴学科，在我国目前还处在创建阶段，需要更多的同志去研究它。这就首先要树立一个正确的态度。有人认为理工科大学不是师范大学，搞教育研究就是写文章、要笔杆，大材小用，没有前途。这种认识是错误的。我们不是为研究而研究，为写论文而写论文，更不是为了解决个人的职称或个人的出路，而是为了创建具有中国特色的社会主义高等教育这个伟大的事业做出贡献。这个要求是很高的，它既要求我们有较高的马克思主义思想水平和教育学、心理学方面的基础知识，又要有从事高等教育方面的实践经验；既要有大学理工科方面的知识，又要有文科方面的修养；既要了解国内有关的情况，又要借鉴国外各种不同的做法。而且高等教育科学是一门综合性很强的学科,因此它要求我们善于和各种不同专业的人共同协作,虚心向来自各行各业的专家和造诣很深的学者请教,他们成才的过程,可以向我们提供教育的成功经验。还要向从事多年中小学教育的专家请教,因为中小学是大学的基础,而且他们对教育的研究历史比较长,经验比较丰富,许多方面值得我们学习。当然,高等教育是培养高层次专门人才的,和中小学是不同的。一方面它和社会有着更直接更密切的关系,必须经常保持和先进科学技术更紧密结合,重点大学要逐渐建成两个中心;另一方面,大学生的身心发展特征也比中小学生复杂得多。那种认为只要在普通教育基础上,增加一些内容,就是高等教育科学的观点也是不对的。搞得不好,要脱离高等教育研究的研究对象。因此,我们认为从事高等教育研究,绝不是大材小用,问题恰恰是我们目前还缺乏具有这样广泛、综合的知识结构和丰富实践经验,又有独立工作能力的"大材"来用于高等教育研究工作。

要搞好教育研究,还要求我们树立理论联系实际的、科学的、严谨的学风。我们提倡深入实际,调查研究,实事求是。一切结论经得起历史实践的检验。有人认为教育研究就是写文章,思想要"新"、概念也要"新",实际上是从概念到概念、从书本到书本,坐在房子里耍笔杆,写出来的东西,对教育研究毫无意义,是谁也不愿意看的。对陈旧落后的传统观念当然要进行改革,但是从外国引进的,或洋人的意见,也必须看是否科学,不能一律看作金科玉律。前几年有人就鼓吹过美国的学分制是中国高等教育腾飞的翅膀。而 1984 年美国联邦教育部却公布了一个报告,其中调查了高等学校实行学分制所产生的种种弊端,这不能不引起我们的深思。当然,我在这里不是笼统地反对学分制,也不是去讨论学分制的功过是非,只是说如果我们自己没有经过科学的试验和认真的调查研究,而只是鼓吹和照搬外国人的东西,那至少不是严谨的科学态度。我们要力求避免学风上的主观主义和文风上的“党八股”“洋八股”，反对不切实际的夸夸其谈，提倡说话要有根据，要经得起实践检验。此外，在学术问题上，我们提倡研究人员之间不同意见的争鸣，造成自由讨论、互相探讨、互相切磋、坚持真理、修正错误的气氛，这对于活跃学术思想，提高教育研究水平是十分重要的。

4. 坚持发挥自身的优势，调动全校积极因素。

我校有着发展高等教育科学的巨大潜力。首先我们有一支学术造诣较深，长期从事教学工作的教师队伍，他们人数众多，学科齐全，不仅是本门业务的专家，而且也是经验丰富的教育工作者。其次我校还有一支具有大学以上文化水平，红专结合的“双肩挑”干部队伍，他们品学兼优，长期在第一线担任负责工作，有着比较丰富的教育经验和教育管理经验。有些同志还有很强的研究能力。他们所从事的工作本身，就是创建具有中国特色的社会主义高等教育的一种实践，而实践是富有创造性的。每当在工作中解决新情况下的新问题时，往往就带有很强的科学研究性质，他们的知识结构也已超越了原来在大学所学的专业，有不少已属于高等教育或高等教育管理学的范畴了。此外，近年来，我校还出现了一批教育研究的积极分子，他们是当前教育改革的促进力量，是教育科学研究的探路人。所有这些，都是我校开展高等教育科学研究的优势所在，也是我校开展高等教育科学研究的主要依靠力量。

但是，就目前全校的状况来说，土地虽然很肥沃，但还需要耕耘。这种优势和潜力，还没有得到充分的发挥，教师干部中蕴藏的教育研究的积极性还没有得到充分的调动和有效地组织。已有的研究，也由于缺乏系统的马克思主义理论的指导尚处于初级阶段，水平还不高。这反映了我们的理论工作还比较薄弱，还远没有把丰富的经验总结起来，揭示事物的本质和内在的规律性；反过来，也就使我们的某些教育实践，容易陷入经验主义的盲目性。要改变这种面貌，我们认为关键有三条:一是要提高全校同志对高等教育科学研究重要性的认识,真正从思想上重视起来;二是要制定对从事高等教育研究人员鼓励的政策和措施,以调动全校积极因素,自觉地把教育实践和教学科研紧密结合起来;三是校系二级干部要切实加强对高等教育研究的领导,把这一工作作为提高教育和管理水平的重要环节来抓。为了建立一支专职与兼职相结合的教育研究队伍,去年我们已经在全校聘请了 15 名兼职教育研究人员,今后还要在各系各部处教师、干部中扩大聘请名额。此外,我们还采取了委托研究的办法,面向全体教师、干部,可以由教育研究所出课题,校内教师和干部接受委托,也可以是被委托人提出研究课题、研究计划,经教育研究所审议后,予以确定。以上两种办法,都需要和教育研究所签订协议,然后拨给课题研究经费,定期进行检查并定期完成研究任务。目前已签订的协议已有三十余份,还在不断发展和扩大。经学校校长工作会议讨论,已同意凡是这种教育研究论文,都应作为科学研究论文,其中质量好的,应作为提职、提薪中的一种依据。

我校已于今年 1 月决定把教育研究室改成教育研究所。除了在研究所内,建立若干专门的研究室外,还提倡全校各系各处都建立相应的研究组,以利于有志从事高等教育研究的同志兼职从事研究工作,这对提高当前学术水平、教育水平和教育管理水平好处极大,我们鼓励业余研究。但如成立研究组,要求有部分兼职研究人员至少应有 1/3 工作量从事这方面的工作,而且要求在系及部处领导成员中,有专人分工负责这方面的工作。只要他们在这方面有研究成果,他们的职称,可以按教育研究的职称系列,即研究员(教授)、副研究员(副教授)、助理研究员(讲师)和研究实习员(助教)进行评审。目前我校正在制订这方面的职务条例,当然这必须要有严格的标准,而且要促进工作,与本职工作结合好。目前有的兄弟院校,已经通过大力开展教育研究来推动全校教育改革,这是值得我们注意的。

目前我校教育研究所还处在创建阶段,机构还不健全,力量还很薄弱,又缺乏经验,必要的政策、措施还在酝酿之中,万事起头难。但是,高等教育研究是一个光荣而有意义的事业,是一个有着广阔发展前途的事业,已经有越来越多的人认识到它的重要性,我们的队伍正在逐步扩大。今天的会议就是一个证明。我们深信,在校党委和校行政的领导下,只要我们指导思想明确,方向对头,依靠全校有志者的共同努力,我校高等教育研究的崭新局面,一定会很快地展现在我们的面前。我们清华大学将力求以丰硕的教育研究成果,为发展具有中国特色的社会主义教育事业贡献力量!

(根据作者1986年6月在清华大学第一次高等教育研究论文报告会上的讲话稿整理)

# 论文科建设在理工科教育发展战略中的地位和作用*

一所全国重点工科大学，要建设成为世界第一流的具有中国特色的社会主义大学，没有强大的理科是不行的。这一点，现在已被多数人所认识。我们认为，仅此还不够，还必须有高水平的文科。这里所说的文科，是广义的文科，应包含文、史、哲、政、经、法，以及语言、艺术、管理、教育等学科。建设这些学科的意义，对于清华大学来说，绝不仅仅为了扩大师生视野，改善知识结构；或者仅仅满足于为理工科学生开出一批选修课，像味精和胡椒粉一样，加上一点调剂口味。以理工科为主的综合大学，要达到世界第一流的水平，要不要建设高水平的文科？建设什么样的文科？是当前高等教育深化改革的重大理论和实践问题之一。因此，必须充分认识文科的地位和作用，高瞻远瞩，从发展战略上认真进行调查研究，实事求是地进行分析，遵循高等教育的发展规律及其和社会、经济、科技发展的关系，以及学校的实际情况，不失时机地提出对策和措施，积极而慎重地加以落实。

当代科学技术在高速发展的同时，向高度分化又高度综合的趋势发展。这种高度分化，使当今世界上形成2400多门学科。据美国

---

* 本文原载《清华大学教育研究》1988年第2期。

最新统计，高等学校中就有 2500 多个专门领域。学科分得愈多、愈细，边缘学科、交叉学科就不断产生，研究手段和研究方法也会不断更新和加强。这种高度分化又高度综合的趋势，反映了客观物质世界的统一性、整体性和综合性，也是科学技术发展规律的必然。量子论奠基人之一、德国物理学家 M. 普朗克在《世界物理图景》一书中指出："科学有内在的统一性。它被分解为单独部门，不是由于事物的本质，而是由于人类认识世界能力的局限性，实际上存在着由物理到化学，通过生物学到人类学，再到社会科学的连续链条。"这种向综合发展的趋势，从自然科学内部各学科之间的综合，扩展到自然科学和社会科学的综合，已经受到世界各国高等教育界的普遍重视，也引起了教育思想和教育观念的转变，并且成为高等教育发展中一个迫切需要解决的重要问题，这在理工科高等教育中反应更为突出和明显。

目前，世界各国理工科高等教育综合发展的趋势，主要表现在以下三个方面：

1. 学校系科结构的综合化。

随着科学技术不断向综合化方向发展，世界各国在工业化过程中不同时期建立的工科院校或理工科大学，逐步调整了系科结构。如美国的麻省理工学院、加省理工学院、斯坦福大学；德意志联邦共和国的柏林工业大学、亚琛工学院、柏林科技大学；日本的东京工业大学等，都先后设立了人文社会科学院或有关系科。据日本学者关正夫统计，美国 30 所著名的理工科大学，都设有这类系科，其中 13 所院校，非工科学生的比例已占 30% 以上，其他 17 所院校，非工科学生都超过 5%。在美国已经没有单科性工业学院。美国教育界认为，"我们正处在综合时代的边缘。综合时代要求人们具有综合的能力，综合的能力要建立在广博的知识基础上"。"自然科学最终只能提供知识，而不能提供智慧。智慧的取得，在理工学院中必须有人文社会科学的协助。"

2. 课程设置的综合化。

为了适应科学技术综合化的时代特点,培养具有综合能力的人才,学校课程设置也要向理工结合、文理渗透的综合化方向发展。比利时根特大学认为,它所培养的人才,应该是“能看到最不同的科学领域间相互联系的人。而这种人应是兼通人文科学(包括哲学、文学、法律、经济、社会和教育心理等)和自然科学(包括纯科学、应用科学、医学等)的内行”。英国剑桥大学一位专家提出:“现代世界理科和文科的裂缝,必须用科技人文科学来黏合。”目前,英国的教育改革,正力求改变高中阶段人文科学和自然科学分科所造成的过早专业化倾向,改变一些老大学呆板的系科结构和学科之间人为的界限,实行学科之间互相渗透或跨学科研究。如帝国理工大学的电机工程系,在课程设置上规定,本科三年级后,必须选修一系列人文、社会科学方面的课程。

美国麻省理工学院首任校长罗杰斯曾提出:“要以培养能够用自然科学和人文社会科学进行双重思考的人才作为教育的目的。”最近,该校明确表示要加强对理工科学生的“博雅教育”(liberal education)。他们认为,科学技术已经发展到了核能时代,这种高技术发展,关系到人类的命运和社会的平衡发展,作为以培养世界第一流的工程技术人员和社会领导人才为己任的大学,一定要给学生以人类文明的精华、道德和价值标准。还要求学生在组织管理、人际关系、表达能力、灵敏判断能力等方面,获得更多的发展,并对社会科学知识有所了解。这可以看作是“博雅教育”的扩展,也可以看成是职业教育内容的扩展。总之,新时代的科学技术人才必须具备这方面的素质。当然,西方这些大学提出的文明、道德、价值标准等,是有明显的阶级性的。科学技术愈发展,这些问题显得尤为重要,我们应当有清醒的认识。

苏联在五十年代以前,理工科院校是培养有专业知识的专家,现在改为培养“知识面宽的专门人才”。1986年4月，苏联部分理工科院校在莫斯科举行校际讨论会，主题就是理工科和人文社会科学的综合问题。与会者一致认为，现在世界有两种趋势：一是人文科学、自然科学和技术科学三者之间的影响在互相接近和加深；二是社会科学在解决加速科技和社会发展方面的作用在提高。工科院校的教育内容、教学计划和教学大纲，如能反映这两种趋势，有助于提高未来工程师的人文科学素养，有助于加强社会政治因素和社会心理因素在塑造未来工程师个性方面的作用。他们还认为，发展人文科学教育的目的，是发展大学生人文科学思想，提高创新能力，培养他们具有责任心、自我批评精神，一定道德修养和组织修养等优良的社会品质。也就是说，不仅适应科技高速发展的需要，也能促进人的全面发展。一个人如具有合理的知识结构，对发掘智力潜能有着巨大作用。美国教育工程协会曾建议工科院校在本科生教学计划中，人文社会科学的学时应占总学时的20%（目前MIT占20%，CIT占20%～25%）。日本则提出：“没有综合化的教育，就不会产生伟大的日本人。”目前日本工科院校学生，人文社会科学的学时占总学时的16%，重点大学占19%。

3．学科相互渗透和交叉不断产生新学科、新课程。

新的科学技术发展，促进了认知、心理、语言、经济、政治、社会、历史、国际关系以及哲学的发展，从而产生了一批自然科学和人文社会科学相互渗透和交叉的新学科、新课程。如“科学、技术与社会”“媒介传播艺术和科学”“考古学和人种学中的材料研究”“脑科学和认识科学”“人工智能”等等。它们与综合大学的传统文科有明显不同，而与科学技术有密切联系。美国麻省理工学院认为，它们在科学技术方面有优势，应发挥所长，占据领导地位。该校已成立的66个跨系的科研中心或教学计划，据初步分析，其中属于科学技术与人文社会科学结合的占36个。这是理工科大学加强文科建设的一个值得注意的动向。

此外,世界范围的综合性科学研究的蓬勃发展,导致高等学校的结构也发生了重大变化。日本的筑波大学,打破了传统的学科界限,建立了文理沟通、理工结合的 6 个学群或学类,培养基础宽厚、综合发展的人才。德意志联邦共和国则出现了一批新型的"综合大学"。如波鸿大学采取把综合大学和工学院结合的方式,增强学科间的结合度和渗透性。

列宁同志 1914 年论述自然规律在社会职能和发展中的作用时,把科学技术的高度发展,必然出现自然科学和社会科学综合化的趋势称为"从自然科学奔向社会科学的强大潮流",并且预言:"这个潮流在 20 世纪是同样强大,甚至可以说更加强大了。"[①]列宁的预言已经变为现实,这是符合科学发展规律的。

以上,我们仅仅对当前国外某些理工科高等学校综合化发展状况作一粗略的介绍,他们的某些提法和做法,我们认为还存在不少问题要进一步进行研究。例如,理工科之间的综合和理工科和人文社会科学之间的综合,在性质上、深度和广度上就有很大不同。再如,在所谓"博雅"教育方面,应该或能够解决什么问题? 哪些是必修? 哪些是选修? 最优化方案是什么? 等等。尤其在文科建设方面,它与社会制度、经济状况、民族传统、历史发展阶段、学校的具体情况等,有着密不可分的关系。在建设自然科学和人文社会科学相互渗透或交叉的新学科和新课程方面,有些是比较窄的,带有很强的探索性;有些则属于宏观战略问题,影响国家、社会甚至世界的发展。这些都要结合我国的国情,和不同学校的不同情况、条件,进行深入的分析研究,然后才能决定首先建设什么样的新学科、新课程、新文科。

下面,仅就我校的文科建设问题,谈几点粗浅的看法。

---

① 《列宁全集》第 20 卷,人民出版社,1958 年,第 189 页。

1. 进一步提高对文科建设的认识。

解放前的清华大学,文科基础相当雄厚,有一批驰名中外的大师,如梁启超、王国维、朱自清、闻一多等。院系调整以后,我校成为一所多科性的工业大学,但仍保留了音乐室,图书馆里的文科书刊,也基本保留下来,并且增设了马列主义理论课程,还从工科中的优秀毕业生中,选拔一批人担任政治课教师。当时的学校领导就认识到,科学技术只能给学生以工具,要解决为谁服务的问题、政治方向问题,以及世界观、方法论问题,只有理工科知识是不够的,还要有一定的文科知识和素养。由于历史的局限和当时社会环境诸因素的影响,文科课程占总学时的比例不高、范围也较窄,但总的来说,清华还是比较重视文科建设的,这也是清华的传统。

现在看来,建设文科的目的仅仅为了解决政治方向、为谁服务的问题是远远不够的。对学生只要求"又红又专",也不够全面。因为在科学技术高速发展和改革开放的环境下,一个高层次科技人才,还应具备经济观点、法制观念、道德素养、公民意识、心理素质、审美情操等方面的修养。在教育形式上,只靠马克思主义理论课也是远远不够的,还要开设人文社会科学方面的大量选修课,以及创建一个文理交叉、思维活跃、整体优化的学术环境。这种学术环境,既能反映理工科方面的优势,又有人文社会科学方面的浓厚氛围,还有文学、艺术、音乐、体育等优良文化生活环境,促使人的个性、才能多样化发展。如果要把清华大学建设成世界第一流的大学,人文社会科学建设必须具有自己的特色、自己的著名学术大师,相当的科学研究水平,自己的本科生和研究生,这样才能形成第一流大学的最优环境,给学生以精神上的熏陶和教育。

2. 应有明确而正确的建设文科的战略指导思想。

当然,在理工科大学要建设一些能够满足上述修养的文科,首先必须有明确的指导思想,充分认识文科的地位和作用。有的同志提出，文科是培养人才的基石，学科交叉的支柱，思维与智慧的源泉，由于中国传统文化等方面引起国外一些专家学者的兴趣和研究，也可以说是国际交流的窗口，这是很有见地的。前面我们介绍国外一些大学的情况，也说明在理工科大学里发展文科、建设文科的巨大意义。

那么应当建设什么样的文科？怎样发展和建设呢？

传统的文科，是指文、史、哲、政、经、法等基础学科，对我们现在的清华大学来说，不应当也不可能像综合大学那样去发展和建设，而应当充分发挥我校现有的理工科优势，从社会主义初级阶段的国情出发，注重应用，交叉见长，高瞻远瞩，灵活适应。在科学研究上，要“抓住重点，选好方向，持之以恒，搞出特色”。

当代人文社会科学的发展趋势，主要有两个方面：一是综合化的趋势。不仅表现在这类学科之间的综合，也表现在这类学科与自然科学、技术科学和工程科学方面的综合，甚至反映在与医学、农业等诸多科学领域的综合。二是基础研究与应用研究相结合的趋势。从中也产生出一批适应社会、经济、科技发展的新学科；这些发展趋势，导致人文社会科学的职能发生了深刻变化。它不仅具有传统意义上的社会意识职能，而且日益表现出它的直接生产职能、管理职能以及理论指导实践的职能等等。因此，我们的文科建设，应当在研究这些发展趋势的条件下，充分发挥我们理工科的优势，在科学技术和人文社会科学的综合和交叉结合点上，建设具有自己特点的新学科。在建设的过程中，应一切从实际出发，根据不同条件有步骤地进行。如哪些学科暂不招生，哪些学科目前只招研究生等等。但都应积极开展横向联系，以马克思主义为指导，理论结合实际，走出发展建设文科的新路子。

3. 充分重视对学生理论思维的培养。

科学技术的高速发展，给世界各国的经济、科技和社会发展，既提供了一次新的飞跃发展的机会,又提出了一场争速度、争优势、争地位的严峻挑战。这种挑战不仅是一种经济增长方面的挑战,也是一种政治挑战,一种社会发展速度及文明程度的挑战。联邦德国著名的现代马克思主义理论家哈贝马斯提出的关于改造大学文科教育制度,建立一个跨学科的关于科学、社会和历史相互整合的教育体系,训练和培养掌握多学科理论的新型知识分子的主张,已经在西方引起了强烈反响。清华大学要争取成为世界第一流的具有中国特色的社会主义大学,不仅仅应发展一般的交叉学科,也应包括科学文化的横向和纵向的批判、吸收和发展自然科学、技术科学和社会、人文科学的相互整合和渗透,以及理论和实践,原理和应用的相互补充和利用。这种以全社会为背景的综合研究,没有理论思维显然是不行的。恩格斯在《自然辩证法》一书中在论述了"辩证法对今天的自然科学来说是最重要的思维形式,因为只有它才能为自然界中所发生的发展过程,为自然界中的普遍联系,为从一个研究领域到另一个研究领域的过渡提供类比"以后说,"一个民族想要站在科学的最高峰,就一刻也不能没有理论思维"。[①]

恩格斯的这一精辟论断,已经被许多科学发现所证实。例如,1905 年,爱因斯坦提出的"光量子"这一概念,就是典型的理论思维的产物。所谓"理论思维",是指人脑对客观事物进行理性概括的认识过程,是科学认识最重要的活动。本世纪初,爱因斯坦根据已发现的物理实验事实,提出光不仅有波动性,而且也有粒子性。光的这两种根本对立的特性,使当时的许多物理学家感到困惑不解。因为波是可以扩展的、连续的,而粒子是很小的实体、间断的。爱因斯坦从哲学的高度,大胆运用对立统一的思想,概括出"光量子"的概念,确认光既是波(连续的)又是粒子(间断的)。后来,又有一些科学家根

① 《马克思恩格斯选集》第 3 卷,人民出版社,1972 年,第 466~467 页。

据爱因斯坦的理论思维方式，提出了量子力学、物质波、负能等理论。如果我们的文科建设能充分重视对学生理论思维的培养，使其这方面有较大提高，那就不仅提高了我校培养人才的质量，而且对也为促进科学技术和社会发展也有重要意义。

再从我校承担的历史任务来看，几十年来我们培养出来的毕业生，不少人承担了管理国家各方面工作的重任，多数人成为本部门的骨干，今后还会有更多的人成为栋梁之材，他们能不能坚持在马克思主义指导下，高瞻远瞩，以科学的理论思维指导实践，积极促进经济和社会的进步和发展，这关系到社会主义物质文明和精神文明建设的成败，也是我国在这场“机会和挑战”的竞争中能否取胜的重要条件。因此，我们在考虑文科建设的时候，不能就文科建设讨论文科建设，应以社会为系统，紧密与政治、经济、科技、文化发展相联系，一方面努力使理工科各类学生在文化素养上得到充分培养，成为视野宽广、思维敏捷、有战略头脑的高级专门人才，另一方面要使我校的文科系、所，各具特色，争取在科学研究上有所突破。应该说，这也是历史赋予清华的光荣而艰巨的任务。

近十年来，我校的文科发展已经取得了一些成绩，我们相信，在学校各级领导和广大教工的支持下，我校的文科建设一定能够在不远的将来，达到它应有的水平。

# 对高等学校加强与经济界、科技界横向联合的几点认识
## ——从清华大学开展横向联合的调查中得到的启示*

为了适应我国社会主义现代化建设的需要，近几年来，清华大学在进行教育改革和学校建设的过程中，重视开展与经济界、科技界的横向联合。随着我国经济、科技、教育三方面体制改革的逐步深入，这种横向联合迅速发展，其内容和形式更加多样化。目前，清华大学已与北京、天津、武汉、哈尔滨、丹东、常州等 19 个大中城市和福建、江西等省建立了固定的科技协作关系；与产业部门、企业或研究机构建立了 36 个科研生产联合体和以技术、智力投资的工、技、贸相结合的经济实体，并开始形成一些科技产业；与一些大型企业（如哈尔滨汽轮机厂、第二汽车制造厂等）建立了从招生、培养、分配到科研、继续教育等方面的全面合作关系；与航天部、中国科学院、石化总公司及部分高校建立了科研与教育工作的合作关系；还与国外的一些研究机构、公司和高等学校建立了科研、技术开发、联合培养人才的合作关系。科技协作项目已涉及 22 个国家和地区，遍及除台湾省外的全国 29 个省、市、自治区。横向联合的建立与发展，对提高学校的教育质量和科研水平，对改善办学条件、提高办学效益，发挥了重要作用；为促进国家的经济建设、提高企业的经济效益，做出了贡献。

---

* 本文原载《中国高等教育》1989 年第 3 期，与孙殷望、吴荫方共同署名。

## 一

清华大学在开展与经济界、科技界的横向联合中，注意从我国国情和学校实际出发，既重视总结历史的经验教训，又重视研究当前经济和科技发展的新特点，努力使横向联合为国家经济建设服务，为提高学校教育质量和科研水平服务。为此，学校在实际工作中，注意掌握以下几条原则：

第一，重视发挥联合双方的优势，做到长短互补，相互促进。

我国高等学校学科门类较多，具有人才和技术的优势，而不少企业目前科学力量较弱，有些技术力量也较弱，缺乏推动自身发展的科学技术研究的能力，但工厂所具有的生产环境和工艺、设备条件又是学校所不具备的。这一现状和特点，就使得高等学校与企业的横向联合成为双方的内在需要。高等学校只有发挥自己的优势，不断研究和掌握新技术，并善于利用工厂的条件，把这种新技术转化为新产品，以提高工厂的经济效益和竞争能力，才能使双方在横向联合中长短互补、相互促进，这种联合也才能得以巩固和发展。在这方面，清华大学无线电电子学系通讯教研组取得了比较成功的经验。

该教研组在国内通讯领域中长期保持着科学和技术上的优势。在和工厂企业开展横向联合中，他们一直重视抓住产品设计中的关键性技术，使之扎根于工业，形成新的产品、试制样机以学校为主，工厂派有关技术人员和工人参加，而生产样机以工厂为主，教研组派人作技术指导，并负责到底。这样，就使研究过程和生产过程有机衔接，大大缩短了新技术成果转化为产品的时间。过去一般科研成果的转产需要二、三年，而有了这样的横向联合，只需半年到一年就可以了。由于发挥了双方的优势，厂校长短互补，因此该教研组和几个工厂的横向联合多年来不断巩固和发展，形成了相互信赖、相互支持的稳定而紧密的合作关系。在这个基础上，1985 年，由电子工业部所属14个通讯企业和研究所共同集资与清华大学无线电系联合组建了研制通讯和广播电视产品的“专用集成电路计算机辅助设计联合实验室”,以适应国际通讯领域集成系统化的新趋势。这个教研组与经济界、科技界的横向联合也随之进入了一个新的阶段。

第二,重视把提高科研工作的水平和效益结合起来,使之同步增长。

清华大学在开展多种形式的以科研和开发为主的横向联合中,既重视合理安排科学研究的纵深配置,保持基础研究、应用研究和技术开发的恰当比例,使科研工作有后劲,有较高水平,又重视科研成果的推广应用,使之尽快转化为生产力,获得较好的经济效益。这种把长远需要和当前需要相结合、把科研工作的水平和效益相结合的结果,使得联合双方均能受益,也使横向联合得以巩固和发展。在这方面,清华大学化工系积累了一些有益经验。

1984年,该系与中国石化总公司发展部和华东石油学院北京研究生部成立了“联合应用化学与化学工程研究所”,下设的五个研究室基本上与本系原有专业教研室相对应。各室根据自己的学科发展方向和总公司发展部各处对口,按研究项目分别签订合同,完成任务后,由总公司发展部主管部门主持鉴定并协助安排推广等事宜,发明及专利成果由总公司和学校分享。总公司不仅承担大部分应用、开发研究项目的经费,而且对少量探索性、基础性研究也提供一定的财力支持,学校除承担科研开发工作外,也承担为公司代培研究生的任务。几年来,该系利用石化总公司提供的资金,加速了实验室的建设,为提高科研水平和培养高质量人才创造了物质条件。而且联合研究所承担了多项重要科研任务,包括石化总公司的重点攻关项目和某些石油化工科研生产中的前沿课题,并已取得了一批年效益达数百万元至一千万元以上的科研成果。

80年代以来,清华大学承担了国家“六五”攻关课题54个,“六五”基础研究课题 34 个,科学院基金课题 58 个,“七五”国家重点科技攻关项目大小课题 200 多个,同时开展了数以千计的各种横向联合的委托研究课题。学校科研经费主要是通过承担这些科研任务而取得的。从 1980—1987 年,全校共取得了 861 项科研成果,有 77 项获国家级奖励,650 项获部委、省市级奖励;90% 的成果在生产中得到不同程度的推广应用,效益突出的占 20% ,其中年增益百万元至亿元的成果有 41 项。近几年还在一些“老少边贫”地区(即老革命根据地、少数民族、边远、贫困地区)开展了科技扶贫工作,并取得一批成果。清华大学科研工作的蓬勃发展及其水平和效益的同步增长,既是开展各种形式横向联合的成果,又推动横向联合的逐年扩大,既为国家的经济建设做出了贡献,又使学校的办学条件得到了改善。

第三,重视把培养合格人才、全面提高学生的素质,作为开展横向联合双方共同的基本任务。

我国目前正处于社会主义初级阶段,中心任务是发展社会生产力。而生产力的发展,科技的进步,经济的振兴,从根本上说都取决于劳动者素质的提高和大量合格人才的培养。因此,在加强高等学校与经济界、科技界的横向联合中,应当把培养合格人才,全面提高学生的素质,作为双方共同的基本任务。

清华大学素有重视教学工作,对学生严格要求,关心学生德、智、体全面成长的优良传统。在横向联合中,他们坚持发扬这一传统,注意防止和克服可能出现的重科研、轻教学,或重视出成果、忽视出人才的片面性和倾向。在组织研究生和高年级本科生参加各种横向联合的科研任务时,也注意选择那些能使学生受到全面锻炼的项目。同时,学校十分重视通过横向联合所开辟的多种渠道和广泛的社会联系,了解社会对人才的需要情况,以进行人才需求预测,了解毕业生的现实表现,以评估和检验培养质量,并把这些信息作为深化教育改革的依据。近年来,为了进一步增强学校培养工作对社会需要的适应性,清华大学又开始与一些重点企业或企业集团建立从招生、培养到分配以及科研、继续教育等方面的合作关系。1987 年初,热能工程系与哈尔滨汽轮机厂签订了全面合作协议,并已取得初步成果。

按照协议,热能系在工厂的配合下,在哈尔滨地区招收了五名热力涡轮机专业的本科生,他们都是通过工厂同本地区重点中学加强联系而自愿报考的学业优秀的学生,在大学学习过程中还将继续受到工厂关心,毕业后将自愿到哈汽工作。工厂发挥工艺及设备的优势,为系里的本科生和研究生提供实习和实践的场所。1987 年七、八月份,热能系 30 名学生到工厂实习,厂方不仅派出有丰富实践经验的技术人员讲授工艺课程,而且厂里还组织干部、技术人员和工人有针对性地做学生思想教育工作,使学生在思想上和业务上都有很大收获。不少学生(包括南方同学)表示毕业后愿到哈汽工作。系里也发挥人才和技术的优势,为工厂的产品更新、技术改造提供研究成果,并通过多种形式为工厂培训人才,如优先接受委托代培人才、接受优秀工程技术人员携带工厂的科研课题到学校攻读“论文硕士”和“论文博士”。该厂总工程师已通过论文答辩,成为清华大学第一个“论文博士”。为了使工厂进一步参与学生培养工作,热能系将在工厂聘请兼职讲师和副教授,成立分教研组。这种以培养人才为主要内容的全面合作,不仅可以保证向骨干企业输送质量比较高的毕业生,有利于解决目前存在的人才流向不合理的矛盾(一些急需人才的单位、特别是边远地区、中小城市及厂矿企业,学生不大愿去);而且也使学校有了固定的教学、科研实践基地,有利于提高教育质量。

第四,重视把开展横向联合与加强国际合作结合起来,使之立足国内,面向世界。

清华大学在积极开展与国内经济界、科技界横向联合的同时,积极执行对外开放政策,不断加强与扩大国际合作和对外交流,并使二者有机结合,相互促进。学校既深入了解和研究国际科学技术发展的动向和趋势，又深入了解和研究国内经济界、科技界的动向和信息，从二者的结合中选择立足国内、面向世界的研究课题，使之既得到国内有关部门的支持，又能获得国际上有关部门的资助与合作。在与国外的合作中，学校既看到自己的不足，虚心学习；也看到自己的优势，加以发挥，不断提高自己的研究水平，以扎扎实实的科研成果使合作双方互利互惠，赢得信誉，从而推动国际合作的发展。在这方面，清华大学核能技术研究所取得了可喜成绩。

近十年来，清华大学的国际合作与交流有很大发展，已先后向22个国家派出了647名留学人员，其中访问学者489人；共聘请了700余名外国专家来校讲学或工作，聘请了26位外籍名誉和客座教授。近几年国际合作与交流又进入了科技合作和联合培养人才的新阶段。目前，清华大学已与欧、美、日、苏及香港地区的数十所大学、研究机构及某些企业的研究部门建立了合作关系，与国外的科技协作项目已达64个，与国外大学联合培养博士生已达39人。最近，国家做出了加快沿海地区经济发展战略，大力发展外向型企业的决定，还决定在北京海淀区建立科技开发试验区，以优惠政策鼓励科技企业的发展，这将为高等院校加强与国内经济界、科技界的横向联合，广泛开展国际合作，开辟更为广阔的天地。面对这种有利时机，清华大学正在制定一系列积极措施，以适应形势的发展。一个国内横向联合与国际合作紧密结合，相互促进，立足国内，面向世界的空前活跃的局面即将形成。这对于我国经济、科技和教育事业的发展均具有重要的意义。

## 二

通过对清华大学上述情况的初步调查，并参阅国内外的有关资料，我们对我国高等学校加强与经济界、科技界横向联合的必要性和规律性，有以下几点粗浅认识。

第一,本世纪70年代以来,继美国围绕斯坦福大学建立“硅谷”之后,许多发达国家都纷纷建立起各种类型的科学园区或教育、科研、生产联合体,并已取得了令人瞩目的成就。这一事实表明:加强高等学校与经济界、科技界的横向联合,已经成为现代高等教育的重要特征,成为发展经济、科技的重要杠杆。它的兴起和发展业已成为世界范围内的一种共同趋势。我国是发展中国家,经济、科技和教育事业与发达国家相比,还相当落后,尤其需要大力加强高等学校与经济界、科技界的横向联合,以促进三方面的共同发展。目前,我国高等学校开展横向联合,尚处于初级阶段。因此,更需通过广泛宣传,以提高全社会的认识,引起全社会的重视;更需要制定各种优惠政策,以鼓励、支持、扶植多种形式横向联合的发展,使之成为实现我国经济发展战略的一项重要措施,成为经济、科技、教育三项体制改革的共同的重要环节。对此,应当有紧迫感。

第二,加强高等学校与经济界、科技界的横向联合,是一个深化改革和不断实践的过程,不可能一帆风顺。清华大学在加强横向联合方面虽然取得一定成绩,积累了一些经验,但进展并不平衡,也存在着很多矛盾和困难,有些联合也并不成功或难以持久。这是因为,经济工作、科技工作和教育工作各有自己的特点和规律,违背了哪一个方面的规律,横向联合都难以成功。只有把这三方面的规律有机结合起来,才能使联合各方真正能够发挥优势,取长补短,互利互惠,共同发展,使横向联合具有强大的生命力和持久的稳定性。而实现这种结合,又需要在实践中不断探索和总结。我们认为,清华大学在开展横向联合中注意掌握的几条原则,体现了某种规律性,有一定的普遍意义。

第三,社会发展对人才的需求,是高等教育改革的动力和源泉。而是否适应这种需求,则是检验学校工作的基本标准和衡量人才培养质量的重要标志。为了培养适应社会需要的合格人才,高等学校必须坚持按教育规律办事,不断提高学术水平和教育质量。为此,应当强调:(1)要引导学生德智体全面发展,努力提高自己的全面素质;(2)要坚持对学生进行基础课、技术基础课和工具课(包括外语、计算机)的严格训练;(3)要让学生“在战斗中成长”,使学生通过参加各种教学实践和社会实践活动(包括参加各种不同学术见解的争论),经受锻炼,以培养分析、解决实际问题的能力和独立工作能力;(4)要重视培养学生管理、经营方面的知识和能力。在造就大批科学家、发明家、工程技术专家的同时,也要造就一批科学技术企业家,以适应我国社会主义有计划商品经济发展以及国际竞争和新技术革命的挑战。而这一切仅靠学校内部教育是远远不够的,需要发挥整个社会的积极性,依靠社会力量的配合和支持。因此,建立以培养人才为主要内容的高等学校与社会的横向联合是很必要的。目前,这种联合还不多,应当进一步加强。

第四,我国高等学校,特别是重点大学,承担着为国家培养高级专门人才和发展科学技术文化的重要任务,应当建设成为既是教育中心,又是科学研究中心。当前,世界科学技术飞速发展,转化为生产力的周期越来越短,作用也越来越大。面对这种形势,高等学校必须把科研工作的水平和效益结合起来。为此,应强调:(1)要合理安排科学研究的纵深配置。当前,在大力开展应用研究和开发研究的同时,要保持一定比例的基础研究,随着国家经济的发展,这一比例要逐步增加,不断提高科研工作水平。(2)重视科技成果的推广应用,使之尽快转化为生产力,并要有市场观念,使产品转化为商品,获得经济效益。(3)高等学校开展与经济界、科技界的横向联合,要根据双方的具体条件,从实际出发,采取多层次、多形式,但不能只停留在一般的联系和协作上,而应把今后的重点,放在建立教育、科研、生产、经营相结合,综合统一的联合实体上。特别是重点大学,还应当发挥自己的优势,建立新技术、高技术产业。

第五，在当今世界，任何一个国家的经济、科技和教育事业，都不可能在封闭的状态下求得发展。我国目前处于社会主义初级阶段，更需要实行对外开放政策，以学习和借鉴国外先进科学技术和有益经验，逐步缩小与发达国家的差距。特别是在新技术革命条件下，一系列新的科技成果的产生，新的科学领域的开辟，以及新的信息传递手段和认识工具的出现，对教育产生了重大影响、发达国家在这方面的经验尤其值得注意。当然，学习外国经验必须结合我国国情，才能在我国生根、开花、结果。因此，我们要通过各种可能的途径和采用各种有效的形式，大力加强国际合作与对外交流，并同时研究国内情况，使国际合作同国内的横向联合相互渗透，相互促进。这样，才能使我国的教育事业真正做到“面向现代化、面向世界、面向未来”。

# 学习毛泽东关于教育与社会实践相结合的思想

## ——纪念毛泽东同志诞辰一百周年*

毛泽东同志不仅是一位伟大的马克思主义革命家，也是一位杰出的教育家。他继承和发展了马克思主义教育理论，紧密结合中国实际，在教育、教学等方面的许多精辟论述，至今仍然具有强大的生命力。不仅如此，他还身体力行，青年时代就当教员、校长，直接参加和领导教育工作，从识字扫盲到高等教育都有丰富的教育实践经验，特别是从他教育实践中提炼出来的教育思想，具有浓厚的中国特色。教育与社会实践相结合（以下简称“教社结合”）就是其中之一。

高等教育是在中等教育基础上进行各种层次、各种形式专业教育的总称，它所培养的人才将直接进入社会，为社会服务。因此它与社会实践的关系比基础教育更为直接，其重要性和必要性也更为明显，这里着重从高等教育的角度，谈谈我们学习毛泽东这一教育思想的体会。

### 一、毛泽东关于教社结合思想的产生

毛泽东同志青少年时代，既接受过旧私塾教育，也接受过新式学堂教育，亲身体验到旧教育的弊端，旧教育使青年脱离劳动、脱离实

---

* 本文原载《清华大学学报》（哲学社会科学版）1993 年第 1 期，与安洪溪、王宇共同署名。

际、脱离工农,也就是说脱离社会实践,因而束缚了他们生动活泼、主动的创新精神。早在 1914 年,他还没有掌握马克思主义理论以前,在湖南一师读书时,就产生了“闭门求学,其学无用,欲从天下国家万物而学之,则汗漫九垓,遍游四宇而已”①的思想。他多次在给友人的信中表达了对旧学校的厌恶,要离开学校,到社会上去,到工农中去。② 后来他果然离开了学校,深入农村、工厂,参加社会实践。1917 年,他发表了第一篇关于教育方面的论文,痛斥旧教育对青年是“课程密如牛毛……特设此繁重之课,以困学生,蹂躏其身而戕贼其生”。③ 1919 年,他又在《湖南教育月刊》上发表文章,进一步揭露旧教育的弊端:“学生不熟谙社会内情,社会亦嫌恶学生。”而学生毕业后“多骛都市而不乐田园。”④也就在这个时候,他受日本作家武者小路实笃(1885—1976)1918 年在日本南部建立一个“新村”,尝试一种公社生活,从而把人道主义扩展到社会上去的影响,起草了一个“工读新村”的具体计划,设想建立学校、家庭、社会三位一体的“新村”,消除“劳心”与“劳力”之间的差别和旧教育的诸多弊端,实行“学习与生计”合一,学生在求学时就应做工,从事农业生产,这样才能通过教育达到创造新家庭、改造旧社会、创建新社会的目的。⑤ 他在 1919 年发表的一篇教育论文上写道:“改良学校教育,而不同时改良家庭与社会,所谓举其中而遗其上下,得其一而失其二也。”⑥1921 年他曾

---

① 《讲堂录》,《毛泽东早期文稿 1912. 6—1920. 11》,湖南出版社,1990 年。

② 《讲堂录》《毛泽东书信选集》,人民出版社,1983 年。

③ 《体育之研究》,《毛泽东早期文稿 1912. 6—1920. 11》,第 65~78 页。

④ 李锐:《毛泽东早年读书生活》,辽宁人民出版社,1992 年,第 262 页。

⑤ 李锐:《毛泽东早年读书生活》,辽宁人民出版社,1992 年,第 262 页。《学生之工作》,1919 年 12 月 28 日湖南教育月刊,《毛泽东思想万岁》,解放军体育学院,1967 年,第 45~47 页。

⑥ 《学生之工作》,1919 年 12 月 28 日湖南教育月刊,《毛泽东思想万岁》,解放军体育学院,1967 年,第 46 页。

立志以教育学作为“终身欲研究之学术”。[①] 毛泽东同志早期的这种理想，并未付诸实施，随着他深入社会，了解工农，特别是读了一些马克思主义著作以后，他逐步认识到“教育救国”只是一种空想，无法在中国大地上实现。

1920 年，毛泽东第二次到北京期间，读了一些马克思主义的经典著作，逐步建立起对马克思主义的信仰。他在与埃德加·斯诺的谈话中曾说：“到了 1920 年夏天，在理论上，而且在某种程度的行动上，我已成为一个马克思主义者了，而且从此我也认为自己是一个马克思主义者了。”[②]

1921 年中国共产党成立不久，8 月，毛泽东创建湖南自修大学。在当时他首先批判旧教育是教育与社会脱离。他认为：现时学校学生不能得职业于社会，学生近之，社会远之；学生亲之，社会离之，永无联结契合之日。学生学非所用，不受社会欢迎；学生脱离社会实际、盲目、骄傲，不愿到民间去，不为社会服务。[③] 可见他的办学宗旨要实现教育与社会实践的结合。为此，他在《入学须知》中明确提出办学的目的是“我们求学不是没有目的，我们的目的在改造现社会，我们的求学是求现实这个目的的学问。我们不愿意我们同学中有一个‘少爷’或‘小姐’，也不愿有一个麻木或糊涂的人”。[④] 在其《组织大纲》中规定了办学的道路和方法，“本大学学友为破除文弱之习惯，图脑力与体力平均发展，并求知识与劳力两阶级之接近，应注意劳

---

① 蒋伟杰、万喜生主编：《学习和研究毛泽东教育思想》，湖南教育出版社，1991 年 11 月版，第 149 页。

② [美]埃德加·斯诺著：《西行漫记》，董乐山译，生活·读书·新知三联书店，1979 年，第 131 页。

③ 蒋伟杰、万喜生主编：《学习和研究毛泽东教育思想》，第 151 页。《湖南自修大学组织大纲》《新时代》，1923 年 4 月 10 日，引自《毛泽东思想万岁》，解放军体育学院，1967 年，第 50~53 页。

④ 李锐：《毛泽东早年读书生活》，第 268 页。

动。本大学为达劳动之目的,应有相当之设备,如园艺、印刷、铁工等”。他还注意继承我国古代教育之遗产,特别提出本大学“采取古代书院与现代学校二者之长,取自动的方法,研究各种学术,以其发明真理、造就人才,使文化普及于平民,学术周流于社会”。[①] 自修大学请当时的马克思主义革命活动家邓中夏、恽代英、张秋人等来当教师,学友们不仅在校内学习、研讨,更重要的是到社会实践中去,参加党所领导的学生运动、工人运动,有的去当工会的秘书、群众组织的负责人,有的创办工人夜校,有的发表文章宣传马克思主义,历史已经证明这样的大学,造就了一批杰出的人才,如何叔衡、李维汉、夏明翰、陈佑魁等等。[②]这是毛泽东掌握马克思主义理论以后倡导教社结合在我国高等教育领域的第一次重大的尝试实践,在当时社会上引起了强烈的反响,当年的北京大学校长蔡元培在上海《新教育》杂志上发表文章认为湖南自修大学“合我国书院与西洋研究所之长而活用之,其诸可以为各省有新设大学之模范者欤!”[③]曾经和蔡元培、吴玉章等人一起组织赴法勤工俭学的李石曾在一篇题为《祝湖南自修大学之成功》文章中说:“自修大学果能得适宜之发展,诚足为一新教育之新纪元,而成学术之普及。赖此可使大学由特殊阶级之制度而成为群众之组织;由名城要邑之集中而成为地方平等之事业,此非其他大学所能,而为自修大学所独有之希望。”[④]

1935 年万里长征到达陕北以后,在革命根据地迅速建立起军事、政治、自然科学等几所高等院校。1936 年由毛泽东任教育委员会主任的抗日军政大学创立了。在一开始就明确规定“理论联系实际,无论何种课程,都以民族解放的实践为基础,力避纸上谈兵、闭门造车”的根本原则。[⑤] 1938 年 3 月,毛泽东在该校的毕业典礼上,又

①②③④ 李锐:《毛泽东早年读书生活》,第 265~268 页。

⑤ 中央教育科学研究所编:《老解放区教育资料》(二),上册,教育科学出版社,1986 年,第 249 页。

再次指出:社会也是学校,一切要在工作中学习。学习的书也有两种,有字的讲义是书,“无字天书”——社会上的一切也是书。[①] 当时抗日大学的学生,不仅在校内学习,更重要的是参加各种各样的抗日救亡活动,包括工农业生产、作战等,并到工农群众中做宣传、组织工作,学习“无字天书”,这就是抗大的办学特色。众所周知,抗大在中国历史上培养了成千上万的优秀革命干部,贡献于国家民族与社会。他们把世界上最先进的马克思主义科学理论带到最贫困、最愚昧的黄土地上,使亿万劳苦大众觉醒起来,走自己解放自己的道路。这一历史事实,使抗大成为全国闻名、世界闻名的大学。这是毛泽东教社结合思想在高教领域又一个成功的典范。

毛泽东关于教社结合的思想是一贯的,贯穿在他毕生的革命活动中,不仅指导过解放区的陕北公学、抗日军政大学、延安自然科学院等各种类型的教育和科学研究机构,而且在新中国成立以后,还指导着新中国各级各类教育的改革与发展。

## 二、毛泽东关于教社结合思想是马克思关于教育与生产劳动相结合思想在中国的科学运用

回顾毛泽东关于教社结合思想产生的历史,可以清楚地看到它和马克思关于教育与生产劳动相结合思想产生的时代背景、历史条件是不相同的。马克思关于教育与生产劳动相结合思想产生于资本主义经过产业革命趋向成熟发达的时期,科学技术在生产中已经越来越发挥着重要的作用。技术的进步和机器的使用,一方面使得生产分工愈来愈细“个体本身也被分割开来,成为局部劳动的自动工具”[②]造成了人的畸形片面发展;而另一方面,大工业机器生产又对人提出了全面发展的要求,并为这种发展提供了物质前提,马克思正

---

① 叶庆科:《毛泽东教育思想初论》,广西教育出版社,1990 年,第 113 页。

② 《马克思恩格斯全集》第 23 卷,第 399 页。

是把握了这个时代的特点,继承了空想社会主义者关于教育同生产劳动相结合的思想方法,论证了教育同生产劳动相结合是历史发展的必然规律。认为"它不仅是提高社会生产力的一种方法,而且是造就全面发展的人的唯一方法"。[①] 在《哥达纲领批判》一文中进一步提出它"是改造现代社会的最强有力的手段之一"。[②] 从而把教育同生产劳动相结合的思想,提高到前所未有的高度。而毛泽东关于教社结合的思想却产生在半殖民地、半封建的中国大地上,生产力极端落后,基本上是以小农经济为主。广大劳动人民文化科学水平几乎处在文盲愚昧状态。因此他是从改造旧社会、克服旧教育与社会实践相隔裂、理论与实际相分离,造就为革新社会、造福劳苦大众的人才提出来的,开始带有空想社会主义的色彩,但在马克思主义理论的指导下,逐步提高到科学认识的水平。正因为如此,毛泽东教社结合的思想,是马克思教育与生产劳动结合的思想在中国的运用,具有浓厚的中国特色。

首先,结合我国国情,毛泽东教社结合的思想,早期更多的不是在产业工人中而是在广大贫苦农民中实现的。培养目标也首先是为农村革命和建设服务的。经毛泽东审定的《中央农讲所开学宣言》明文宣布"我们的使命是要训练一般能领导农村革命的人才出来"。[③] 1945 年在《论联合政府》中,毛泽东明确提出"农民——这是现阶段中国文化运动的主要对象,所谓扫除文盲,所谓普及教育……离开了三亿六千万农民,岂非大半成了空话?……中国广大的革命知识分子应该觉悟到将自己和农民结合起来的必要……,他们应该热情地跑到农村中去……,在那里了解农民的要求,帮助农民觉悟起来,组

① 《马克思恩格斯全集》第 23 卷,第 530 页。

② 《马克思恩格斯选集》第 3 卷,第 24 页。

③ 《中国共产党干部教育研究资料丛书》第 3 辑,中国人民大学出版社,1989 年,第 247 页。

织起来,为着完成……农村民主革命而奋斗”。[1] 所以这一时期,毛泽东的教社结合不可能都是工业化大生产的社会实践,而更多的是农业生产劳动和农村民主革命的社会实践。建国以后,毛泽东作为国家领袖,日理万机,但他仍多次强调教育与生产劳动相结合,教育与中国社会实践相结合。他曾经在一份《工作方法草案》中指出“农村里的中、小学都要同当地的农业合作社订立合同,参加农、副业生产劳动;大学校和城市里的中等学校,在可能条件下可以由几个学校联合设立附属工厂或者作坊,也可以同工厂、工地或者服务行业订立参加劳动的合同。”[2]

邓小平同志坚持并发展了毛泽东这一教育思想,1978年4月,他在全国教育工作会议上指出:无产阶级取得政权之后,教育与生产劳动相结合是“培养理论与实际结合、学用一致、全面发展的新人的根本途径,是逐步消灭脑力劳动和体力劳动差别的重要措施”。“为了培养社会主义建设需要的合格人才,我们必须认真研究在新的条件下,如何更好地贯彻教育与生产劳动相结合的方针。”邓小平同志除了要求各级各类学校要继续贯彻教育与生产劳动相结合的方针外,“更重要的是整个教育事业必须同国民经济发展的要求相适应。”认为如果不这样做,则“学生学的和将来要从事的职业不相适应,学非所用,用非所学”就是“从根本上破坏了教育与生产劳动相结合的方针”。[3] 邓小平不仅从微观上要求学校继续贯彻教育与生产劳动相结合的方针,而且从宏观上对整个教育事业如何根据中国社会发展的实践需要进行改革也指明了道路,这是邓小平同志对毛泽东教社结合思想的重大发展,也是使教育与生产劳动结合方针的贯彻,更具

---

① 《毛泽东同志论教育工作》,人民教育出版社,1992年,第200页。

② 《毛泽东同志论教育工作》,第17页。

③ 《邓小平同志论教育》,人民教育出版社,1990年,第63页。《在全国教育工作会议上的讲话》,《邓小平文选(1975—1982)》,人民出版社,1983年,第104~105页。

有中国特色。在邓小平同志这一重要思想指导下,近十几年我们教育事业在发展计划、规模、速度上都力求适应经济发展的需要。例如在高等教育结构调整上,主动适应社会的需求,中等教育结构改革,致力于发展国民经济和社会生活需要的职业教育。在农村则实行农科教结合,初步形成符合我国国情的适应农村经济社会发展需要的农村教育体系。

以上这些说明,毛泽东教社结合的思想,经邓小平同志坚持和发展,实践已经证明是符合我国的国情的,是根据我国社会发展的规律,从中国社会改革实践的需要提出来的,是一套具有独创性的、中国式的教育与生产劳动相结合的做法。

其次,毛泽东关于社会实践的内涵是很丰富的,除了工农业生产劳动外,还有社会调查、群众宣传组织工作、对敌斗争、社会活动以及科学实验技术革新等等。在 1937 年发表的《实践论》里,在指出"人类的生产活动是最基本的实践活动,是决定其他一切活动的东西"以后,详细论述了社会实践的内涵。"人的社会实践,不限于生产活动一种形式,还有多种其他的形式,阶级斗争,政治生活,科学和艺术的活动,总之社会实际生活的一切领域都是社会的人所参加的"。①1963 年 5 月他在《人的正确思想是从哪里来的》的论著中,进一步把社会实践的内涵概括为阶级斗争、生产斗争和科学试验等三项实践,毛泽东关于教社结合的具体目标与主要内容是随着中国历史的发展,社会革命实践任务的改变而改变的。由于这一思想是在新民主主义革命过程形成与发展起来的,当时以武装革命为形式的阶级斗争的主题高于一切。早在土地革命时期,毛泽东就在苏维埃代表大会上指出:"苏维埃文化教育的总方针在什么地方呢?在于以共产主义的精神来教育广大的劳苦民众,在于使文化教育为革命战争与阶

① 《毛泽东同志论教育工作》,第 272 页。

级斗争服务,在于使教育与劳动联系起来,在于使广大中国民众都成为享受文明幸福的人。”[1]在抗日战争时期,为建立抗日根据地,毛泽东提出一切文化教育工作必须为抗日战争服务,社会实践主要是民族解放斗争的实践。在解放战争时期,毛泽东更是强调阶级斗争这个政治主题,要求各级各类教育服务于推翻三座大山的革命斗争的需要,社会实践主要是为解放战争服务的实践。中华人民共和国建立以后,到 1958 年,社会主义改造已经在全国范围内基本完成,社会发展的基本任务逐步转向社会主义建设事业,大力发展生产力时,毛泽东适时地提出:“应该使受教育者在德育、智育、体育几方面都得到发展,成为有社会主义觉悟的有文化的劳动者。”[2]“教育必须同生产劳动相结合”,并与“教育必须为无产阶级政治服务”[3]一起列为党的教育方针。这在当时是符合我国实际的。以上可以看出,毛泽东教社结合的思想是毛泽东思想体系中不可分割的组成部分,是马克思关于教育与生产劳动相结合思想,在中国社会革命实践中的科学运用。历史的事实已经验证这是符合中国实际的。这里要指出的是,毛泽东本人晚年,由于错误的估计形势,相当一段时期里,曾仍然把阶级斗争作为主要任务,以及由此导致实践中的失误。但这并不影响毛泽东教社结合思想的正确性和对中国教育事业的指导作用。

邓小平同志从新时期社会主义建设和改革开放的实际出发,提出了培养人的目标,是“适应社会主义现代化建设需要,培养有理想、有道德、有文化、有纪律的社会主义公民,提高整个中华民族的思想道德素质和科学文化素质”。[4] 1983 年邓小平为景山学校题词:“教

---

① 《毛泽东同志论教育工作》,第 15 页。

② 《毛泽东同志论教育工作》,第 273 页。

③ 《毛泽东同志论教育工作》,第 258 页。

④ 邓小平:《建设有中国特色的社会主义》增订本,人民出版社,1987 年,第 15、98 页。中共中央书记处研究室,中共中央文献研究室编:《坚持四项基本原则,反对资产阶级自由化》,人民出版社,1987 年,第 350 页。

育要面向现代化、面向世界、面向未来"[①],既反映了建设具有中国特色的社会主义对教育的客观要求,又把握了改革开放的时代特征和对世界未来的科学预测。这不仅给我们指明了中国教育发展的战略方向,而且也提出了新的历史条件下,培养社会主义"四有"人才,教社结合应有的新的内容。"现代经济和技术的迅速发展,要求教育质量和教育效率的迅速提高,要求我们在教育与生产劳动相结合的内容上、方法上不断有新的发展"[②]。近十几年,在邓小平同志的领导下,高等学校对毛泽东教社结合的思想,在改革开放条件下,又有了很大的发展,学生参加社会主义实践的内容更丰富了。以清华大学为例,现在已与北京、天津、武汉等 19 个大中城市及福建、江西等省建立了 36 个横向联合体,与一批大中型企业建立了共同培养学生的合作关系,在贫困县区,建立了一批科技扶贫实践基地,此外还与国际合作开展了一批高科技研究项目。学校还把社会实践列入教学计划之中,把一年二学期,改变为三学期,保证每年有一个学期让学生集中参加社会实践,这就使学生参加社会实践规范化、制度化。实践证明,这对于经济发展,提高培养学生的质量,都起了很好的作用。

第三,毛泽东根据中国革命的需要,在实现教社结合原则过程中,十分强调要加强政治思想工作,并一贯把它放在整个教育工作的首位。1866 年 7 月,马克思曾把教育理解为智育、体育和技术教育。[③] 其中未提德育,这是因为马克思关于教育与生产劳动相结合思想是在无产阶级夺取政权以前,针对当时学校对青少年工人教育提出来的。马克思主义者认为在阶级社会里教育的阶级性,往往在道德教育中表现得更为突出,资产阶级总是利用教育特别是学校散布

① 《邓小平同志论教育》,第 132 页。
② 《邓小平同志论教育》,第 63 页。
③ 《马克思恩格斯全集》第 16 卷,第 218 页。

其道德影响。“资产者认为道德教育就是灌输资产阶级的原则。”[1]无产阶级当然要反对这种道德教育,而主张对自己的儿女进行本阶级的道德教育。而资产阶级“学校不可能给予那种教育”,“年轻人应当在日常生活斗争中从成人那里获得这种教育”。[2] 而当无产阶级革命取得胜利以后,为了建设社会主义和共产主义社会,当然必须通过各种渠道,摆脱资产阶级道德教育的影响,大力加强无产阶级的道德教育。列宁根据俄国十月革命后的经验,以及毛泽东根据中国革命的实践,都强调要把加强共产主义政治思想道德品质教育,放在人的全面发展的首位。实践证明,不这样做,就不能实现“共产党宣言”中所提出的两个“彻底的决裂”的要求。

毛泽东在 1939 年 12 月,为中共中央起草的决定中,详尽地分析了我国知识分子与青年学生的特征,明确提出殖民地半殖民地的国家的知识分子和资本主义国家知识分子的区别,认为除少数反动分子外,大多数受三座大山的压迫,有很大的革命性,是中国革命不可缺少的力量,但同时又要看到他们的动摇性。[3] 为此毛泽东在谈到加强政治思想工作时,一贯强调青年学生、知识分子要走与工农相结合的道路,在立场、态度、思想感情方面来一个彻底的转变。“逐步地抛弃资产阶级的世界观而树立无产阶级的、共产主义的世界观,世界观的转变是一个根本的转变。”[4]而这种转变只能在教育与社会改革实践、知识分子与工农群众相结合过程中逐步实现。

这里要说明的是,在实践中,要处理好政治教育和学习任务的关系是不容易的,要求我们不断地进行总结,积累经验。1978 年,在拨乱反正过程中,当党的工作重点转移到以经济建设为中心以后,学校

---

① 《马克思恩格斯全集》第 6 卷,第 647 页。

② 《马克思恩格斯全集》第 6 卷,第 656 页。

③ 《毛泽东同志论教育工作》,第 74、77~78 页。

④ 《毛泽东同志论教育工作》,第 257 页。

实行以教学为主,有的人对学校要不要把坚定正确的政治方向放在第一位产生了怀疑。对此小平同志明确的作了回答:“毫无疑问,学校应该永远把坚定正确的政治方向放在第一位,但这并不是说要把大量的课时用于思想政治教育。学生把坚定正确的政治方放向在第一位,这不仅不排斥学习科学文化,相反,政治觉悟越是高,为革命学习科学文化就应该越加自觉,越加刻苦。”①小平同志总结了建国以来正反两方面的历史经验,深刻地揭示了政治教育和学习业务知识的辩证统一关系。在十一届三中全会上,邓小平又明确指出“用马克思主义世界观和共产主义道德教育人民和青年,坚持德智体全面发展,又红又专,知识分子与工农结合,脑力劳动与体力劳动相结合”。②

这就使毛泽东关于把坚定正确的政治方向放在首位的思想,知识分子与工农结合,树立共产主义世界观与道德观的思想,在新的历史时期,得到坚持和发展。这十几年的历史实践证明,改革开放以后,政治思想工作的任务更加艰巨了,不仅不能削弱,而且要大大的加强。

第四,毛泽东关于教社结合的思想,力求遵循人的认识规律,使教学过程贯彻理论联系实际的原则,提高教学质量。

毛泽东在《实践论》里,运用马克思主义辩证唯物论关于认识发展过程的理论,详细地论述了人的认识规律,提出“你要有知识,你就得参加变革现实的实践,……你要知道原子的组织同性质,你就得实行物理学和化学的实验,变革原子的情况。你要知道革命的。理论和方法,你就得参加革命”。③ 早在湖南自修大学,毛泽东就把理论联系实际列为该校的校风。这不仅对培养社会科学方面的干部,而

① 《毛泽东同志论教育工作》,第 59 页。

② 《毛泽东同志论教育工作》,第 59 页。

③ 《实践论》,《毛泽东选集》第一卷,人民出版社,1991 年第 2 版,第 287~288 页。

且对培养自然科学与工程技术专门人才都起过重大的作用。我党创建的第一所理工科大学——延安自然科学院，1940年5月在招生启事中明确提出其宗旨是“培养抗战建国的技术干部和专门技术人才”，其方针是：“大学应注重精研学理与指导实际的配合。”①正是在这种思想指导下，延安自然科学院的师生在短短的二年时间里，深入边区考察，写出了“森林开发”、“三边打盐”、“马兰草制造”、“地矿钻探”及“玻璃制造”等一批考察报告和学术论文，对解决当年边区的经济发展和人民生活的实际问题起了巨大作用。李富春同志当年看到一份关于边区森林问题报告时认为是“凡关心边区的人们不可不看的报告，凡注意边区建设事业的人们不可不依据的材料”。② 当年延安自然科学院院长徐特立同志在《解放日报》上发表文章，曾指出“生产是教育的内容，同时也是科学的内容”，“没有实际的理论是空虚的，同时没有理论的实际是盲目的”。③ 可见，教育、科研、生产三结合，是当年延安自然科学院首先倡导的办学模式。建国以后至今，一直是我国各类大学的指导思想。1958年毛泽东进一步提出不同科类的大学，应有不同的结合内容，以提高专业的教学质量。他曾说：“清华大学有工厂，那是一座理工科学校，学生如果只有书本知识而不做工是不行的，但是大学文科不好设工厂，不好设什么文学工厂，什么历史学工厂，经济工厂或小说工厂。文科要把整个社会作为自己的工厂，师生应该接触农民和城市工人，接触工业和农业，不然学生毕业，用处不大。如学法律的，如果不到社会了解犯罪情况，法律是学不好的，不可能有什么法律工厂，要以社会为工厂。”④

---

① 《延安自然科学院史料》第一辑，中央党史资料出版社、北京工业学院出版社，1986年版，第13页。

② 《培养科技干部的摇篮》，北京理工大学出版社，1990版，第20页。

③ 《徐特立文集》，湖南人民出版社，1983年版。

④ 《毛泽东思想万岁》，1967年2月，清华大学图书馆库存“文革”资料，第299页。

毛泽东在强调教社结合过程中，还重视学习书本知识和前人的经验，认为这是结合好的基础，因此对不同水平的学员，要求也是不一样的，在他所倡办的自修大学里，当他发现有的学员文化水平不高时，就先让他们进入文化补习班。在以后解放区的大学生，都要求学员先过文化关。那就是必须掌握读、写、算、历史、地理和自然常识等基本文化。"学了文化以后，政治、军事、经济哪一门都可学"，"学好了文化，随时都可以学习马克思、列宁主义"。[①] 毛泽东非常重视历史知识的学习，认为学习历史知识是研究社会科学进行社会实践的基础；没有历史知识，就不可能对现实社会有正确深刻的了解。"学习我们的历史遗产，用马克思主义的方法给以批判的总结，是我们学习的另一任务。我们这个民族有数千年的历史，有它的特点，有它的许多珍贵品。对于这些，我们还是小学生。"[②]对于自然科学和工程技术，毛泽东则强调"我们比较落后"，"我们现在还没有，还不懂，学了比较有利"，[③]"要向外国学习科学的原理，学了这些原理，要用来研究中国的东西"。[④] 这里毛泽东不仅注意理论联系实际的文化基础，还注意参加社会实践前的理论知识和历史知识的准备，掌握好前人长期积累下来的间接经验和规律性的知识，为此在大学里低年级和高年级教社结合的程度、内容都不一样，这是符合人的认识规律的。

值得注意的是，理论与实践结合在教育教学过程中是一个十分复杂的问题。就是毛泽东本人，在晚年也曾有过由于注意强调社会实践，而过多地否定了传授系统理论知识的失误，这是需要我们不断在实践中深入总结和研究的问题。但是，这并不影响毛泽东教社结

① 《毛泽东同志论教育工作》，第134、45页。

② 《毛泽东同志论教育工作》，第45页。

③ 《毛泽东同志论教育工作》，第231、236页。

④ 《毛泽东同志论教育工作》，第231、236页。

合思想和理论联系实际原则的正确性，它过去是，现在和将来仍然是我们教育、教学工作的指导思想。

“文化大革命”以后，邓小平同志对如何处理各级各类学校教育与社会实践、理论与实际的关系，早在 1978 年他针对我们在实践中正反两方面的经验，提出“各级各类学校对学生参加什么样的劳动，怎样下厂下乡，花多少时间，怎样同教学密切结合，都要有适当的安排”，“生产劳动、科学试验和科学研究在学校教育中怎样组织得更有计划，使之更符合于经济计划和教育计划的，应该加以深入的研究”。[①] 这就是说，在学校里教育与社会实践，理论与实际要结合好，应该从我国实际出发认真总结我们实践中正反两方面的经验，一方面要适应社会主义经济建设的需要，另一方面又要符合教育的规律，这是十分重要的。正是邓小平同志，使在新时期大学贯彻教育与劳动相结合的方针得以坚持和发展。

第五，师生关系民主平等，感情融洽，让学生生动活泼、主动地得到发展是毛泽东教社结合思想的主要内容之一。

毛泽东早年创办“湖南自修大学”是从揭露旧教育无情抹煞学生主动性，压抑个性开始的。他在《创立宣言》中指出学校的“坏处”有三害，一是“师生间没有感情，先生抱一个金钱主义、学生抱一个文凭主义，交易而退，各得其所，什么施教受教，一种商行罢了”；二是“用一种划一的机械的教授法和管理法去戕贼人性”；三是“钟点过多，课程过繁，终日埋头于上课，几不知上课以外还有天地，学生往往神昏意怠，全不能用他的心思为自动自发的心思研究”。所以毛泽东认为学校“坏的总根，在使学生立于被动，消磨个性，灭掉性灵，庸懦的随俗浮沉，高才的相与裹足”。[②] 对此毛泽东十分激愤，在 1920 年 11 月

---

① 《毛泽东同志论教育工作》，第 63~64 页。

② 《湖南自修大学暨湘江中学》，中国人民大学出版社，1988 年，第 35~36 页。

致罗章龙的信中说“讲到湖南教育,真是欲哭无泪”。[1] 为此毛泽东又详细分析了古代书院与现代学校的长短,认为现代学校教育内容注意自然科学和科学的研究方法,这是古代书院所不及的,但古代书院课程简而研讨周详,师生感情融洽,可以自由研究,这种形式则比现代学校优胜得多。自修大学就是要“取古代书院的形式,纳入现代学校的内容”。[2]

这里可以看出毛泽东不仅把教育和中国社会的革命和建设实践紧密地结合起来,让学生了解“上课以外还有天地”,要读好“无字天书”,而且尊重学生的主观能动性,使学生能主动地、健康地、活泼地发展。这一教育宗旨贯穿在他早期的教育实践中,对师生关系、课程设置、教学内容、教学方法都有生动范例。在他肩负起整个中国革命历史的重任以后,他仍然一如既往,指导着中国教育的改革,关心着青年学生的茁壮成长。

1927 年,中国共产党在井冈山建立革命根据地以后,毛泽东第一次提出“启发式”(废止注入式)的教学方法,并列入《中国共产党红军第四军第九次代表大会决议案》。[3] 1937 年,党在延安建立苏维埃政权以后成立了陕北公学,又明确提出把“少而精”列为该校四大教育之一,并且把“主要着眼于调动学员学习的积极性和主动性”作为组织教学的指导思想。1941 年《中共中央关于延安干部学校的决定》中又明确规定“在教学方法中,应坚决采取启发式的、研究的、实验的方式,以发展学生在学习中的主动性和创造性,而坚决废止注入的、强迫的、空洞的方式”。[4]

---

① 李锐:《毛泽东早年读书生活》,第 263 页。

② 李锐:《毛泽东早年读书生活》,第 267 页。

③ 中央教育科学研究所编:《老解放区教育资料》(一),教育科学出版社,1981 年,第 4 页。

④ 中央教育科学研究所编:《老解放区教育资料》(二)上册,教育科学出版社,1986 年,第 238~241 页。

新中国建立以后,1950年毛泽东亲自给湖南第一师范学校题词"要做人民的先生,先做人民的学生"。要求老师要了解学生,关心学生,虚心听取意见,提倡师生之间,同学之间互相质疑问难,共同研究,这是启发学生思维积极性的前提。1964年12月,他又针对当时学校教育的弊端,严肃地指出"现在学生负担太重,影响健康,学了也无用,建议从一切活动总量中,砍掉三分之一"。他认为课程要少而精,使学生有自由支配课余时间的主动权,讲授要得法,考试不能死记呆背。"有创见,可以打一百分",全部答对了"平平淡淡,没有创见的,给五十、六十分",为的是使学生能够根据自己的特点,独立思考,培养分析问题和解决问题的能力。他还一贯认为自学是发挥学生学习主动性和创造性,养成独立学习、研究和工作能力的好方法,提出"要自学,靠自己学"并鼓励青年人"不要被权威、名人吓倒"[①],要青出于蓝而胜于蓝,不要迷信书本,要解放思想,努力创造。毛泽东继承和发展了我国古代书院的长处和培养人才的经验,是具有中国特色的。

## 三、毛泽东教社结合思想的理论基础是马克思主义的认识论

毛泽东在他著名的哲学论著《实践论》中指出:"唯心论和机械唯物论,机会主义和冒险主义都是以主观和客观相分裂,以理论和实践相脱离为特征的。以科学的社会实践为特征的马克思列宁主义认识论,不能不坚决反对这些错误的思想。"[②]毛泽东以他丰富的中国革命实践经历论述了马克思主义认识论是以科学的社会实践为特征的,并从此出发对教育的功能、知识与知识的来源、理论与实际的关系、人才培养教育与社会实践发展的关系等理论问题,提出了一系列精辟的见解,作为教社结合思想的理论基础。

① 《实践论》,《毛泽东选集》第一卷,第288、286、139页。

② 《实践论》,《毛泽东选集》第一卷,第295页。

1. 社会发展与人的发展的统一。

社会发展与人的发展,是制约教育的两个重要因素,也是教育的两个重要的功能。教育既要适应并促进社会的发展又要适应并促进人的发展,这是教育本身的客观规律。在西方高等教育发展史上,这两种功能,以两种不同的教育价值观,各代表着两种不同的办学宗旨和途径,即国家中心和个人中心在互相冲突、互相争论着,从来没有停止过。马克思主义关于人的发展的基本观点是“人是一切社会关系的总和”。[①] 也就是说,不能脱离社会发展的历史条件、时代特征去讨论人的发展,特别是杰出人才的出现,往往是时代的产物,是社会发展的必然结果。毛泽东指出:“不能在封建社会就预先认识资本主义的规律,因为资本主义还没有出现,还没有这种实践。马克思主义只能是资本主义社会的产物。”[②]正是资本主义社会基本矛盾的尖锐化以及无产阶级革命斗争实践的需要,造就了马克思、恩格斯这样杰出的人才。同时人才一经出现,就推动着社会的发展和前进。由此可见,人的发展必须以社会发展为条件,同时又促进社会发展;而社会历史发展的最终结果,将在人自身掌握自己命运的条件下,促进人的身心充分、和谐的发展,两者互为条件、互相促进。因此社会发展和人的发展是统一的,而不是矛盾的。但是统一是有条件的,那就是社会发展方向和人的发展方向是一致的,都决定于社会发展的客观规律。这一点,在资本主义社会那种代表少数人的国家,可能在某一个历史时期可以实现,但从根本上说,是无法彻底实现的。

毛泽东坚持马克思主义的观点,根据中国社会发展历史的不同阶段,密切结合科学的社会改革实践的需求,提出教育促进社会发展的任务,并根据当时社会发展的条件,提出培养教育人的目标,以实现教育这两个重要功能,其最终目的也是为给后代人的发展创造良

① 《马克思恩格斯选集》,1972 年版,第 1617 页。

② 《实践论》,《毛泽东选集》第一卷,第 287 页。

好的社会条件。有一种观点认为,毛泽东教社结合的思想是属于国家中心的教育价值观,是功利主义的,是抹煞人的个性发展的。不可否认,我们在执行教社结合的实践过程中,确实有对人的个性发展认识不足的问题,一方面由于社会条件的制约,客观上缺乏应有的条件,另一方面,与我们自己的认识和主观努力不够也有关系。但是这不妨碍我们不断总结经验教训,用辩证唯物主义和历史唯物主义的观点去理解毛泽东的教社结合思想,继续努力,在教育实践中,实现社会发展与人的发展的辩证统一。

2. 理论知识与实践经验的统一。

教育是前人给后人传递知识的一种人类所特有的社会活动。那么什么是知识?知识的来源是什么?毛泽东运用马克思主义认识论的基本原理回答了这一问题。"自从有阶级的社会存在以来,世界上的知识只有两门,一门叫做生产斗争知识,一门叫做阶级斗争知识。自然科学、社会科学,就是这两门知识的结晶,哲学则是关于自然知识和社会知识的概括和总结。"[①]这就是说,知识来源于人类的社会实践,即阶级斗争、生产斗争和科学试验,人类的一切知识都不能离开社会实践。毛泽东又把人获得知识的过程分成两个阶段:"一切比较完全的知识都是由两个阶段的构成的,第一阶段是感性知识。第二阶段是理性知识,理性知识是感性知识的高级发展阶段"。在此他把学生在学校里所获得的书本知识,认为是片面的、不完全的。"学生们的书本知识是什么知识呢?假定他们的知识都是真理,也是他们的前人总结生产斗争和阶级斗争的经验写成的理论,不是他们自己亲身得来的知识,他们接受这种知识是完全必要的。"但是,"这种知识对于他们还是片面的","一个人从那样的小学一直读到那样的大学,毕业了,算有知识了,但是他有的只是书本上的知识,还没有参

① 《整顿党的作风》,《毛泽东选集》第三卷,人民出版社,1991 年 2 版,第 815~816 页。

加任何实际活动,还没有把自己学得的知识应用到生活的任何部门里去"。因此他们不能算是一个"完全的知识分子","唯一的办法就是使他们参加到实际工作中去"。[①]

与此同时,毛泽东又指出仅仅是从社会实践中获得经验也是不够的,这种从自己直接经验获得的知识是"偏于感性的或局部的,缺乏理性的知识和普遍的知识,就是说缺乏理论"。这种经验知识,与书本知识一样,同样也是不完全的知识。因此这两种不完全的知识"都有片面性,只有使二者互相结合,才会产生好的比较完全的知识"。在高等学校教育教学过程中,是传授先人已有的系统理论知识为主,还是社会实践性教学为主?曾经有过很大的争论,实践过程中,也发生过这样或那样的偏差。毛泽东运用马列主义的认识论,深刻的阐述了什么是知识和知识的来源问题,从而论证了学习系统理论知识和社会实践结合的必要性,提出二者是密切结合、不可分割的、辩证统一的,我们的问题,不在要不要结合上,而在如何结合怎样才能结合好。

毛泽东科学地论述了人类认识的过程是"实践、认识、再实践、再认识,这种形式,循环往复以至无穷,而实践和认识之每一循环的内容,都比较地进到了高一级的程度。这就是辩证唯物论的全部认识论,这就是辩证唯物论的知识统一观"。[②] 但是如何进一步用毛泽东这一科学理论来说明学生在学校学习的认识过程,从而建立科学的具体的教学论,那是我们教育工作者的任务。例如在高等学校里,应该把系统的理论学习和相应的社会实践结合好,不同的社会条件,不同的科类和专业,各又有不同的具体培养目标。因此社会实践的内容也就不同。同一种科类和专业,不同层次的学生,不同的课程,教社结合的程度、内容、形式、方法都不一样,甚至对不同兴趣和专长的

① 《毛泽东同志论教育工作》,第125页。

② 《实践论》,《毛泽东选集》第一卷,第289页。

学生,也应有不同的安排,这就要求我们认真研究学生学习和成长的规律,那种不加区别的、一刀切的结合作法,形式上是教育与社会实践结合,其效果则仍然是教育与社会实践相分离,是违反学生学习的认识规律的。这就要求我们不断地在实践中总结经验教训,以求获得良好的效果。

3. 社会改革实践与人才培养的统一。

毛泽东不但重视完全知识的获得,更重要的是他非常重视知识的应用。“读书是学习,使用也是学习,而且是更重要的学习。”①马克思主义认为,人不仅要认识世界,而且更重要的是改造世界,人是在改造世界的过程中改造自己。“改造客观世界,也就改造自己的主观世界——改造自己的认识能力。”②从人类认识世界的长河来说,个体对客观世界的认识,是随着社会实践的发展而发展的,也就是说,人的正确思想将在社会实践过程中不断检验和丰富,如“对于建设社会主义的规律的认识,必须有一个过程,必须从实践出发,从没有经验到有经验,从有较少的经验,到有较多的经验”。③ 当然,这种社会改革实践,要有正确的理论指导,才能产生正确的思想,造就带有正确思想的杰出人才。也就是说这种杰出的人才是从社会改革实践中产生,又在社会改革实践过程中逐步成长的,而社会改革实践的发展又有赖于这种杰出人才的推动。因此社会改革实践是人才成长的摇篮,而人才又是社会改革实践的动力。

1936 年,在抗日战争时期,毛泽东在论述《中国革命的战略问题》时,鉴于当时我们是处在敌强我弱的不利条件,没有可能建立正规的军事院校,毛泽东提出“革命战争是民众的事,常常不是先学好了再干,而是干起来再学习,干就得学习”。“从战争学习战争——这

① 《毛泽东同志论教育工作》,第 13、35 页。

② 《毛泽东同志论教育工作》,第 13、35 页。

③ 《毛泽东著作选读》下册,人民出版社,1986 年版,第 826 页。

是我们的主要方法。”[①]正是在毛泽东这种在战斗中学习的思想指导下，在这一时期，我们培养了大批杰出的军事将领和领导人才，取得抗日战争和解放战争的胜利。当然，现在历史已经前进了，时代的特征也不同了。但是毛泽东这一从社会改革的实践中培养人才的思想，仍然有现实的意义。

当前我国高等学校正面临着两方面的挑战，一方面是世界科学技术飞跃发展、国际竞争空前激烈，另一方面又处在和平演变和反和平演变斗争的前线，在这样一个特定的历史条件下，要培养社会主义建设所需要的合格人才，是史无前例的艰难任务，我们的国家要在这两个激烈挑战中获得胜利，以便迅速建成一个社会主义现代化强国，无论从政治上、经济上、科学技术上、文化教育上，以及社会其他方面都面临着许多没有解决的新问题。显然，我们的大学生，同样不可能事事都“学好了再干”，随着社会的进步和发展，现在的大学生学习的条件比过去好了，要学的理论知识也比过去要多得多，但是如何使他们综合运用所学的系统理论知识，参加到相应的社会改革实践中去，解决实际问题，则同样是更重要的学习，正如毛泽东所指出的“马克思主义者看重理论，正是，也仅仅是因为它能够指导行动。如果有了正确的理论，只是把它空谈一阵，束之高阁，并不实行，那么，这种理论再好也是没有意义的”。[②] 以清华大学为例，从1958年起在毛泽东教社结合的思想指导下，让高年级学生进行“真刀真枪”毕业设计（或学位论文），即毕业前，在老师的指导下，独立运用在校所学的系统理论知识，解决一个社会改革和建设实践中的问题。最近，我们对50年代末60年代初的毕业生进行了抽样调查，问他们在大学学习期间，印象最深的是什么时，他们几乎都异口同声地回答说：“真刀真枪

① 《毛泽东同志论教育工作》，第13页。

② 《实践论》，《毛泽东选集》第一卷，第292页。

毕业设计(或论文)”,这不仅能巩固他们所学的系统理论知识,提高他们分析问题和解决问题的独立工作能力,而且更重要的是对他们了解中国国情,与工农民众结合,促进体脑结合,树立为社会主义事业献身的理想和决心都起了深远的影响。与此同时,这种做法对社会和学校的改革和发展也起了很大的作用。我国在这一时期,在没有任何外国力量的帮助下,从无到有,自力更生,在清华大学建成的第一个自己制造的原子能反应堆,就是有许多清华大学学生在真刀真枪毕业设计过程中参与了设计和建设工作。清华大学也从此为国家培养了大批献身社会主义建设事业的原子能科技专家。历史的事实已经证明,把社会改革和建设实践与人才培养教育结合起来,两者统一起来,是符合我国国情的,是必要的、可能的,也是正确的。

最后必须说明,毛泽东所指的社会改革实践,是正确理论指导下的社会主义实践,他在《实践论》里引用斯大林的话说:“理论若不和革命实践联系起来,就会变成无对象的理论,同样,实践若不以革命理论为指南,就会变成盲目的实践。”“感觉只解决现象问题,理论才解决本质问题。”[①]因此实现毛泽东关于教社结合的思想时,任何轻视理论和理论学习的做法都是错误的,都是违反马克思主义认识论的。

## 结 束 语

毛泽东关于教育与社会实践相结合的思想,是贯彻始终的,从20年代创办湖南自修大学、30年代在延安亲自主持领导抗日军政大学、自然科学院等一批高等院校,到解放后对教育工作发表一系列的指示,都十分突出的看到这一点,虽然在表达时,从社会是一本“无字天书”到“文科要以社会为工厂”提法上有差异,但基本思想是一贯

① 《实践论》,《毛泽东选集》第一卷,第293、286页。

的。通过对他教社结合思想的学习、整理,使我们深深感到,他运用马克思主义理论,解决中国革命实际问题的同时,也坚持和发展了马克思关于教育与生产劳动相结合的思想,使这一思想更切合我国实际,更具有中国特色。众所周知,教育与生产劳动相结合是以现代工业生产为基础的现代教育发展的必然趋势,随着科学技术的飞跃发展,生产力迅速提高,愈加显示出教育与生产劳动相结合是现代教育所必须遵循的普遍规律,当前已经成为国际社会普遍关注的重大课题,尽管世界各国社会制度不同、生产力水平不同,但是都在不同程度上致力于教育与生产劳动的结合。因此,我们借鉴外国的经验,甚至与国外专家学者一起合作研究这一问题是完全必要的。但是必须清醒地看到,我国与其他国家,特别是西方国家的教育虽有共同之处,但是也有质的区别。不仅社会制度不同,生产力水平不同,而且基本国情、民族文化传统也不同。因此,人才的培养目标也不相同。有一种观点认为毛泽东教育思想只是关于革命战争年代的办学理论,仅适合于革命干部的短期培训,不能指导今天的建设,更不适用于社会主义建设时期的现代化的正规大学。我们不同意这种观点,因为这是不符合实际的。毛泽东从中国革命斗争需要与生产力落后的实际出发,在提出生产劳动是人类最基本的社会实践活动,教育必须与生产劳动相结合的同时,特别提出人的社会实践,不限于生产活动一种形式,还有多种其他的形式,强调教育要与社会实践相结合。这是对马克思主义关于通过教育与劳动生产相结合培养造就新人,在理论上和实践上的新的发展。这样的提法使教育与生产劳动相结合具有更广泛的意义,结合的内容、形式也更丰富了。这样就更能适应不同时代、不同社会发展阶段的需要,也更有利于不同专业、不同层次学生的健康成长。

毛泽东教社结合的思想,不仅在过去,而且对现在和将来都具有非常重要的指导意义。

从中国共产党成立那一天起，毛泽东这一教育思想就在指导着我们的教育改革，虽然在实践过程中，有成功的经验，也有过这样或那样的失误。可以说，到目前为止，如何在实践中，特别是新时期的实践中结合好，还有很大的差距，还需要我们做很多的探索和试验。但是这完全不影响我们对毛泽东教社结合思想的科学性和深远意义的认识。我国古代谚语云“失败是成功之母”“吃一堑长一智”，正因为无论是成功的经验还是失败的教训，都是我们自己亲身经历过的，都是我们建设具有中国特色的社会主义教育科学过程中宝贵的财富，都需要我们认真地进行总结、整理和研究，从中找出规律性的理论知识，以指导我们进一步的实践。

# 在新的历史条件下关于教育本质与大学职能等问题的思考*

近几十年来,我国生产力有了很大发展,人民生活水平和综合国力上了一个大台阶,整个社会发生了巨大变化。与此同时,我国教育事业也获得了显著的进展,取得了令人瞩目的成就。教育理论界也因此空前活跃。近年来我国从社会主义计划经济体制向社会主义市场经济体制过渡,在教育实践中提出了一些带根本性的问题,需要我们进行思考。诸如教育是不是产业?科学技术教育是不是生产力?为适应社会主义市场经济,高等教育是不是应加速产业化、市场化、商品化?当前我国高等学校为筹资创收办企业,是不是大学的职能?等等,无一不涉及教育本质等基本理论问题,它是观察分析教育现象的一个核心问题。回顾新中国成立后 40 多年的教育历程,教育上有些重大失误都与我们对这一基本理论问题的认识有密切关系。为此在"文化大革命"结束以后,围绕这一基本理论问题,我国教育界尽管进行过多次的讨论,且每次讨论都推动我们对这一基本问题有进一步深入的认识,但是事实证明,随着改革形势的深入发展,人们对这一问题仍有许多不同的认识。有时问题好像解决了,但遇到新情况、新问题又感到困惑,这就是我们对这一问题重新思考的原因。

---

* 本文原载《清华大学教育研究》1995 年第 1 期。

## 一、马克思的唯物史观是认识和解决教育本质等问题的理论基础

马克思主义关于经济基础与上层建筑的科学理论是我们观察分析社会现象包括教育现象的思想武器，但运用好这个武器不是容易的事，从近几十年的历史来看：

1. 本世纪50年代，由于斯大林《马克思主义语言学问题》的发表，提出语言既非上层建筑也非经济基础，是没有阶级性的[①]。这是对马克思主义关于经济基础和上层建筑科学理论的一个重大突破，引起了前苏联学术界的巨大反响，由此也引起前苏联教育界对教育本质问题开展了广泛的讨论。这次讨论最后结论为"教育是上层建筑"，并且这一结论在当时影响了我国教育界。

2. "文革"后，我国教育界经过拨乱反正，不少同志联系建国后特别是"文化革命"中"左"的失误，对教育是上层建筑这一结论提出了怀疑，并展开了持续几年的关于教育本质的讨论，提出过"教育是生产力""教育既是上层建筑又是生产力""教育既非上层建筑又非生产力""教育就是上层建筑"等多种不同的看法。1983年胡乔木同志就这一问题发表了看法，提出"马克思主义关于生产力与生产关系、经济基础与上层建筑的区分并不包罗万象，并不是任何社会现象都可以划分到这里面去的"。显然他不同意把教育"按这个分类划分"，认为这样做"就要碰钉子"。经济基础与上层建筑是社会生活最根本的东西，"马恩的历史唯物主义当时主要是着眼于社会生活中的最根本的东西，而社会生活要比根本的东西宽广得多""教育的任务是非常广泛的，差不多与生活一样广阔"。[②] 胡乔木同志这次讲话提示我们，不能把马克思、恩格斯的论述绝对化应用来解释教育，要

① 《斯大林选集》下卷，人民出版社，1979年，第525页。

② 《胡乔木文集》第二卷，人民出版社，1993年，第551~553页。

以历史唯物主义的理论观点,实事求是地观察分析人类在不同历史时期的教育实践活动,从事实出发研究教育本质这一基本理论问题,这是我们对这一问题在认识方法上的重大前进。

3. 1984 年,胡乔木同志在《关于人道主义和异化问题》的论述中,又进一步提到“不同社会制度的社会生活中也不是没有任何共同的东西”,就是伦理道德这个具有明显上层建筑意识形态的领域,“从意识形态的历史发展方面来看,新的社会总是要从旧的社会批判地继承和发展改造许多属于人类文明的精神财富的东西,伦理道德也是这样”[①]。这就是说,即使只考虑教育这种社会活动中属于上层建筑的部分,也不能只看到社会主义制度下教育与封建社会制度下教育、资本主义制度下教育的不同,也要考虑它们之间批判的继承和发展的关系,其中确有人类精神文明的共同财富。

4. 胡乔木同志作为我党的理论家,关于社会现象和教育现象的分析是总结了从马克思到斯大林为止的有关理论,是正确的、科学的。他虽然没有直接回答教育本质的问题,但是他给我们提示了研究这一问题的马克思主义唯物史观的方法。离开历史唯物论这一科学理论,就没有共同语言了。但是马克思主义也是随着人类历史的前进不断丰富和发展的,不能拘泥于对某一事物的具体结论和具体说法,而是要掌握它的最基本的理论实质,对具体事物进行具体分析。关于教育本质问题,在马克思主义经典著作中,并没有现成的答案,需要后人在实践中不断总结提高,获得科学的结论。

## 二、关于教育的本质和属性问题

1. 什么是事物的本质? 毛泽东在《矛盾论》中提出:“人的认识物质,就是认识物质的运动形式……,任何运动形式,其内部都包含

① 《胡乔木文集》第二卷,人民出版社,1993 年,第 611 页。

着本身特殊的矛盾。这种特殊的矛盾,就构成一事物区别于他事物的特殊的本质。”[①]为此,我们研究教育的本质,必须研究教育的运动形式和它内部的特殊矛盾。

近年来,我国有的教育学教科书中提出,教育的本质是“教育者按照一定的社会要求向受教育者的身心施加有目的、有计划、有组织的影响,以使受教育者发生预期变化的活动”[②]。并指出“表现为主体性的教育要求与表现为客体的受教育者身心发展的特点及水平之间的矛盾是教育过程的主要矛盾,这一主要矛盾是推动教育过程向前发展的基本动力”[③]。这里所指的教育要求是原来受教育者所不具备的,所以两者是矛盾的,只有通过教育过程才能统一起来。近代学校教育就是要按受教育者不同的发展特点和水平制定不同年级的教育要求,使受教育者能循序渐进地达到一定社会的需求,这就是教育的运动形式。这种对教育本质的叙述,是人类在长期教育实践活动中较好的理论概括和经验总结。

2. 关于教育是上层建筑还是生产力的讨论是关于教育属性的讨论,还不是教育本质的讨论。但教育的属性与教育的本质有密切的关系,这是因为一定社会需要决定教育要求,也决定教育这一矛盾运动的主要方面。而人类社会的组成,不仅有经济基础和上层建筑部分,还有既不属于经济基础也不属于上层建筑的部分,如语言学、体育竞技、理论数学与自然科学等。[④] 人类为了自己的繁衍,除生育外,还必须把前一代社会生活中(包括人类社会组成各个部分)所积累的知识和经验传授给下一代。所有这些,人类都不可能从先天遗传中获得,只能从后天社会活动中获得。这种社会活动就是广义的

---

① 《毛泽东选集》第一卷,人民出版社,1991 年 2 版,第 308~309 页。

② 南京师范大学教育系主编:《教育学》,人民教育出版社,1988 年,第 19 页。

③ 南京师范大学教育系主编:《教育学》,人民教育出版社,1988 年,第 32 页。

④ 《胡乔木文集》第二卷,人民出版社,1993 年版,第 611 页。

教育活动。无论哪种社会活动,只要与人类社会发展有关,同样都和教育有关,教育都对它们起一定作用。教育是人类社会发展的必然产物,它随着人类社会的发展而发展。在不同的历史时期,社会各个组成部分在教育中的地位和作用有所不同,如生产力比较发达的资本主义社会与生产力比较落后的封建社会相比,经过教育形成的人的生产知识和技术存量显然就大大增加了,且越来越成为经济增长的重要因素。教育作为科学技术进步的基础,在社会发展中的地位和作用会比封建社会要大得多,但是这只是一方面,与此同时生产关系也与过去不同,与生产关系相适应的上层建筑,即政治和意识形态等方面的知识和经验也日益丰富,这些都要通过教育传授给下一代。因此,教育提高人的素质是多方面的、复杂的,而不是单一的,这就决定了教育的属性也不可能是单一的,而是多方面的、复杂的,教育具有生产力和上层建筑以及它们以外的各种属性。

3. 这里还必须指出教育这种多方面的复杂属性一般说是相互影响相互渗透的,而不是孤立的,特别是系统的学校教育尤为明显,它们构成了一个综合的统一体。教育的对象是人,而"人的本质并不是单个人所固有的抽象物,在其现实性上,它是一切社会关系的总和"①。社会关系是以物质生产中形成的生产关系为基础,派生和影响其他的社会关系。教育活动所要施加于人的教育影响在现实性上不可能是各种属性的混合体,而只能是各种属性的综合统一体。

在阶级社会里,教育是有阶级性的,教育所反映的社会要求首先要满足统治阶级的需要。从这个意义上讲,教育是为统治阶级利益服务的。资产阶级宣扬所谓教育可以"超阶级""超政治"是有意掩盖他们利用教育维护本阶级利益的实质,只有无产阶级才敢于公开揭示这一科学的事实。为了保证教育的阶级属性,谁来领导教育?

① 《马克思恩格斯选集》第一卷,人民出版社,1972年,第18页。

依靠什么人办教育都不能违犯统治阶级的根本利益,否则只能非法地进行。有人认为大学教育有两种:一种是属于上层建筑类的专业教育,是有阶级性的;但科学技术教育就不同了,科学技术本身并没有阶级性,属于生产力,因此科学技术教育也属于生产力,不受统治阶级影响,这种认识是不符合事实的。

首先,科学技术教育的发展也是受统治阶级的需要所制约的。我国是世界教育史上最早出现专业教育的国家,远在唐代就建立了数学、医药、天文历法等与生产力有关的专业教育,比欧洲专业教育的出现要早近一千年。但是以后由于封建统治阶级的办学目的完全是为了加强和巩固自己的统治地位,学校成为科举制度的附庸,读书主要是为了做官,这就大大抑制了这类专业教育的发展,使之逐渐衰落。

其次,知识形态的科学技术转化为物质的生产力有两个条件,一是科学技术物化在劳动工具中,如计算机控制机床;或物化在劳动对象中,如塑料器皿的塑料是与高分子化学有关。二是必须要有掌握相应科学技术的人去实现。邓小平同志提出"科学技术是第一生产力",总结了当前科学技术高速发展,并显著地转化为现实生产力的时代特征。这里指的科学技术显然不只是知识形态的科学技术。上述两方面的转化都与教育有密切的关系,那就是要培养推动科学技术发展的科学技术专家,还要培训大批能掌握现代化生产技术的劳动者。所以邓小平同志又说"实现现代化关键是科学技术"①"基础在教育"②,从这个意义上说,教育确实具有生产力属性,而过去认为教育只有上层建筑的属性的认识是片面的。但是在阶级社会里,教育所培养的人又不可能是抽象的,他必须解决科学技术为谁服务以及怎样服务的问题,这就与他的世界观、人生观,以及思维方式有密

① 《邓小平同志论教育》,人民教育出版社,1990年,第24页。

② 《邓小平同志论教育》,人民教育出版社,1990年,第54页。

切关系。这里就渗透了阶级属性,它渗透于科学技术教育的过程中,这种渗透,特别是世界观的影响,是非常广泛的。列宁讲:“学校真正的性质和方向并不由地方组织的良好愿望决定,也不由‘教学大纲’等等决定,而是由教学人员决定的。”[①]由此可见科学技术教育不仅具有生产力属性,它仍然是教育各种属性的综合统一体。在不同社会制度下,科学技术教育虽然有共同之处,但也有本质的不同。

第三,至于对某种单纯的科学技术或体育竞技之类的训练班,由于时间短,教育内容中意识形态相对弱一些,或由于受教育者有较强的识别能力,在办学主体上可以放宽要求,但不等于说这种教育就完全没有阶级属性了,当然这样的培训班和系统的学校教育不同,在一定制度和法律的约束下,可以使阶级影响变得相对得不那么明显。但是一般说来,在教育过程中,有的东西是可以用制度和法律来规定的,如我国宪法规定不得利用宗教进行妨碍国家教育制度的活动[②]。但教育活动是人的精神活动,难以完全用法规来制约,如教师的思想、品德、人格对学生的影响往往是无形的、潜移默化的。可见,不论在何种社会制度下教育的属性都是多方面的综合统一体是不可割裂的。

## 三、关于高等教育的特征与大学的职能问题

1. 高等教育是教育的一个组成部分,自然具有教育的一般本质和属性。但是它又有自己独有的特征。首先它是教育制度中的最高层次,是以培养社会各个领域的高级专门人才为目的的专业教育,其学生毕业后大多直接进入社会,不少人成为社会各领域的骨干,甚至进入领导层。它也是各级各类学校教师的主要来源。因此它对社会发展的作用比基础教育更直接和密切。其次,它的教育对象是受过

---

① 《列宁论教育》,人民教育出版社,1980 年,第 54 页。

② 《十二大以来重要文献选编》(上),人民出版社,1986 年,第 227 页。

相当教育的青年人或成年人，身心发展已达到相当水平，他们的精神世界已不再局限于具体的时空范围，往往有走向未来、走向社会的愿望，并初步具备了参加科学研究和社会实践的能力。以上两方面的特征，就决定了高等教育不仅在培养目标、专业设置、教育内容上与基础教育和中等职业技术教育不同，并且教学过程也有不同。

从高等教育发生发展的历史来看，中国古代学院就已把传授知识和研讨学术结合起来。虽然它还不是近代高等学校，但朴素地反映了培养高级人才教学过程的特征。近代高等学校已普遍地把教学和科研结合起来，这样做实质是把认识自然、认识社会与改造自然、改造社会结合起来，这是近代高等学校教学过程的重要特征，是符合高级专门人才培养规律的。随着科学技术高速发展和信息时代的到来，高等教育的这些特征表现得将更明显、更突出。

2. 近代高等学校开始自觉的职能也只有人才培养这一方面。18 世纪 60 年代，由于世界发生了以蒸汽机的应用为主要标志的第一次工业革命，德国柏林大学首先突破了培养人的单一职能，提出大学应有科学研究的职能，开创了教学与科研相结合的办学模式。19 世纪 60 年代，世界又发生了以电的广泛应用为主要标志的第二次工业革命，在美国为适应各州经济发展对科学技术和人才的需要兴办了州立大学，首先出现了“康乃尔计划”和“威斯康星观念”[①]，前者是在大学开设“一切宗旨课程”，目的是为适应各种各样的社会需要，开设灵活多样的课程；后者则提出大学忠实地为地区需要服务。20 世纪中叶，第二次世界大战以后，世界又发生了高新技术革命，高新技术产业纷纷崛起，与此同时在美国斯坦福大学附近，首先出现了以硅谷命名的大学与产业（特别是高科技产业）密切配合的高科技工业园区，大学以自己的科技力量促进了高科技产业的形成，这又拓宽了大

① 滕大春主编：《外国近代教育史》，人民教育出版社，1988 年，第 488~490 页。

学直接为社会服务的职能。以上关于大学从事科学研究和社会服务的职能，由于符合生产力发展的需要，又有利于培养高级人才，因此，一旦出现，很快为世界许多国家所接受。这还说明高等学校的职能是随社会发展而发展的，它不仅通过培养人作用于社会，而且还有发展科学，直接参与改造自然、改造社会、推动社会发展的职能。

3. 以上所提的大学有培养人才、发展科学和社会服务三种职能，但这三种职能不是并列的，它们归根结底要服从高等教育为社会发展需要培养高级专门人才这个功能，这是大学作为教育机构的本质所决定的。大学为了培养出高层次的专门人才，就要直接从事发展科学研究工作，把教学和科研结合起来，因此科学研究这个职能对大学来说是不可缺少的、十分重要的。但是培养人才和科学研究又各有自己活动的规律，并不完全一致，有时也会有矛盾，必须正确处理好，才能结合好。

正因为大学有上述的职能，因此它不仅在科学上代表一个地区甚至一个国家的水平，而且在精神建设上也处于较重要的地位，在一定范围内有重大影响，这是大学实现为社会服务职能的重要依据。为社会服务也是一种改造自然、改造社会的实践活动，对培养人也是重要的。它可以从属于前两种职能，也可以列为第三种职能，但在具体安排时，必须要处理好与前两种职能，特别与培养人这种职能的关系，以保证大学培养人才和发展科学两大职能的质量。

4. 综上所述，按社会发展需要培养人才又作用于社会是教育的功能，而学校是实现教育功能的主要社会机构。由于社会需要是非常广泛的，包括政治、经济、文化等一切领域。而人的发展又是有层次的、多方面的，包括德智体美诸方面，因此不同教育目标要由不同学校来实现。教育功能与学校的职能有联系但并不一致，不同历史时期、不同学校职能是不相同的，学校必须处理好教育功能和学校职能的关系才能更好实现教育的功能。

## 四、对当前我国大学职能问题的思考

1. 我国大学与世界各国一样,也有以上三种职能。但必须指出,无论德国的柏林大学,还是美国的威斯康星大学,由于受社会制度的局限和当时人文主义教育思想的影响,大学的三种职能都不可能与广大人民群众改革社会、改造自然的实践密切结合起来,毛泽东同志在老解放区创办抗日大学、延安大学时,就不仅要求在改革社会、改造自然的社会实践中造就人才,而且明确提出知识分子要走与实践结合、与工农结合的成长道路。因此与西方大学所提出的职能,既有共性,但也是有差别的。

“文化大革命”以后,邓小平同志拨乱反正,提出以经济建设为中心,这对我国大学发展三方面的职能创设了有利条件。1977 年他又明确指出“重点大学既是办教育的中心,又是办科研的中心”[①]。这就是说,重点大学一方面应在教育质量和科研水平上达到全地区甚至全国的最高水平,另一方面应与广大人民群众改革社会、改造自然的社会实践结合起来,既能把国内外先进的科学技术、先进的思想带到群众中去,又能把广大人民群众的智慧和创造集中并提高起来,吸收丰富的营养。不同科类的大学,应在自己的专业领域中,发挥中心作用,处理好提高和普及、专家和群众的关系。这对高等学校来说,无论从培养人才、科学研究和社会服务方面都提出了更高更新的要求。

80 年代,我国农村教育综合改革获得重大成功,116 个综合改革实验县的生动事迹[②],在国内外引起了注意。它们所创造的经验之

---

① 《邓小平同志论教育》,人民教育出版社,1990 年,第 39 页。

② 何东昌主编:《中国农村教育综合改革的伟大实践》,教育科学出版社,1993 年,第 14 页。

一，就是“上挂、横联、下辐射”[1]，上挂就是指与高等学校和科研单位挂钩，争取科技力量的支持；横联是指地区内各部门的协调配合；下辐射是把信息和科技通过乡农民文化技术学校或村农民业校等渠道向农业和乡镇企业辐射，这就使高等学校有可能成为辐射的源头和中心，为高等学校直接为社会服务开辟了广阔的天地。这是农村群众和干部在党的十一届三中全会路线指引下，创造的新鲜经验。当然，这就要求高等学校在教育和科研两方面都要有高质量，并要充分发挥社会主义优越性才能做到。为此，邓小平同志首先对重点大学提出这个要求，对条件不同的大学，在职能上不能一律要求，要从实际出发，逐步实现。

2. 当前我国高等院校所担负的培养人才和发展科学的任务是艰巨而繁重的，而发展科学又需要大量资金。高等学校办学经费主要应由各级政府拨款或由社会支持（包括社会集资和收取学费）。但是由于目前我国生产力还比较落后，教育资金投入比例与国际平均水平差距很大，教育经费严重不足，各大中型企业经营机制尚在转换中，不少企业依靠科技进步的力度不够，或心有余而力不足。这就迫使我国高等学校不得不筹资办企业，以改善学校的办学条件和教职工的生活福利，这是现实的也是必要的。但如果处理不好，以致过多地消耗了学校校长和教师的精力和时间，就会削弱学校的教育工作。不适当的创收活动甚至可能导致拜金主义，对师生思想也有腐蚀作用，这些对大学长远发展是很不利的。据了解，美国高科技园区之所以在大学周围兴建起来，是因为充分利用了大学的高科技力量，至于企业的经营管理则是与大学分开的，大学自身不从事经营性活动，校长也不参与经营。主持或参与经营企业是大学董事会的事，董事会

---

① 何东昌主编：《中国农村教育综合改革的伟大实践》，教育科学出版社，1993年，第7页。

保证大学基金的来源及其增值和使用。美国大学之所以作以上规定,是标榜大学学术界的公正性、独立性,不受市场经济的功利导向。当然,在资本主义制度下,这些愿望实际上是不可能实现的,也可以说有某种虚假性。但正因为如此,前一时期不少国内外朋友,包括港澳台同胞对我国大学自搞创收办企业表示忧虑,善意地提出过意见。

最近有的大学对校办企业、搞创收进行了调整,逐步集中到校一级去办,使经营活动与教育活动分离,尽可能减少对大学教育活动的干扰和副作用,这是十分必要的。

大学在保证培养人才和发展科学的质量,在合理的办学规模和结构的前提下,利用自己的科学技术优势,开展社会服务,是应该积极扶植的。这包括建立各种与培养高级专门人才有关的附属机构,如工科大学办工厂和设计院,农业大学办农场,医科大学办医院,政法大学办律师事务所等等。但这与社会上的机构不同,目的首先是有利于高等教育与科学研究和社会实践相结合,培养高质量的专门人才;有利于把科研成果转化为生产力,直接为社会服务,当然也要讲求经济效益。现在的校办企业如能逐渐向这个方向发展,与培养经营管理方面的高级专门人才结合可能是符合我国实际情况的。单纯为赚钱办企业,不应该是大学的职能。至于目前有的学校为了创收,利用职权巧立名目,乱收费,加重学生的负担;甚至高价出卖分数、出卖文凭、出卖学校招牌,挪用教学科研经费搞证券交易、炒股票等,这些都与高等学校这块精神文明的重要阵地不相称,离开了高等教育的本质。

3. 当前我国从社会主义计划经济向市场经济过渡,将使我国高等教育的发展进入一个新阶段,无论对办学体制和管理体制,还是对人才培养的素质、专业结构等都会带来进一步改革的要求。这就预示大学的三种职能的内涵将更丰富,通过市场与社会的联系将更直接和更密切。关于这方面,最近已有不少文章作了详尽的论述,提出了很好的意见,在此不再赘述。

最近,有人提出为适应社会主义市场经济,高等教育应加速产业化、市场化、商品化,否则就不能更好地为社会主义市场经济服务。这里面有一个教育是不是产业的概念问题。

在20世纪30年代至50年代期间,西方经济学家从经济的角度把社会各部门分成三种产业。即第一、第二、第三产业,其划分范围各国不尽相同。我国国家统计局则把教育连同国家行政机关、党政机关、人民团体、警察、军队等都划入第三产业①。日本则没有把教育、行政、军队、警察列入第三产业②。这里我们不讨论如何划分才合理,如果统计局为了与国际比较方便,这样划分是可以理解的。但是据此推出教育就是产业,应该加速产业化、商品化,大学把人才作为商品进入市场,就值得商榷了。

如果按经济学的角度进行统计分类,把教育列入第三产业,这种意义上的产业显然就与国家行政机关、警察、军队一样,就没有什么产业化、商品化,以及要把生产出的商品进入市场的问题。如果把学校也看成具有经营性质的产业,像《辞海》上所解释的"各种生产、经营事业"③,也就是从事物质生产、交换、流通、消费的事业。这种事业的对象是物,把物作为商品目的是在市场上实现商品的价值,追求利润,满足社会需要,因此它往往是急功近利的,只注意眼前的利益,着重以经济手段解决一切问题。

而学校教育的对象是有生命、有思想的人。在社会主义国家里,人民是国家的主人,学校教育的目的是要用先进的思想、先进的科学技术、进步的文化知识武装青年一代,提高他们作为国家主人翁的觉悟,自觉地发挥自己的才智,为振兴中华、服务人民、建设社会主义事

① 《辞海》(缩印本),上海辞书出版社,1989年,第2115页。

② 马洪主编,《经济与管理大辞典》,中国社会科学出版社,1986年,第970页。

③ 《辞海》(缩印本),上海辞书出版社,1989年,第2010页。

业、推动社会进步贡献自己的力量。十年树木、百年树人,教育是百年大计,着眼长远利益,解决问题主要依靠教育手段,当然,有时也用经济手段,那也要先着眼于教育,不能有悖于社会主义的教育目的。

如果把这两种完全不同的运动形态的社会活动混为一谈,从理论上说是与教育的本质和属性是不相容的,甚至是相悖的。大学要适应和促进社会主义市场经济发展,但不等于就要产业化、商品化、市场化。如毕业生的就业办法中,作为促使教育与社会需要相衔接的一个关键环节,需要引入市场机制的作用。但这里人才一般也不是作为商品进入市场的。同时也不能忘记根本问题还是使教育培养的人更好地满足经济和社会发展的需要,单凭市场机制也会带来盲目性和滞后性,如对基础科学人才的忽视等,因此也需要有宏观调节加以防止。

除此以外,学校还要遵循人的发展规律,使每个人的个性、特长、兴趣尽可能得到最充分的发展,最大限度地满足人们精神上的需要。西方有些学者尚且认为:高等学校应该是社会所有机构中唯一能作理性思考、寻求建立基本原理的地方。“它摆脱了外界的束缚,放弃了暂时得益,成为保护人们进行知识探索的、自律的场所”①,从而使人的理性得到充分的发展。这些都不是市场价值所能衡量的,也是任何产业难以做到的。当然在资本主义社会里这个理想是不可能实现的。但是随着社会生产力的提高,社会主义大学对人的发展必然要给予更多的关注,提供更多更好的条件,这与推动社会发展是辩证统一的,这是社会主义教育的本质和属性所决定的。因此教育与经营性质的产业显然不同,这方面应该有清醒的认识。

总之,把高等教育产业化、商品化、市场化的提法是不妥当的。

我国的社会主义现代化事业是以经济建设为中心,因此有的人

① [美]约翰·S. 布鲁贝克著,王承绪等译:《高等教育哲学》,浙江教育出版社,1987年,第13~15页。

为了使大家像重视经济那样重视教育，千方百计地要把教育纳入经济领域，用心是好的，但其结果恰恰是贬低了教育的地位，扭曲了人们对教育本质的认识。邓小平同志提出："教育要面向现代化、面向世界、面向未来。"[①]面向 21 世纪，国内外斗争错综复杂，各种政治势力都在争夺青年一代，科学技术一日千里地发展，为不断提高我国的综合国力，增强我国在国际上的竞争能力，大学的地位和作用日益显得重要。高等教育通过提高劳动者的知识技能和科技专门人才素质，一方面有直接作用于生产力的功能，但另一方面它还有作用于政治、文化等领域的功能，间接地作用于经济发展，为经济建设这个中心服务。不能将上述两个方面割裂开来，并在实际上削弱或取消后者。要防止对教育的属性和本质在认识上的片面性。总之，只有遵循教育自身发展的规律，把教育办好，才能切实提高人们对教育战略地位重要性的认识，从而使我国的教育更好地适应和促进社会主义市场经济的健康发展，为经济建设这个中心服务。

---

① 《邓小平同志论教育》，人民教育出版社，1990 年，第 132 页。

# 论高等教育的特征与大学的职能[*]

高等教育是教育的一个组成部分,具有教育的一般本质和属性,但是它又有自己独有的特征。首先它是教育制度中的最高层次,是以培养社会各个领域的高级专门人才为目的的专业教育,它对社会发展的作用比基础教育更直接和密切。其次,它的教育对象是受过相当教育的青年人或成年人,身心发展已达到一个相当水平,并初步具备了参加科学研究和社会实践的能力。以上两方面的特征,就决定了高等教育不仅在培养目标、专业设置、教育内容上与基础教育和中等职业技术教育不同,并且教学过程也不同。

从高等教育发生发展的历史来看,中国古代学院就已把传授知识和研讨学术结合起来。虽然它还不是近代高等学校,但朴素地反映了培养高级人才教学过程的特征。18 世纪 60 年代,由于世界发生了以蒸汽机的应用为主要标志的第一次工业革命,德国柏林大学首先突破了培养人的单一职能,提出大学应有科学研究的职能,开创了教学与科研相结合的办学模式。19 世纪 60 年代,世界又发生了以电的广泛应用的第二次工业革命,在美国,为适应各州经济发展对科学技术和人才的需要兴办了州立大学,首先出现了“康乃尔计划”和

* 本文原载《中国高等教育》1995 年第 4 期。

"威斯康星观念",前者在是大学里开设"一切宗旨课程",目的是为适应各种各样的社会需要,开设灵活多样的课程;后者则提出大学忠实地为地区需要服务。20 世纪中叶,第二次世界大战以后,世界又发生了高新技术革命,高新技术产业纷纷崛起,与此同时在美国斯坦福大学附近,首先出现了以硅谷命名的大学与产业(特别是高科技产业)密切配合的高科技工业园区,大学以自己的科技力量促进了高科技产业的形成,这又拓宽了大学直接为社会服务的职能。关于大学从事科学研究和社会服务的职能,由于符合生产力发展的需要,又有利于培养高级人才,因此,一旦出现,很快为世界许多国家所接受。这还说明高等学校的职能是随社会发展而发展的,它不仅通过培养人作用于社会,而且还有发展科学,直接参与改造自然、改造社会,推动社会发展的职能。

综上所述,大学有培养人才、发展科学和社会服务的三种职能,但这三种职能不是并列的,它归根结底要服从高等教育为一定社会发展需要培养高级专门人才这个功能,这是大学作为教育机构的本质所决定的。

我国大学与世界各国大学一样,也有以上所说的三种职能。但必须指出,无论德国的柏林大学,还是美国的威斯康星大学,由于受社会制度的局限和当时人文主义教育思想的影响,大学的三种职能都不可能与广大人民群众改革社会、改造自然的实践密切结合起来,毛泽东同志在老解放区创办抗日大学、延安大学时,就不仅要求在改革社会、改造自然的社会实践中造就人才,而且明确提出知识分子要走与实践结合、与工农结合的成长道路。因此我国大学与西方大学所提出的职能,既有共性,也有差别。

1977 年,邓小平同志明确指出"重点大学既是办教育的中心,又是办科研的中心"。这对我国大学发展三方面的职能提出了明确的指导思想。这就是说,重点大学一方面应在教育质量和科研水平上达到全地区甚至全国的最高水平,另一方面应与广大人民群众的社会实践结合起来,既能把国内外先进的科学技术、先进的思想带到群众中去,又能把广大人民群众的智慧和创造集中并提高起来,吸收丰富的营养。不同科类的大学,应在自己的专业领域中,发挥中心作用,处理好提高和普及、专家和群众的关系。这对高等学校来说,无论从培养人才、科学研究和社会服务方面都提出了更高更新的要求。

80 年代,我国农村教育综合改革获得重大成功,116 个综合改革实验县的生动事迹,不但在国内而且在国际上也引起了注意。它们所创造的经验之一,就是"上挂、横联、下辐射",上挂就是指与高等学校和科研单位挂钩,争取科技力量的支持;横联是指地区内各部门的协调配合;下辐射是把信息和科技通过乡农民文化技术学校或村农民业校等渠道向农业和乡镇企业辐射,这就为高等学校直接为社会服务开辟了广阔天地。

当前我国高等院校所担负的培养高级人才和发展科学的任务是艰巨而繁重的,而发展科学又需要大量资金。高等学校办学经费主要应由各级政府拨款或由社会支持(包括社会集资和收取学费)。但是由于目前我国生产力还比较落后,教育资金投入比例与国际平均水平差距很大,教育经费严重不足,这就迫使我国高等学校不得不筹资办企业,以改善学校的办学条件和教职工的生活福利,其结果影响了学校校长和教师的精力和时间,削弱了学校的教育工作,对大学长远发展很不利。据了解,美国高科技园区所以在大学周围兴建起来,是为了充分利用大学的高科技力量,至于企业的经营管理则是与大学分开的,大学自身不从事营利性的经营性活动,校长也不参与经营。主持或参与经营企业是大学董事会的事,董事会保证大学基金的来源及其增值和使用。大学在保证培养人才和发展科学的质量与合理的办学规模和结构的前提下,利用自己的科学技术优势,开展社会服务,是应该积极扶持的。这包括建立各种与培养高级专门人才有关的附属机构，如工科大学办工厂和设计院，农业大学办农场，医科大学办医院，政法大学办律师事务所等等。但这与社会上的机构不同，目的首先是有利于高等教育与科学研究和社会实践相结合，培养高质量的专门人才，有利于把科研成果转化为生产力，直接为社会服务。当然也要讲求经济效益。现在的校办企业如能逐渐向这个方向发展，与培养经营管理方面的高级专门人才结合可能是符合我国实际情况的。单纯为赚钱办企业，不应该是大学的职能。至于目前有的学校为了创收，利用职权巧立名目，乱收费，加重学生的负担；甚至高价出卖分数、出卖文凭、出卖学校招牌，挪用教学科研经费搞证券交易、炒股票等，这些都与高等学校这块精神文明的重要阵地不相称，背离了高等教育的本质。

当前我国从社会主义计划经济向市场经济过渡，将使我国高等教育的发展进入一个新阶段，无论对办学体制和管理体制，还是对人才素质的培养、专业结构等都会带来进一步改革的要求。这就预示大学的三种职能内涵将更丰富，通过市场与社会的联系将更直接和更密切。

前一时期有人提出为适应社会主义市场经济，高等教育应加速产业化、市场化、商品化，否则就不能更好地为社会主义市场经济服务。这里面有一个教育是不是产业的概念问题。

在20世纪30年代至50年代期间，西方经济学家从经济的角度把社会各部门分成三种产业。即第一、第二、第三产业，其划分范围各国不尽相同。我国国家统计局则把教育连同国家行政机关、党政机关、人民团体、警察、军队等都划入第三产业。如果从经济学的角度进行统计分类，把教育列入第三产业，这种意义上的产业显然就与国家行政机关、警察、军队一样，就没有什么产业化、商品化，市场化的问题。如果把学校也看成具有经营性质的产业，等同于从事物质生产、交换、流通、消费的事业。那么这种“产业化”从理论上说是与教育的本质和属性不相容的，甚至是相悖的。大学要适应和促进社会主义市场经济发展，但不等于就要产业化、商品化、市场化。如毕业生的就业办法中，作为促使教育与社会需要相衔接的一个关键环节，需要引入市场机制的作用，但这里人才一般也不是作为商品进入市场的。其根本问题还是使教育培养的人更好地满足经济和社会发展的需要，单凭市场机制也会带来盲目性和滞后性，如对基础科学人才的忽视等，因此也需要有宏观调节加以防止。

除此以外，学校还要遵循人的发展规律，使每个人的个性、特长、兴趣尽可能得到最充分的发展，最大限度地满足人们精神上的需要。随着社会生产力的提高，社会主义大学对人的发展必然要给予更多的关注，提供更多更好的条件，这与推动社会发展是辩证统一的，这是社会主义教育的本质和属性所决定的。因此教育与经营性质的产业显然不同，这方面应该有清醒的认识。

# 我国高等教育科学研究的现状*

党的十一届三中全会以来的16年间,我国高教界对许多重大理论问题展开了比较广泛、深入的讨论,热点问题很多,对深化人们对高等教育的认识、促进高等教育的发展起了积极作用,许多重点、难点问题的研究有了进展。

## 一、关于教育方针和教育属性问题的讨论研究

近年来,高教研究中涉及到若干与高等教育有关的教育基本理论问题,包括教育方针等问题。

毛泽东同志曾于1958年4月提出"教育必须为无产阶级政治服务,教育必须与生产劳动相结合"。同年9月,中共中央、国务院明确将此作为教育方针确定下来。党的十一届三中全会以来,高教界对这一方针进行了热烈的讨论,主要有三种不同看法:

1. 认为这一方针是由毛泽东同志提出,党中央确定下来的,从文字上看也是基本正确的,没有必要加以否定,可以在新的时期赋予新的内容和新的解释。

2. 认为这一方针应予否定,因为这个方针不够全面,仅是工作

---

* 本文原载《中国高教研究》1995年第5期,与王孙禺、李学禄、张岩峰共同署名。

的指导方针,而且这一方针是在“左”的指导思想下提出的。当时所讲的“教育必须为无产阶级政治服务”是在“以阶级斗争为纲”的错误思想指导下,强调阶级斗争是高校的“主课”。当时所讲的“教育必须与生产劳动相结合”,实际上是要广大知识分子去参加劳动,改造思想。

3. 认为这一方针的一半是错的,一半是正确的。即“教育必须为无产阶级政治服务”是错误的,因为它导致教育成为阶级斗争、路线斗争的工具;而“教育必须与生产劳动相结合”是正确的,因为这有助于理论与实际相结合,改变教育脱离生产实践的状况。

1993 年中共中央、国务院印发的《中国教育改革和发展纲要》中,对教育方针的表述为:“教育必须为社会主义现代化建设服务,必须与生产劳动相结合,培养德、智、体全面发展的建设者和接班人。”这一段时期的讨论,对全面、准确地制定新时期的教育方针,更好地端正办学的指导思想,起了积极作用。

最近一个时期,有的同志建议,把“德、智、体”改为“品德、智力、体质”。有的同志提出,是否有必要把“接班人”写进教育方针,使人有“文革”语言的感觉。大多数同志认为,德、智、体全面发展是多年来提出来的方针,一直起着很好的作用,“接班人”有不同层次的含义,既有领导岗位的接班人,也有一般岗位的接班人。这些年来,在“德、智、体全面发展”和做“建设者”、“接班人”的口号指引下,数以千万计的优秀人才在社会主义建设中发挥了巨大的作用。现在坚持教育方针的表述,有利于教育改革的全局发展。

关于教育属性问题,党的十一届三中全会以后,高教理论界有部分同志提出,由于长期以来人们把教育作为上层建筑的一部分,导致历次政治运动中把教育当作阶级斗争的工具。由此,兴起了一场关于教育属性问题的讨论,大致有以下四种观点:

1. 教育是生产力。教育,特别是高等教育间接地或直接地参加了物质生产过程,成为现代化生产力的重要因素。教育的组织形式、教育方法、教育技术以及教育事业发展的规模与速度等,与生产力有直接联矛,因此教育是生产力而不是上层建筑。

2. 教育是上层建筑。在整个社会结构中,教育思想、理论、方法、路线等,都属于社会意识形态范畴。教育没有参加生产,同社会生产力没有直接联系。如果否认教育是上层建筑,便是否认教育的阶级性,将导致偏离社会主义办学方向,违背教育规律,削弱学校功能。因此,教育是上层建筑而不是生产力。

3. 教育部分属于上层建筑,部分属于生产力。即教育思想、理论、观念等属于上层建筑,而教育培养出来的人是生产力最重要的因素,教育可把科学技术潜在生产力变为现实生产力。教育既有阶级属性的一面,又有生产属性的一面。

4. 教育不应归入上层建筑或生产力的范畴。教育是培养人的社会实践活动,教育有别于观念形态的文化,是人类自身的生产实践,是人类加速自身建构与改造的社会实践,因此,不要把它归入上层建筑或生产力的范畴。

这一讨论尚无一致的意见,但对加深人们对教育属性的认识,提高教育在社会、经济发展中的战略地位有积极意义,为把教育确认为社会主义建设的战略重点,提供了重要的理论依据。

## 二、关于教育价值观和人的全面发展问题的研究

近年来,在我国教育界开展了关于教育价值观问题的讨论。存在着三种基本观点:

1. 教育的价值在于服务于社会政治、经济、文化、科技的需求。认为教育有鲜明的阶级性,教育总是一种有目的的社会活动,教育的目的总要受阶级利益所制约,受社会的政治、经济所制约。教育应以社会为本位。教育要适应社会需要,就必须为社会的政治和经济服

务。教育培养出来的人不是抽象的、超阶级的人,总是为一定社会、一定阶级服务的人,人的价值总是在为社会服务中体现出来的,人的价值总是要通过他对社会的贡献来衡量,教育必须服从于且服务于社会政治、经济的需求。这是社会本位论的观点。

2. 教育的价值在于满足人的充分的自由、全面的发展。认为教育是为人的发展服务的,教育应以人为出发点,在教育中要重视人、尊重人,把人的价值视为教育的最高价值,把满足人自身生存和发展的需要,促进人的自由、全面的发展,视为教育的直接目的和最高目的。教育的真谛应当是:发现人的价值,发挥人的潜能,发展人的个性。教育的任务,绝非仅仅使人掌握某种技能,而主要是满足生存和发展的需要。只有人自身得到提高和发展才能推动生产力的发展和社会进步。这是个人本位论的观点。

3. 教育的价值在于双重服务,教育既要为社会发展服务,又要为人的发展服务,两者是统一的。在不同的历史时期,不同的社会,教育的内容、目标是不同的。教育的社会价值主体是随着社会的变化而变化的,教育从来就是将一定社会的思想、观念、行为规范等施加于受教育者的过程。我国目前所处的社会主义的初级阶段,社会经济很落后,又存在"和平演变"的危险,教育的功能必须为社会的政治、经济服务。但在另一方面,教育主要通过培养人来为社会服务,没有人的发展是不可能的。因而,教育既要为社会发展服务,又要为人的发展服务,即"立足于育人,着眼于社会"。这是双重服务的观点。

在关于教育价值观的讨论中,对于澄清四十年来教育价值观中的模糊认识,进一步清除"左"的思想影响,同时警惕右的思想影响起了积极作用。由于高等教育是直接为社会主义政治、经济、文化等各个领域培养高级专门人才的,就有一个为谁服务,对谁有价值的问题,因此价值标准与普通教育是不同的。应该认识到高等教育必须按自身规律办事,必须注意人的培养,但是又不能脱离社会的政治、经济,而必须坚持为社会主义现代化建设服务的价值取向。

在人的全面发展问题的讨论中,有人提出,以前把全面发展理解为德、智、体三方面,这是不全面的,应包括德、智、体、美、劳五个方面;还有人认为,提"全面发展"不够科学,因为这种"全面发展"必然导致"平均发展",不利于个性发展和个人专长的发展,他们认为应该提"和谐发展"。

后来,这场讨论主要是围绕如何理解马克思主义关于人的全面发展的学说展开的,有人认为关于人的全面发展的学说是马克思主义的重要内容,也是教育学的基本理论问题。概括起来讨论涉及四个问题:(1)马克思主义提出人的全面发展的学说的历史背景和实现人的全面发展所需要的社会条件是什么?(2)人的全面发展的本质特征包括哪些方面?(3)培养全面发展的人需要进行全面发展的教育,而全面发展教育的组成部分究竟有哪些?(4)教育同生产劳动相结合是马克思主义教育的基本原理,它是不是培养全面发展新人的唯一方法?

在如何理解马克思主义关于人的全面发展学说内容时有不同的看法。有人认为,人的全面发展学说,突出地强调了人的个性的发展,人的个性发展不仅是推动社会进步的积极力量,也是推动科学发展的积极力量。有人不同意这种观点,认为不能把个性发展放在过高的地位,而要强调德、智、体等方面全面发展,这样才能把握正确方向,适应社会的需要。有人认为,马克思主义关于人的全面发展学说包含人的个性的全面发展,马克思在《资本论》中说过,共产主义社会的基本原则是"每个人的全面而自由的发展",这里面就包含了个性发展,没有人的个性发展,则不能称之为全面发展。有人不同意这种观点,认为提"个性全面发展"是错误的,马克思、恩格斯著作中,没有"个性全面发展"这个概念。我们只能讨论如何促进个性发展,而不能说促进个性全面发展,因为全面发展就把无益甚至有害的个性也包括在内了。还有的同志提出,要强调人与自然、人与社会的协调,以及人与自身的协调,实现"人成为自身的主人"。还有的同志提出,人的全面发展分为三个层次:第一个层次指的是人的心智的全面发展,即人的心理的全面发展;第二个层次指的是人的身心的全面发展,即人的心理素质和生理素质的全面发展;第三个层次指的是个体的人与社会的协调统一和全面发展。

## 三、关于高等教育与经济、社会发展的关系的研究

对高等教育与经济、社会发展关系的认识是从教育界对教育属性的讨论中引申出来并在对高等教育与市场经济的关系的讨论中深化的。七十年代末,教育界开展了关于教育属性的讨论,虽然没有取得一致的结论,却使人们有了一个共同的认识,即教育在社会主义现代化建设中处在重要的战略地位,与经济和社会的发展具有非常密切的关系。作为高等教育,这种关系更加密切,因为高等教育的发展要受到社会物质生产水平的制约;同时,高等教育对经济与社会的发展具有最直接的推动作用。因此,如何使高等教育与经济和社会的发展相适应,更好地推动经济与社会的发展就成为一个重要的理论问题。

由于我国的经济比较落后,再加上对教育的地位认识不足,因此对教育的投入比较少,不能满足教育发展的需要,教育界人士对这一状况很不满意,也使关于教育与经济和社会发展关系的讨论变得十分热烈。围绕这一问题的讨论,在高教理论界有不同看法:

1. "超前论"。认为"教育作为一种生产性投资应该走在经济建设的前头",我国经济落后的根本原因是不重视教育,要发展经济必须首先发展教育,多拿一些钱办教育,使教育超前于经济的发展。持这一论点的同志认为教育是未来的事业,人才培养的周期性长,教育

要有超前意识。过去,人们在讨论教育落后于社会经济发展的时候,往往只注意到它们对教育的制约性,片面强调经济对教育的作用,从而把教育看成是滞后于经济发展的“消费事业”,而没有充分认识教育对经济发展的推动作用和先导作用。先经济后教育的观点是一种短视的观点。

2. “滞后论”。认为经济对教育的发展起最终的决定作用,经济发展的水平决定了教育发展的水平。只有经济发展了才能拿出钱来办教育,不能把教育提到不适当的高度。教育过分超前,会带来就业困难、质量不高等一系列社会问题。

3. “同步论”。认为教育与经济应同步发展,教育与经济是互相制约、互相促进的关系,教育要随着经济的发展而发展,对教育的投入要与经济增长相匹配,既不能压缩教育投资,每年应有适度的增长,又不能要求过高的教育投入。当前最根本的是要确保经费的正确投向,使有限的教育经费发挥更大的效益。

这场讨论的意义和作用主要体现在三方面:一是人们普遍认识到教育,尤其是高等教育必须与经济和社会发展相适应,并受社会政治、经济的制约,必须为社会发展服务,从而为中央制定“教育必须为社会主义建设服务,社会主义建设必须依靠教育”的指导方针提供了理论依据;二是促使人们认识到办教育要从国情出发,不能不切实际地要求国家给予过多的教育投入;三是促进高等学校积极开展社会服务和多渠道集资,并且发扬艰苦奋斗、勤俭办学的精神。

由上面问题所连带的另一个争论的问题是如何看待高等教育发展的数量和质量的关系问题。

建国以来,我国高等教育的发展出现过几次大的波动,成绩与问题并存。在十年动乱期间,高等教育的发展在数量和质量两方面都受到了极大的破坏。党的十一届三中全会后,高等教育才重新走上正轨。八十年代以后,我国高等教育进入迅速发展时期,普通高等学校由1980年的675所发展到1994年的1080所，招生人数由1981年的27.9万人发展到1994年的89万多人。如何看待这一时期高等教育的发展，理论界也有不同看法：

一种观点认为，这个时期，我国高等教育的发展速度过快，不仅影响了教学的质量，而且造成了财力、物力的浪费。不少地区或部门搞“大而全”“小而全”。结果是资金耗费不少，但未形成教育能力。有的学校即使招了少量学生，质量也难以保证。尽管八十年代后，高等教育大发展的成绩不能低估，但高等教育发展一度在宏观控制上有问题，所产生的困难也不能低估。大批高校新建、升格，招收大量新生，造成办学条件的全面紧张，给结构的调整带来新的困难。目前，社会经济的发展不仅需要更多的专门人才，更重要的是需要高质量的专门人才，如何提高质量则是未来高等教育发展的关键。因此，高等教育在一个大发展以后，一定要下大力气巩固，要着重提高质量，否则，会走向反面。要切实把高等教育工作重点转移到提高教育质量上来，要控制速度。

另一种观点认为，虽然这个时期高等教育发展速度较快，已达到一定的规模，但并未超出国民经济的承受能力，还不能满足国民经济发展的要求。我国经济现已进入高速增长阶段，随着经济的转轨将对高等教育提出更高的要求，高等教育不能缩小规模，而要在改革中发展，还可以适当加速发展。

## 四、关于高等教育与社会主义商品经济、市场经济的关系的研究

从社会主义的传统计划经济到建立社会主义有计划的商品经济，进而建立社会主义的市场经济体制，是我国社会主义理论和实践的一大突破，引起了高教界的极大关注和热烈讨论。主要涉及以下三个问题：

1. 市场经济对高等教育的冲击问题。有人认为,发展社会主义市场经济既然是我国经济振兴和社会进步的必由之路,也必然会在总体上对高等教育的改革和发展产生重要的推动作用。社会主义市场经济对高等教育冲击是好事,高校可以引进竞争机制,深化教育改革。有人认为,高等学校要抑制市场经济的冲击,高校出现学生厌学、教师厌教、教育质量滑坡等现象,都是市场经济冲击后带来的消极因素。多数人认为市场经济对高等教育的冲击是不可避免的,我们应当主动地去适应,即利用市场经济有积极意义的一面为高等教育服务。高等教育既要适应市场经济的需要,同时又要防止市场经济的消极影响,这是高等教育与市场经济关系的核心问题。

2. 适应与转轨问题。有人认为,目前高等教育与市场经济存在严重不适应,导致教育改革缓慢,所以高等教育必须迅速从传统计划经济向市场经济转轨。有人不同意,认为教育只能按自身规律办,只能让市场经济向教育靠拢,不能让教育向市场经济靠拢。

3. 教育"三化"问题。高等教育是否应该"市场化""商品化""产业化"问题引起了高教界的热烈的争论。有人认为,随着市场经济的发展,高等教育也必须逐步"三化"。因为市场经济的规律以及市场经济的一些机制,对教育过程、教育内容等必然要产生影响,教育不可能处于市场经济之外。因此,应把竞争机制、市场机制、利益机制等引进高校,把知识、科技、人才作为商品。高等学校更要直接参与社会的竞争,并以市场为依托,确立新的教育运行机制,把教育引导到产业化的轨道上来。有人反对教育市场化、商品化、产业化,认为教育是国家的事业,教育有自身的规律性,不能跟着市场经济转,否则会脱离社会主义轨道。某些教育行为和教育成果带有商品性,但这与"教育商品化"必须严格区分开来。教育市场化、商品化、产业化的观点容易误导人们只重视教育的经济功能,忽视教育的育人功能,以及在社会主义精神文明建设中的功能。

## 五、关于高等教育领导管理体制改革的研究

高等教育领导管理体制是高等教育理论研究的重要课题之一，它也是关系到能否顺利地实现高等教育功能的重要保证。

高等教育的领导管理体制在宏观上表现为如何构建和协调各级办学部门及其与高校的关系。

建国以来，我国高等教育领导管理体制经历了一个曲折发展的历程。八十年代以来，高教理论界对此问题进行了研究探索和回顾总结，概括起来有两个方面的问题：

一是如何看待教育行政部门和业务部门分别办学，即“条块办学”的问题。一种意见是“改变业务部门办学的领导管理体制，建立国家（包括大经济协作区）和省、市两级管理高校的领导体制”，以克服条块分割带来的种种弊端。另一种意见认为，业务部门办学虽有弊端，但其优越性不可否认，尤其是在当前教育经费严重不足的情况下，不能轻易取消业务部门办学，只能采取措施克服其弊端。第三种意见则提出了“所有权与管理权分离，中长期计划与年度计划分离”的办法，既维持现有一大批高校的隶属关系以继续发挥业务部门办学的积极性，又解决领导管理单一化，即把管理权限集中到一家，由教育行政部门代表国家对高校实施领导和管理，体现责、权、利三者的结合，而计委、经委、财政、人事劳动等综合部门实行中长期的指导和控制，具体的年度计划由教育行政部门制定。

二是如何调整主管部门与高校的关系。有的同志提出，应该把高等学校的举办权、管理权、办学权分开。扩大高等学校办学的自主权，这是高等教育理论界比较一致的意见，有人认为，高等学校不应当是国家或地方政府机关的附属机构，应当是一个相对独立的实体，且具有完全的办学自主权，部门与学校的关系是投资者与接受投资者的关系，以及人才供求的双向关系。在赋予高校办学自主权的同

时,政府应改善和加强高等教育的宏观管理。对于如何改善和加强高等教育的宏观管理,高教理论界也进行了较深入的研究,认为应主要通过立法、拨款、规划、信息服务、评估等手段,进行宏观管理。

高等教育领导管理体制在微观上表现为高校内部领导管理体制的构建。对这一问题讨论最为热烈的是如何实行校长负责制。

第一种观点认为,学校的领导管理应实行党委领导下的校长负责制,重大问题由党委集体讨论做出决策,同时要充分发挥校长的作用。党委对思想政治教育、组织建设,对工、青、妇等群众组织、对统战工作进行领导,以加强党的建设。教学、科研等行政工作由校长负责,党委大力支持校长履行职权。

第二种观点认为,实行校长负责制,党委具有保证监督的权力,具体表现为,党委应有检查校长执行党和政府政策及国家法规、行使职能情况的权力,应有质询、弹劾校长乃至建议罢免校长的权力,党委对党的路线、方针、政策的贯彻,党员的党风负有责任,等等。

第三种观点是“双轨制”,即根据党政分开的原则,高校内部党政两部分应是两条系统,各成体系,互相配合。行政一条线,实行校长负责制;党委另一条线,实行党委保证监督。党委不领导校长,校长也不指导党委。为保证“双轨制”的协同运转,需建立相应的机构和会议制度,如校务委员会、教职工代表大会等。

## 六、关于高等学校的职能和“教育—科研—生产相结合”问题的研究

如何看待高等学校的职能,这是近年来随着社会主义市场经济的发展开展研究最多的课题之一。

五六十年代,我国高等学校的职能经历了一个由承担培养高级专门人才的单一任务到承担培养高级专门人才和开展科学研究双重任务的发展过程。当时,对这一问题就有不同看法。有的同志主张

科学研究应由中国科学院专门去搞,有的同志则提出高等学校具有培养高级人才和开展科学研究的双重职能,高等学校不仅是传授知识的地方,更主要是创造知识的地方,应当成为培养人才和开展科学研究的基地。

1977 年 7 月,邓小平同志提出:“重点大学既是办教育的中心,又是办科研的中心。”此后,如何把高等学校办成教育中心和科研中心的问题在全国高校中引起了讨论。

八十年代以来,我国出现了经济持续增长、科技迅速发展的局面,对内搞活、对外开放政策的实行,使社会对高等教育提出了多方面的要求,推动着高教理论界对高等学校职能的深入探索。目前,对高等学校职能主要有三种看法:

第一种观点认为在新的历史时期,高等学校应该有教学、生产、科研、社会服务四项职能。有人针对这种观点认为,不应将生产列为高等学校的职能,因为高等学校同工农业生产部门是完全不同的,而应将国际学术交流作为高等学校的职能之一。以上是多职能的观点,它们都从不同角度提出增加高等学校的职能。

第二种观点是三职能观点,认为高等学校应具有培养人才、科学研究和社会服务等三职能,培养高级专门人才是高等学校的一项根本任务,科学研究是高等学校的一项重要任务,社会服务是高等学校的一项应承担的任务,有区别地把握三项职能之间的关系。

第三种观点是两职能的观点,认为高等学校具有教学和科学研究两种职能,社会服务只是培养人才和科学研究两项任务的延伸,不应单独列为高等学校的职能。《中共中央关于教育体制改革的决定》中也指明:“高等学校担负着培养高级专门人才和发展科学技术文化的重大任务”,不存在更多的职能。

上述不同观点对高等教育和高校发展的指导与影响是不同的,所以有必要在理论上作进一步研究。

在把重点高校建成“教育中心和科研中心”的讨论中，有人提出了“三个中心”的问题，即把高校办成“教育中心、科研中心、经济活动中心”。持这种观点的人认为，随着现代社会发展中出现的教育—科研—生产一体化，高校也应搞开发经营贸易，故称“经济活动中心”。但不少人不同意“三中心”的提法，认为高等学校应研究解决经济建设中重大的技术问题，并提供技术服务，促进教育—科研—生产三结合，但并不是要由高校来组织生产，也不是要把学校办成经济活动中心，社会发展还是要有分工的。与这一问题有联系的另一个问题是高校要不要办科技企业的问题，当前存在着三种不同的观点：一种是不应该办科技企业；第二种是应该办，但是是临时措施；第三种是应当办且是长远的必然趋势。

## 七、关于高等学校培养目标的研究

教育的培养目标，是指将学生培养成为什么样的人。它是依据一定社会的政治、经济、文化和科学技术发展的要求，以及受教育者的身心发展水平而确定的。培养目标一经确定，就成为整个教育工作和各级各类学校开展各项活动的出发点和归宿。

建国以来，我国高等学校的培养目标有多次变化，从培养“有高级文化水平，掌握现代科技成就，全心全意为人民服务的高级建设人才”，到培养“德才兼备”的专家，“又红又专”的建设者，再到“四有”人才等等。这些不同的提法反映了各个不同时期我国政治、经济的形势和要求。在这期间必须提到的是1961年《高教六十条》对高等学校培养目标的明确规定。它比较确切地反映了当时我国社会主义建设对人才的要求，至今对高等教育仍有积极的指导意义。《高教六十条》规定高等学校要培养“具有爱国主义和国际主义精神，具有共产主义道德品质，具有本专业所需要的基本理论、专业知识和实际技能，尽可能了解本专业范围内科学的新发展”“具有健全体魄”的“社会主义建设所需要的各种专门人才”。所以,在1978年教育部制定的《全国重点高等学校暂行工作条例(试行草案)》中基本上重申了《高教六十条》中有关高等学校培养目标的规定。

进入八十年代,在改革开放形势的推动下,《中共中央关于教育体制改革的决定》中指出,我们要造就数以千万计,数以亿计的各级各类合格人才。“所有这些人才,都应该有理想、有道德、有文化、有纪律,热爱社会主义祖国和社会主义事业,具有为国家富强和人民富裕而艰苦奋斗的献身精神,都应该不断追求新知,具有实事求是、独立思考、勇于创造的科学精神。”这是在新的形势下对各级各类人才在过去培养目标基础上要突出的新内容。围绕高等学校的培养目标,高教理论界就有关问题展开了讨论。尽管争论不多,但由于看问题的角度、强调的侧重点不同,对问题的表述也就不尽相同。具体说来,有以下一些方面的特点:

第一,针对以往高校培养出来的学生的薄弱之处,以及当今社会新的要求,突出强调了作为现代人才必须具备的一些素质。有人认为,大学生应具有以下一些符合时代要求的基本素质:具有建设中国特色的社会主义的坚定信念和开拓精神,具有迎接现代经济、科学技术挑战的选择、获取、吸收新知识的意识能力,具有适应现代化建设和社会改革要求的现代思想观念和思维方式,具有基本的文明素质和审美能力,具有参加社会实践的自觉性和必要的社会活动能力。

第二,强调在培养目标上统一性与多样性、共性与个性的有机结合,即在统一要求的前提下,允许不同的学校培养目标的多样性,允许学生充分发挥各自特长。从分工说,人才是多专业的;从能级说,人才是多层次的;从素质说,人才是多样化的。高校不能只着眼拔尖人才的培养,否则就会忽视大量社会主义现代化建设人才的成长。

第三,强调高等学校培养目标必须体现社会需要与个体发展需要相结合的要求。作为高等教育,既要为社会的发展服务,又要为人的发展服务。这也是高等教育与社会发展的关系、与人的发展的关系的体现。任何教育都要通过培养人来为社会的发展服务,人是处在社会中的人,受制于社会,培养人要从社会需要出发;但同时,高等教育是以人为对象,要遵循人的身心发展规律,要立足于每个人的发展,通过促进每个人的发展来推动社会的最终发展。这二者是辩证统一的,所以作为高校培养的人才,除了要具有现代社会发展对人才的要求外,还应求得心理、情感、意志水平的均衡发展。

第四,强调有必要重新探讨高校学生的德育规格。许多人认为过去的思想政治教育中存在着对学生要求过急的倾向。社会主义初级阶段中公有制为主体的所有制和分配制度的多样性,决定了各种各样的思想都同时存在,人们的觉悟程度、认识水平是不同的,所以对学生的思想要求也要注意有不同的层次。在确定基本要求的前提下,对不同学生有不同的要求。一些学者认为,应以“振兴中华、实现四化”的共同理想为基本要求,对少数先进分子应要求他们具有共产主义最高理想。还有学者认为,坚持两个基本点是新时期对人才的基本要求,在此前提下划分层次,多数学生应要求他们是坚定的社会主义者,少数先进分子应要求在校期间成为初步的共产主义者,全体学生都应是赤诚的爱国者。近年来通过反思,大家认识到,过去一个时期中降低了对学生的德育要求,放松了对学生的思想教育,应引起注意。

在培养目标中涉及争论较多的一个问题是高等学校培养“通才”还是培养“专才”。一种观点主张培养“通才”,认为现代综合型的“通才”是现代人才的特点,是高等教育目标的方向。第二种观点不赞成培养“通才”,认为我们照搬国外通才教育的做法会造成毕业生的专业能力与工作需要间的严重脱节,而且我国突出的问题是多种专业人才奇缺,通才教育是不能缓和这个矛盾的。当然持该观点的人并不反对应拓宽学生的知识面。第三种观点主张两者的结合,认为现代人才要既“通”又“专”,在通的基础上有所专,掌握专门知识而又能融会贯通。具体到知识结构,即具有比较宽厚的基础知识和一定深度的专门知识,掌握主要学科以及相邻学科的动态、趋势,以及必要的横向学科知识和科学方法论知识。

## 八、关于高等学校教学理论的研究

高等学校教学理论是高等教育研究的一个重要领域。八十年代是高等学校教学理论的开拓与探索时期,许多问题,如高校教学过程的特点与本质、教学原则、教学中的师生关系等等,在这一时期被提出来,并进行初步的探讨。

**关于高校教学过程的特点**。这一问题的提出是与普通中小学的教学过程相比较而言,两者之间是否有特殊的区别?或者说高等学校的教学过程是否有其特殊性?一般的回答是肯定的,只是对高校教学过程有什么特点,存在不同的看法。有的学者认为,高校教学过程有以下三个基本特点:第一,具有明确的专业目的性,根据本专业培养目标来组织教学工作。第二,对大学生的创造性与独立性有更高的要求。第三,科学研究引入教学过程。还有的学者认为,高校教学过程是一个由“教”向“不教”转变的过程,是一个由传授向独立认识转变的过程,是一个教学与研究、学习与发现相结合的过程。还有学者认为,高校教学过程是大学生学习的独立性、自主性、探索性逐步增强的过程,是专业化程度逐步提高的过程,是教学与科研逐步相结合的过程。

**关于高等学校教学过程的本质**。在有关大学教学过程特点的讨论中,关于教学过程的本质有三种不同意见。第一种意见把大学教学过程的认识活动仅局限于在传授和学习人类已有的知识范围内,不赞同把科研活动归属于大学教学过程的认识范围内。第二种意见认为,大学教学过程的特殊本质是学生在教师指导下的以学习为主、逐步实现学习与发现相结合的过程。第三种意见则认为,大学教学过程,不是以接受知识型的认识活动为主,而是以探索知识型的认识活动为主。学生不但要发展一般运用知识的能力,还在发展高层次的能力——创造能力。

**关于高等学校教学原则体系**。高等学校教学原则,是指导高校教学实践的基本原理。那么应提出哪些原则来指导教学呢?有的学者提出了十条原则:科学性与思想性相结合原则;知识积累与智能发展相结合的原则;在教师主导下发挥学生自觉性、创造性与独立性原则;理论联系实际原则;专业性与综合性相结合原则;教学与科研相结合原则;系统性与循序渐进原则;少而精原则;量力性原则;统一要求与因材施教相结合原则。有的学者概括为五项原则:科学性与思想性相统一的原则;知识传授与能力培养相统一的原则;教师主导作用与学生主动性相结合的原则;面向全体学生与因材施教相结合的原则;理论联系实际的原则。还有的学者提出五条原则:教学的科学性原则;教师指导下学生自学的原则;教学的科研性原则;教学的艺术性原则;因材施教原则。

**关于高等学校教学中的师生关系**。在教学活动中教师和学生谁是教学的主体?这是八十年代教学理论中争论较多的一个问题。第一种观点是教师主体论。认为传统教学思想强调教师是主体,学生是客体,是接受知识的容器。第二种观点是学生主体论。认为现代教学思想中教师是为学生而存在,是为学生服务的,教是为了学,而不是学为了教。教学过程的本质是由教师的教转化为学生的学,在这个过程中,只有学生才是主体。第三种观点是教师学生双主体论。认为教学是师生共同的双边活动,教师与学生都是教学活动的主体。教师是教的主体,学生则是教的对象,教的客体;学生是学的主体,教学内容连同教师的教学方法、教学风格,都成为学的对象,学的客体,两者并不构成此消彼长的矛盾关系。第四种观点是主张学生主体和教师主导论。这种意见认为,在教与学这对矛盾中,学生居于矛盾的主要方面,是推动教学过程的内因和动力,但教学过程包括教师和学生的认识、实践的双边活动,所以在肯定学生主体地位的同时,不能回到以"学生为中心"的实用主义教育理论中去,应肯定教师在教学过程的主导作用。

## 九、关于高校德育问题的研究

十多年来,由于国内外政治、经济和文化环境的变化和新一代大学生自身成长的新特点,给高校的思想政治教育提出了新的课题和任务。从1980年对"潘晓问题"的那场讨论着手对大学生进行人生观教育起,至1982年国家教育部规定思想品德课的教育内容,再到1986年和1989年的学潮和政治风波,引起高教界乃至全社会对大学生思想政治教育的高度重视,开始把大学德育作为教育科学的一个新的研究对象和领域,进而把它作为一门科学或学科来研究和建设。

近些年来,无论是在大学德育理论建设还是在大学德育实践的指导方面,都取得了很大进展。其研究的重点在于以下几个方面:

**德育指导思想**。一是提出德育要统一到党的基本路线上来,树立德育为经济建设这个中心服务的思想。二是根据社会与人的发展,探讨德育的内涵与外延,认为德育包括政治教育、思想教育、道德教育、个性心理品质教育四方面。三是全面认识德育功能,认为德育不仅具有政治功能,而且具有经济、文化功能。

**德育模式**。研究者们认为,要使德育收到实效,必须改变以往单一封闭型德育模式为全方位的开放型德育模式,既要对校内开放又要对校外开放,建立学校与社会双向参与的德育工作机制。

**德育目标和内容**。一些同志指出,高校德育以往较注重知识目标,致使人才在改革开放环境中缺乏应有的判断与选择能力。在市场经济中,社会结构性要素的变化,必然导致规范性要素的变化。社会生活中的价值观念和道德现象将更加多样化，更需要大学生具有较强的价值判断和道德选择能力。这就要求高校德育不仅要注重知识目标，还必须注重能力目标。同时要让学生了解和适应经济改革中的许多新观念，使之具有健全的市场经济意识。有的同志认为："既然允许多种经济体制的存在，也就允许多种道德观念存在"，故德育工作"也就不能用传统的统一模式，而要灵活多样，以变应变"。还有的同志认为，"我们不能脱离市场经济这个现实去空谈思想政治教育"，"要肯定大学生和青年教师强调主体意识、平等意识、竞争意识的积极合理的一面，改变强调集中而讳言民主、强调统一而否定个性、强调灌输而不顾学生主体作用的倾向"。

**校园文化建设**。不少同志认为，建设优化的校园环境是抑制市场经济负面影响的有效手段。校风是校园文化、校园环境核心软件，必须从学校长远发展目标与要求出发，将校风建设纳入全校性基本建设的总体规划，强化校风建设与其他基本建设的协同性。

一些学者认为，当前，对于大学德育仅作一般意义上理解，显然已经不够了。发展社会主义市场经济的实践已经提出新的要求。认识新的情况，解决新的课题，以适应市场经济的要求，已成为一项突出任务。当前，大学德育面临着许多新的课题，主要有：

——在进一步扩大对外开放，学习国外先进科学技术和管理经验的同时，如何教育大学生正确认识我国国情，继承中华民族的优秀文化传统和中国共产党的革命斗争传统，努力建设与现代化进程相统一、融中外文化精华于一体的现代校园文化氛围，进一步树立民族自尊、自信、自强精神。

——如何把尊重人、关心人、理解人、爱护人与武装人、引导人、塑造人、鼓舞人有机地统一起来。

——根据高等学校的根本任务和人才成长的客观规律，如何进一步科学地解决高等学校德育目标的定位和定向问题。

——如何在高等教育改革发展的过程中，找到加强和改革思想政治工作的客观依托。

——高校思想政治工作如何真正地实现由软变“硬”，由虚变“实”。

## 十、关于高等教育学学科建设的研究

目前，在高等教育研究学术界，高等教育学作为一门正在走向成熟，并且在高等教育事业中发挥着作用的学科已得到确认，人们对高等教育学的前景充满希望和信心，这也正是高等教育学学科建设的基础。与70年代末、80年代初相比，今天，人们对高等教育学的学科特色认识得更清楚了。相对于普通教育学和高等教育的多学科研究，高等教育学体现出其学科独立性。高等教育学正是通过深刻地认识到自身的独立性，才真正确立了自己的任务和发展方向。

经过十几年的研究和反思，人们对高等教育学的体系问题和方法论问题，已达成一些基本一致的看法。高等教育学尽管出版了不少专著与教材，但尚未形成完整的科学理论体系，一般地说，它正处于发展阶段的初期。基于此，学术界提出高等教育学学科建设的目标是建成完整的科学理论体系，而且确定理论体系的逻辑起点是最重要的工作。当然，这并不意味着高等教育学的知识体系和课程体系就可以被轻视，相反，这两方面是学科建设更现实的突破口，因为它们反过来可推动理论体系的发展。人们也认识到，理论体系的建立并不是一蹴而就的事，而是在积累材料的基础上，在对高等教育的若干基本概念、基本问题的研究透彻之后，才能水到渠成。

高等教育学理论体系的建立与高等教育研究有密切的关系。高等教育学理论体系的建立，应该遵循一条由具体上升到抽象，再由抽象上升到具体的基本途径。但根本说来，高等教育研究和高等教育学科建设的立足点是我国当前的高等教育改革，唯有在高等教育改革与发展的现实中寻找理论的支点,才能使高等教育学的发展永葆活力。

如今,正处于学科发展初期的高等教育学主要面临着以下几方面的问题:

1. 学科体系问题:建立科学的理论体系已成为高等教育学科发展的方向。在高等教育学理论体系的建构过程中,人们期待各种学派呈现百花齐放、百家争鸣的局面,共同为科学的理论体系的形成做出贡献。在理论体系的建构问题上,逻辑起点与逻辑终点的问题引起了较普遍的关注。有的学者还率先提出了高等教育学理论体系的设想,例如,其框架应包括存在论、本质论、实践论三大部分,存在论解决理论体系的逻辑起点问题,在此基础上去认识和探讨高等教育的本质和规律,然后,将其具体化为指导实践的目标、原则、计划、组织、途径、方法与评价。

2. 学科性质问题:对这个问题,人们的观点不一,主要有四种:(1)高等教育学是基础学科。其理由是,目前的普通教育学实际是普通学校教育学,并未完全担负起研究教育基础理论的任务,也并不能完全代替高等教育学科中的基础研究,而高等教育学应成为整个高等教育学科中的一门基础学科,承担起这方面的基础研究任务。(2)高等教育学是应用学科。其理由是,高等教育学是教育科学中的一门分支学科,其任务在于运用一般教育基础理论解决高等教育实践中的各种重要理论和实践问题。(3)高等教育学是应用基础学科。其理由是,高等教育学在研究中所涉及的一些基础理论问题,其根本目的仍在于解决实际问题。(4)高等教育学是以应用研究为主,同时也应探讨有关的各种理论问题。不管人们的看法怎样,学术界在高等教育学学科性质上一致认为,当前一方面应加强应用、开发性研究,以解决高教改革中出现的各种理论和实际问题;一方面也决不应忽视基础研究,否则会受到规律的惩罚。

3. 高等教育的概念和规律问题:高等教育学理论体系的建立,要求我们必须确定高等教育学科的基本概念,必须科学、完善地阐明高等教育的一般规律。目前,在一些重要概念的使用和界定上仍存在着混淆、随意和模糊性,高等教育一般规律也有待从深度、广度上进一步探究。这些问题给高等教育学学科建设提出了重要任务,这项复杂艰巨的工作已开始起步。例如,学术界已就"高等教育"及其学科中的重要概念的界定、高等教育的本质、人才培养模式、高校的职能、高校教学改革等问题展开了活跃的讨论。

4. 高等教育学的研究对象问题:高等教育学的研究对象不同于高等教育研究的研究对象。对高等教育学的研究对象问题,存在两种代表性的观点:一种认为高等教育学的研究对象是高等教育的一般性问题,它撇开了高等教育的各种特定形式、特殊形态、具体条件和特定领域,是高等教育的特殊矛盾与发展规律,而非高等教育;一种认为高等教育学研究必须从各种高等教育现象中寻找一般规律,在内容上除了探讨高等教育的共同特性外,还需从形式上分为普通高等教育、高等职业教育和成人高等教育,从层次上分为专科、本科、研究生,作为专门的深入研究和整体结构研究。

5. 高等教育学的价值取向问题:高等教育学既有学术价值,又有应用价值。就学术价值而言,人们认为离实际较远的抽象理论更能够涵盖众多高等教育现象,能够更全面、更深刻地揭示事物的性质,对实践或改革的作用是普遍的和深层次的。就应用价值而言,人们认为高等教育学应当具备解释、预测、评价、控制、改造对象等功能,还应当在理论与实践之间建立中介环节,使理论研究成果转化为可操作的知识与方法,以指导实践。

针对诸如此类的问题,许多学者站在高等教育学科发展的高度,提出了改造高等教育学的呼声,他们认为,中国的高等教育学在经历了十多年的建设和发展之后,对原有的体系、框架和许多理论、观点需要在新的研究基础上进行新的估价。在当前,高等教育学的发展既面临对原有体系的常规性的深入探讨与积累的任务,也同时面临着体系的改造、基本理论与基本原理的改造、具体内容和观点的改造。这种改造是原有基础上的新发展,是对现有体系的扬弃,将为高等教育学学科建设开创新的纪元,真正使高等教育学走向科学,走向成熟。

# 理工大学培养科技人才的教育教学原则*

当前我国正在实施科教兴国的战略,科技人才的质量关系到兴国任务的实现和现代化建设的前途。理工科大学是培养高层次科技人才的主要基地,作为科学技术和生产力还落后于发达国家的中国来说,高等学校培养的科技人才怎样培养才能满足和适应未来社会主义发展和国际竞争的需要?这是当今在理论和实践上迫切需要解决的新课题,也是一个复杂而又艰巨的任务。这里我们着重研究我国理工科大学,在进行教育教学的活动时,应遵循什么原则?这些原则,从我国实际出发,总结我国的历史经验,并以清华大学作为教育试验基地,通过近期一定的实践验证,力图能够反映新时期我国自己的特色。

## 一、坚持社会主义方向,实现理想和事业心的统一

培养社会主义建设者的接班人,核心是要解决理想、信念问题。对已经进入理工科大学的学生来说,首先要从理论上弄清楚资本主义有不可克服的内在矛盾,社会主义最终必然代替资本主义,只有社会主义才能救中国、发展中国。目前在世界范围内,社会主义正处在

* 本文原载《教育研究》1997 年第 7 期。

低潮,西方发达国家在经济和科技上,还有优势,在这种条件下,要弄清一些问题,并不是容易的事。但是也要看到我国在近几十年来,特别是改革开放以来已经取得了令世界瞩目的成就,在一些地区、企业、农村、学校两个文明建设取得了比较全面的、令人信服的进展,证明了具有中国特色的社会主义道路的可行性和正确性。要善于利用这些成功的先进典型,进行理想、信念教育。理想、信念解决好了,其他问题就相对比较容易解决。

当前我国还是发展中的社会主义国家,在社会主义市场经济条件下,以公有制为主的多种经济成分并存。市场经济体制对人们的思想、道德来说,会有正负两方面的影响。因此我们对人们在理想、信念上的要求,也必须分层次。对大多数人来说,要求他们热爱社会主义祖国,立志为实现共同理想而奋斗,正确处理国家、集体和个人的关系。愿意为人民服务,并在实践中初步提高知识分子与工农结合的自觉性。对少数具有较高觉悟的先进分子来说,则要求他们树立共产主义的崇高理想,努力学习马克思主义理论,自觉为人民服务,走与工农相结合的道路。近年来,我们已经看到,理工科大学生中,自觉学习马克思主义理论的人数在持续增长,这是可喜的现象,问题在于要善于引导。

以上几个不同层次,思想境界不同,但密切相关,在社会主义大学里爱祖国与爱社会主义是一致的,彻底的爱国主义者最终必然走向共产主义者。但是每个人的条件不一样,要分析具体情况,不能简单化的一律要求。在实际工作中,同一个层次还会存在不同的水平,要允许有程度的差别,这是总结新中国四十年多年正反两方面所获得的重要经验。在新的历史时期,对外开放和信息传播手段的现代化,既打开了大学生横向比较的视野,又使他们面临着各种价值观的选择,要做到这一点,有新的难度。要强化爱国主义教育这个基础,并在国际竞争的背景下,把它与增强社会主义祖国综合国力的工作实践结合起来,从而使德育基础扎实,具有丰富的内涵和时代特征。

## 二、坚持理论联系实际,实现科学理论与相应的实践结合

首先要认识到理论联系实际的理论根据,是马克思主义认识论,理论与实践或知与行是辩证统一的,即人的认识过程是一个实践、认识、再实践、再认识,循环往复,以至无穷发展的过程。学生在学校中学习作为一个认识过程也必然遵循人类认识历史过程的规律。但学生在学校学习主要是在有限时间里,学习人类在历史长河中已经发现并证实了系统知识,这种高度提炼和概括的知识,对学生来说,是间接经验,它要经过"抽象上升到具体"①这样一个思维过程,才能获得。"抽象上升到具体"是马克思主义认识论中一个重要的思维法则,即任何事物都是综合的,但要认识一个事物,如果对它的内在联系缺乏理性分析,则其认识就只能停留在混沌整体的表象上,所以必须要先对事物各个方面的内在联系进行分析,然后在这个基础上加以综合,上升至思维中的具体,这种思维中的具体就是把对事物的认识提高到一个包括事物内在规定关系的丰富总体。这就是马克思主义认识论中抽象上升到具体的过程,也就是分析到综合的过程。所以学校教学的过程,要从分析开始,就是先把事物各个有关方面如物理、化学、力学等方面进行分析,也就是我们通常所说的基础理论课的任务。而这方面的理论,常常不直接来自生产实践,而是来自科学实验,并经过思维中的抽象形成各种抽象规定关系,然后到专业课阶段,才能按事物本身的内在关系加以综合,并与生产实践直接联系起来。这就是为什么在理工科大学里,总是把基础课、技术基础课安排在低年级学习的原因。所以学生的认识过程,和人类的认识过程既有共性也有特殊性。总结我们多年来的经验,在学校里所以在理论

① 中共中央马克思恩格斯列宁斯大林著作编译局编:《马克思恩格斯选集》第二卷,人民出版社,1972 年,第 103 页。

联系实际上发生这样或那样的偏差正是对马克思主义认识论中这样一个重要的思维法则,缺乏深入理解,甚至不甚了了。为此,我们认为强调理论联系实际,并不是削弱理论教学,恰恰相反,必须给学生以扎实的理论功底,包括系统的完整的理论知识。要让学生牢固掌握科学理论的实质,并尽可能地弄清理论的实践来源以及在实践中的应用,这就是说,首先要把基础性理论课程学好,学活,这是在大学里贯彻理论联系实际教学原则的前提。这不是说理论比实践重要,而是只有在理论指导下,实践才具有教育教学的意义。当然在大学里,理论课教学过程也要贯彻理论联系实际的教学原则,但那是为了加强对理论的理解、掌握和运用,而不是削弱。

其次毛泽东同志认为,马克思主义认识论是“以科学的社会实践为特征的”①,并进一步把社会实践的内涵概括为“生产斗争、阶级斗争和科学实验”②。他主张教育与社会实践结合,注意在改革社会、改造自然的实践中造就人才,强调学生不仅认识世界还要改造世界。这就发展了马克思主义教育与生产劳动相结合的思想,结合的内容、形式更丰富了,更有利于高等学校针对不同专业、不同层次、不同年级学生的特点,适应不同社会专业领域及其发展的需要,实现理论与实践结合、社会发展需要与人的发展需要的辩证统一。这对高等学校的教育教学过程,具有特别重要的意义。在整个大学学习过程中,我们根据教育教学的需要,给理工科学生安排了许多实践性的教学环节,除参观、调查、实习、作业、设计、论文等外,还参加各种社会实践活动,如政治活动、生产劳动、公益劳动、社会调查、社会服务等等。总的来说,是与理论学习密切配合的,目的是切实掌握理论与实际结合的知识,使我们培养的人才树立要深入实际、了解国情、研究社会的思想,逐步做到善于运用理论解决中国社会主义建设的实践问题。

---

① 人民教育出版社编:《毛泽东同志论教育工作》,人民教育出版社,1992年,第33页。
② 人民教育出版社编:《毛泽东同志论教育工作》,人民教育出版社,1992年,第277页。

## 三、坚持知识分子与工农结合的方向,实现专家与群众结合

面向21世纪的信息时代,我国科技工作者所处的环境已经与过去不尽相同。特别是高科技领域,有的科学研究乃至生产任务,基本上是在计算机和先进的仪器设备上完成的,所接触到的群众都受到一定的教育,那么坚持知识分子与工农结合的方向是否还有现实意义?

首先,从国家科委对有突出贡献的中青年专家的调查①和清华对优秀毕业生的调查中都可以看到,尽管他们所从事的专业领域不同,成功的途径和方式也不同,但有一点却是共同的,就是他们把自己的工作与造福人民群众,振兴社会主义祖国紧密联系起来,有强烈的责任感与事业心。我国是发展中国家,生产力还比较落后,发展又很不平衡,科技发展的物质条件往往严重落后于发达国家。如果完全按外国科技发展的路子走,只能永远跟着洋人后面走。只有深入实际、深入工农群众、了解国情、研究社会,善于把最先进的科学理论和方法与中国的实际结合,善于发动群众、组织群众、集中群众智慧、发扬自力更生团结协作的精神,才可能有所创造,有所发明,有所前进。

其次,我国是以工农为主体的社会主义国家,群众教育水平提高了,掌握现代化技术的工农群众知识将更加丰富。作为高级科技人才,要善于处理好专家和群众的关系,这里也要区别学科、专业、工作岗位、工作条件等不同情况,不能简单化处理。第一种情况是要善于与同行或不同行但相关的专家切磋研讨,互相学习,共同合作。毛泽东同志提倡百家争鸣、百花齐放,就是要求在学术上走群众路线。第二种情况是要善于在工作集体中,与群众协作共事,既有分工又有合作。当代的科学事业,无论研究开发还是技术改造与革新,往往不是个人或少数人能独自完成的,都需要有一个或若干个工作集体共同

---

① 张长城主编:《当代中青年科技英才研究》,中央编译出版社,1994年。

完成,在这个大集体中既有专家、学者,又有从事技术工作和一般工作的人,这里就有专家与群众的关系问题。专家要处理好与各种不同人的关系,使自己成为集体中团结协作的积极因素。第三种情况是对有的工作岗位来说,还有一个如何对待服务对象和依靠对象的问题,如教师对待学生、医生对待病人、农艺师对待农民、工程师对待工人等,这就更要处理好专家和群众的关系。如果高高在上,看不起群众,不能以普通劳动者要求自己,平等待人,与人为善,甚至缺乏起码的职业道德和责任心,要最大限度地发挥专家自身的作用也是不可能的。

在高等学校教育教学过程中,要坚持这个方向并不是容易的事,这首先要求高等学校的教育工作者要提高认识,不仅认识到知识分子与工农结合这一方向没有过时,而且在新时期应有更丰富内容和更深入的理解。其次,在教育教学过程中,在实践性教学环节的选择上,在实践性教学环节的实施上,对学生实践性学习成绩的考评上,都要克服单纯业务观点,要特别注意培养学生的群众观点和对工农群众深厚的思想感情,从而提高与群众相处合作的能力。还有就是在理论课教学过程中要努力贯彻历史唯物主义观点,正确对待科学和生产、专家和群众的关系。总之这些都不可能在教育教学过程中自发产生,而要精心组织培育。这对我国当代培养科学技术人才不是可有可无,而是必须实现的。

## 四、坚持适应我国国情,实现通与专的统一

培养人才要适应我国国情,是中国共产党自建党以来办教育的优良传统。邓小平同志 1978 年在全国教育工作会议上提出:“培养和训练专家和劳动后备军应该有与国民经济发展相适应的周密计划,……不但看到近期的需要,而且必须预见到远期的需要。”这是以经济建设为中心的新时期,衡量我国培养科技人才能否成功的一个重要标志。

理工科大学所培养的高级专门人才,国际上存在着两种影响较大的基本模式,一种是以苏联为代表的“专才”,专业面较窄,要求既打好理论基础,又要具备具体的专业知识并进行专业的工程训练。另一种是以美国为代表的“通才”,它比较强调人才的适应性,强调本科教育主要进行“通才教育”,专业教育主要在研究生阶段进行,专业的实际训练则在企业进行。其实这两种模式的形成,都与各国自身的政治、经济和文化条件密切相关。根据以上对时代特点的分析,近年来,无论美国或苏联都对以上两种模式有所改革。苏联在70年代就提出要培养专业面宽、适应性强的专家。美国有的大学则提出要加强专业实践训练和职业准备,以提高市场的竞争能力。这都说明,所谓“专长”和“通才”之争,其实质是如何根据本国国情,处理好基础与专业、知识和能力、大学教育与大学后教育的关系,培养出有利于增强本国综合国力和国际竞争能力的高级专业人才。

根据我国理工科大学培养高级专门人才的历史经验,与我们多年来对大学毕业生的追踪调查,我们认为大学本科毕业生一定要有宽广和扎实的理论基础,包括自然科学、数学、技术科学、专业基础理论;还要能熟练地运用计算机、语言等工具,以上都是毕业生走上工作岗位以后自学和继续提高所必要的。至于专业知识,由于适应面比较窄,更新的周期又比较短,毕业以后如果长时期不用,很快就遗忘了,真正要用时,又往往觉得不够,仍要根据实际需要通过自学去补充。因此,在大学学习阶段,虽然也需要具备必要的和相应的专业知识,但更重要的是给学生毕业以后提供在实际工作中,通过自学继续提高自己成为高级专门人才的基础及条件。我国地域广大,人口众多,是一个发展很不平衡的国家,学生毕业以后,可能遇到的实际问题很多,是不可能全部预料的,加上高级科技专门人才数量少,社会变化因素复杂,改行的情况常有发生。因此除了宽广的基础理论和计算机与语言等工具外,更为关键的是要十分注意解决实际问题能力和结合实践自学能力的培养。这种能力单纯在书本上是学不到的,一定要结合实践来培养,这就是为什么我们特别重视真刀真枪毕业设计(论文)的教学环节。通过这个环节,让学生在教师指导下,解剖一个麻雀,从而提高综合运用所学的理论知识的能力,培养深入解决实际问题的能力。所谓解剖麻雀,就是解决一个属于一定专业范围的具体实际问题,因此要有相应的专业知识,但不需要太多。在某种意义上说,大学里专业知识学习的主要目的是为了培养深入解决实际问题的能力。

宽广的基础理论,熟练地运用计算机、语言等工具与深入解决属于一定专业范围的实际问题的能力相结合,并鼓励学生进修一些有兴趣的课程以扩大视野,甚至学完双学位,形成了我国理工科大学培养人才的又一重要特征。只有具备这样的特征,才能有很强的适应性。一方面在进入工作岗位后,能够很快地适应工作需要,独立发挥作用,深入解决实际问题。另一方面,为了适应科学技术的飞速发展,不局限于所学专业,能通过自学继续提高,适应新学科和新科技的要求,并在激烈的国际竞争中具有很强的工作能力。

## 五、坚持加强业务教学的哲理性,实现科学理论与科学方法的结合

在科学技术飞速发展,知识积累加快的今天,要让理工科大学生在有限的时间里学习浩如烟海的科学知识是不可能的。只能少而精地掌握好科学知识的基础理论,及应用和发展这些理论的方法。这在一定意义上也是一个学习与应用的问题,即所谓"猎枪"与"干粮"的问题。

每门学科的内容,常常由反映相应领域事物运动的客观规律以及研究、发展和应用这些规律的科学方法体系所组成,并应按学生的认识过程构成教学体系。在科学技术发展日新月异的今天,主要是

技术性知识的变化很快，而反映事物运动基础理论和方法这类原理性知识，虽然也在发展深化，但相对来说，毕竟是比较稳定的，所以重要的是让大学生有追求新知识不断探索真理的欲望，并掌握好原理性理论知识和科学方法。

人们掌握认识和改造客观世界的方法，在不同的学科领域是不同的，而且有不同层次。对学生来说，大体可以分为三个层次。第一层次是一些具体方法和技巧。例如一个具体实验的操作，一道习题的运算，一个具体问题的剖析和解决都需要一定的方法和技巧，这对初学者是十分必要的基本训练。第二层次是学科科学层次的方法，例如有的自然科学基础课或技术基础课，在其课程理论的确立和发展中，所用的假设、观察、实验的方法，还有把理论运用于具体对象的实验和解析的方法等等。不同的条件，要求运用的方法不同，有的还要几种方法的综合运用，这与理论一起构成了某种学科体系。同一专业中不同的课程也有不同的体系，如工科的专业课，在科学方法上不同于基础理论课，它可以是各科基础理论与方法在生产经验基础上的综合运用。这个层次对许多大学生来说，在刚刚学一门课程时，往往不能自觉地清晰地掌握，也就是说，没有在理论与方法的结合上掌握好课程的精华，没有达到俗语上所讲的把书念薄了的境界。第三层次是哲学的层次，恩格斯曾经说过："不管自然科学家采取什么样的态度，他们还是得受哲学的支配。问题只在于：他们是愿意受某种坏的时髦哲学的支配，还是愿意受一种建立在通晓思维的历史和成就的基础上的理论思维的支配。"①马克思主义哲学则是从人类长期的生产实践和社会实践中总结和概括出来的科学世界观和方法论。它不仅对自然科学、技术科学，而且对人文社会科学都有着普遍意义。它指导着前两个层次，如果能在唯物辩证法的指导下把第二

---

① 中共中央宣传部理论局编：《马列著作选读·哲学》，人民出版社，1988年，第165页。

层次的理论与方法总结归纳好，将会有利于提高学生掌握理论与方法结合的深度，做到融会贯通，掌握精华，与此同时，也为学生以后逐渐形成第三层次打下良好基础。

## 六、坚持唯物辩证思维训练，实现扎实基本功与创新能力的结合

近年来，我国为了培养跨世纪的高级专门人才，适应 21 世纪科学技术调整发展与国际间激烈竞争的需要，强调培养理工科大学生的创造力，已经成为高教领域热门的研究课题，这一点与世界各国是共同的。

有人提出，与西方特别是美国大学生相比，中国大学生在按部就班读书、注意系统科班训练、应付考试方面可能强些，但是要创造性地从事研究就大大地落后了。为此，只有引进西方特别是美国的教学思想。我们认为，这种意见有些根据，但也有很大的片面性。杨振宁教授在谈到他读书教学四十年经验时，特别提到“中国传统的教育方法是着重按部就班的学法”，“确实使学生们比较容易在考试上占便宜”，“相对地，西方文化的教育方法，尤其美国的教育方法着重广泛的知识，不着重一步一步的系统教授法。这样教育出来的学生，胆子比较大，但是不会考试”。两种方法培养出来的学生各有长短。

毛泽东在青少年时代就批判旧教育束缚了学生生动活泼、主动创新的精神，宁愿减少课程，通过自学钻研、自由研究、探索真理。1921 年他创办湖南自修大学时，详细分析了古代书院和现代学校的长短，认为古代书院课程简单而研讨周详，师生感情融洽，可以自由研究，培养学生创造精神，比现代学科优胜得多，因此提出自修大学要“取古代书院的形式，纳入现代学校的内容”①。1927 年他第一次

① 李锐：《毛泽东早年读书生活》，辽宁人民出版社，1992 年，第 268 页。

提出“启发式”(废止注入式)的教学方法,并列入党的决议之中。[1]解放后,他对精简课程、改革教学方法和考试方法,让学生生动活泼地、主动地得到发展,培养学生的创造精神,都有过许多精辟的论述,这种教育思想是前后一贯的。所以关键在于转变教育思想,鼓励学生创造性的思想,要体现在一系列教学环节中。在课程教学中,要引导学生了解前人科学发现的思路和方法,要指出学科发展的前沿所在,不能让学生认为课程内容已经完整无缺,无可发展了,要鼓励学生有敢于怀疑的精神。教材体系要符合学生的认识规律,富于启发性。考试评分标准也要鼓励学生的创造性。教学过程的组织要引入科研环节,让学生有施展创造力的机会,如开放实验室,安排并鼓励学生参加社会实践等等。学校要有培养学生创造性思想的环境、条件,如搞好教学、科研、生产三结合,举办各种学术活动,使校园里有浓厚的学术研讨气氛等等。作为社会主义理工科大学,还要发挥自己的优势,不断提高教师的哲学修养,使不同年级的学生在教学中过程得到相应的唯物辩证思维的训练。教师水平提高了,才能使我们所培养的人才,以辩证唯物主义对待人类历史已往形成的一切成就,既能学习中外前人的科学文化成果,具有扎实的基本功,又能独立思考,勇于创新。西方大学在培养学生创造力方面,有许多值得我们借鉴的地方,但他们不可能做到这一点。

## 七、坚持加强马克思主义理论教育,实现科学素质与人文素质的融合

《建议》指出:“制定‘九年’计划和 2010 年远景目标,要把社会主义精神文明建设提到更加突出的地位,在建立社会主义市场经济体制过程中,在世界范围各种思想文化相互激荡的条件下,能否搞好

---

① 中央教育科学研究所编:《老解放区教育资料(1)》,教育科学出版社,1981 年,第 4 页。

社会主义精神文明建设,关系到我国社会主义的兴衰成败,关系把一个什么样的中国带入二十一世纪。”这对我国理工科大学培养的人才,应具有什么样的人文社会科学素养,提出了新的要求,我们对此应有新的认识。现代理工科大学培养的人才,不仅要求有良好的科学、技术、工程训练,还必须具备政治、经济、法律、哲学、历史、文学艺术等多方面的基本文化素养,表现在教学计划中,增加了人文社会科学课程的比重,还开设了一批两者交叉的新课程,如“科学技术与社会”“科学技术与政策”等,这是当前世界发达国家高等教育发展的共同趋势。这里首先反映了目前世界一批发达国家,虽然经济上得到很大发展,物质生活得到很大改善,但是精神生活衰落,社会面临许多危机,如资源枯竭、环境污染、生态失衡和道德沦丧等等,单纯依靠科学技术是解决不了的。归根到底要提高人们的人文素质,让人们了解人类文明发展的历史,增加对自然、社会、他人以及自己的了解,从而培养一种高尚的道德感情和对社会的责任心,促使科学技术为人类造福,并使社会健康发展。除此以外,还反映了跨国市场对人才的需求,又反映了当代自然科学和人文科学互相渗透,综合发展对人才的需求。但是在西方人文社会科学的内容中渗透着维护剥削和压迫制度的思想体系,而且对某些发达国家来说,又反映出其干预世界事务,称霸世界的政治意图,并为此通过人文社会科学课程,进行意识形态的教育,对此我们必须要有清醒的认识。

改革开放以后,我国经济体制逐渐向社会主义市场经济转轨,与国际交往日益增多。我国理工科大学毕业生进入社会以后,这种缺陷就突出地显示出来了,他们要解决科学技术问题,仅有科学技术知识是远远不够的。为此有的学校曾削弱甚至取消原有的马克思主义毛泽东思想理论课程,增加了有关政治、经济、法律、历史和人文社会科学方面的课程,国外大量有关这方面的图书也被翻译过来了。这样做对拓宽大学生的视野、丰富大学生这方面的知识是有好处的。

但必须看到，人文社会科学方面形形色色的社会思潮也同时涌进大学校门，而大学里却缺乏全面认真的评价。

这些年来，我国不少中学为了追求升学率过早进行文、理分科教育，理工科学校入学考试对基本文化素质又没有明确要求，结果使我国理工科大学生不仅对中外文学、中外历史、中外地理等知识贫乏，而且就是对我国近百年来的革命传统和几千年来所积累的优秀思想文化和道德传统都知道甚少。而所有这些都是振奋民族精神、增强民族凝聚力、树立民族自尊、自信、自强、自立精神，并在这个基础上，逐步形成正确的世界观、价值观和良好的道德品质所必须具备的。我国理工科大学在中学教育的基础上，应尽可能培养大学生具有高尚的人文素质，不断扩大视野和兴趣，包括对高品位的文学作品、音乐作品以及其他艺术作品的爱好和鉴赏能力。这可以帮助学生在科技高速发展，竞争激烈，社会多变的今天，学会如何做人，即无论处在任何条件下，从事任何工作，担当任何社会角色都能站得高看得远，做一个精神高尚、有益于人民的人，而且这对理工科大学生形成科学的思维能力和综合的适应能力也是大有好处的。这是一个艰难的任务，必须站在历史的高度，以战略的眼光来认识这一任务的重要意义。只有具备这种特征的人才，才能继承和发扬中华民族优秀文化传统和中国共产党领导下的革命传统，并把科学技术与社会其他方面的发展结合起来，有力地保证 21 世纪我国社会主义现代化建设战略目标如期实现。

## 八、坚持全面发展，实现健康心理与强壮体质的统一

实现“使受教育者在德育、智育、体育几方面都得到发展”[①]，是我国一贯坚持培养人才的质量标准。在理工科大学里，学习负担重，

① 《邓小平同志论教育》，人民教育出版社，1995 年，第 65 页。

坚持全面发展,就要特别注意保证身体健康。

当前由于科学的发展、社会的进步,人类对“健康”的认识已经不单纯是无病无残、健康体魄了。最近联合国世界卫生组织在其章程中提出:“健康不仅是没有疾病和病痛,而是个体在身体上、精神上、社会上完满的状态。”①为此,对健康的要求,必须从生理、心理和适应社会三方面去考虑。健康无疑在过去或现在,国外或国内都是各级各类学校需要认真对待的问题,有很大的共性。但由于时代不同、国情不同、文化传统不同、年龄不同,因此也各有自己的特征。

“七五”期间,我们曾对我国大学生健康素质作过研究,认为当代世界已进入信息时代,高速度发展的社会,给人们带来了过去从未有过的诸多压力和问题。我国又是世界上仅有的几个社会主义国家之一,无论从科学技术上还是生产力发展上还处于落后状态。在国际上,我们面临世界经济竞争、新技术革命与和平演变的双重挑战;在国内面临着对种种传统和更新的区别与选择。作为国家培养的高级科学技术人才,他们所承担和将承担的认识世界和改造世界的任务,常常是比前人更加繁重和复杂,更加困难和艰苦。相应地社会对大学生的期待也更加全面和严格。在这样一个严峻与紧迫的局势下要求得生存和发展,必须要以健康的生理和心理素质为后盾,才有可能充分发挥自己的才能。

当前,我国正处在世界风云多变、竞争激烈的动荡环境之中,国内社会主义市场经济体制在建立过程中,因此面临的矛盾较多。我国长期实行计划生育,不少大学生是独生子女,承受逆境的能力较差,意志比较脆弱,健康情况并不理想。为适应我国国情,我们所培养的人才,关键是要树立正确的人生观,有理想、有信念、并有为达到崇高生活目的顽强拼搏的心理素质。有了它,才有可能在任何情况

① 艾钢阳等:《医学论》,科学出版社,1986年,第38页。

下,具有坚强的意志,奋力拼搏的精神,避免不良情绪对自己的影响,即使在逆境中也有很强的灵活应变能力。作为高级科技人才,在这方面要有比一般公民更高的心理和生理素质,以适应艰巨而复杂的任务。为此,我们认为体育,不是指一门课程,也不仅是体能的锻炼,还应包括意志、性格和健康心理的培养和造就,应充分发挥体育的育人功能。人的健康肌体,即心理和生理是不可分割的整体,必须与自然和社会相协调,并结合与统一在认识和改造自然和社会实践活动之中。为此,在大学里要十分注意教学计划的整体优化,使学生德智体美诸方面都能够协调地得到发展。在这方面,我国不仅有悠久的民族文化传统,而且我国又是社会主义国家,在自觉掌握社会和自身发展规律方面都有很大优势。应该充分发挥社会主义优越性,继承并发扬中华民族的优秀文化传统,包括五六十年代的好经验,把顽强拼搏的健康心理与终身锻炼的强壮体质作为统一的整体,提高到一个新的水平。

# 我国高校人才培养目标的若干特色*

教育是人类社会特有的现象，人类社会的进步推动了教育的发展，教育的发展又促进了人类社会的进步。中国高等学校是为我国培养高层次人才的基地，所培养的人才大多数将成为21世纪我国各个领域的中坚力量和领导人才。因此，高等教育的培养目标问题尤其显得重要。

培养目标是一个历史的范畴，不同的历史时期、不同的社会制度对人才要求是不同的。只有从社会历史发展的客观实际出发，认真分析，才能把握人才素质的内涵，才能确定具有时代内容的培养目标。“教育要面向现代化，面向世界，面向未来。”这是邓小平同志留下的遗志。我们要思考未来人才的培养，就不能不考虑到教育的宏观背景。中国政府在“九五”计划和2010年远景目标的建设中，对国内外形势作了科学的分析，制定了今后15年经济和社会发展的重要方针，并规划了下个世纪初期我们的奋斗目标。这无疑也对未来人才的培养具有重要的指导意义。

## 高等教育发展的宏观背景

我们是在国际和平环境可望继续保持的难得机遇中进行现代化建设的，从本世纪末到下世纪初，我国经济将更有效地持续、稳定、健

---

* 本文原载《清华大学教育研究》1997年第3期，与王孙禺共同署名。

康地发展。尽管当今社会上还有许多不尽人意的地方,但随着经济发展和社会全面进步,越来越多的人的生活将进入小康社会,并继续向富裕社会迈进。香港、澳门的回归,无疑更增加了国家的综合实力。社会主义精神文明建设也会不断地加强,中国特色的社会主义建设将更有说服力和吸引力。这些都是我们人才培养的有利条件,但是我们也必须清醒地看到,我们还面临严峻的挑战。

首先,我们面临着世界发达国家在经济科技上占优势的压力。个别大国利用其优势实行政治上的强权主义,他们总想把中国的发展纳入他们的轨道,对我国实行"分化"和"西化"的策略。"冷战"结束以后,国际形势向多极化发展,整体趋向缓和。"和平与发展"成为当今世界的主题。这无疑为我国的建设带来充满希望的新的发展机遇。但是,全球环境日趋恶化,经济竞争更加激烈。现代科学技术发展迅猛、世界经济一体化和区域集团化的趋势明显,在国际经济竞争和综合国力的较量中,科技实力起着越来越重要的作用。谁占领科技制高点、谁拥有了领先水平的人才,谁就把握了竞争的主动权。

其次,我们面临着经济体制上实现从社会主义的计划经济向市场经济转变、增长方式从粗放型向集约型转变。以经济、科技实力为基础的综合国力竞争越来越剧烈,科技进步在加快。市场机制作用的加强也使企业更加关注市场对产业结构的调整,同时也对科学技术提出了更新更高的要求。

第三,我们面临着现代知识的内容越来越多、知识的更新周期越来越短的新局面。科学技术的飞速发展,使学科在高度分化的同时,又出现了高度综合的趋势。各学科互相渗透、结合,产生了许多新兴学科。其中相当一部分是融合了理科、工科、人文与社会科学的综合知识体系。可以说,单靠某一学科或某一方面的人才就能够解决当代重大科技问题或社会问题的时代已经过去。

第四,我们面临着一个更加开放的国际大环境。随着对外开放基本国策的深化,国际间的交流与合作日益频繁和密切。近十几年改革的实践已经证明,这是非常正确、有效的途径。21 世纪,我国将会更加积极地参与国际经济市场的运行,将在国际竞争的潮流中,显示中国的重要地位。同时,我们也将注意到,在这种激烈竞争的国际市场中,不同民族文化的碰撞是不可避免的。门窗一旦打开,庸俗的“垃圾文化”悄然入侵,这是不可避免的。在这种形势下,更需要我们有民族自尊心、自信心和爱国主义精神,抵制西方没落、低级、腐朽文化的侵蚀。

第五,我们面临着实施“可持续发展”和“科教兴国”两个伟大战略的历史任务。由于工业污染带来的日益恶化的环境,由于人类对自然资源的过度消耗,由于国家发展对科学技术的依赖程度越来越大,由于人们对教育水平的要求越来越高,完成两个伟大战略的重要意义也越来越得到人们的共识。为此,自强不息,艰苦奋斗,发愤图强的精神将是新一代青年知识分子不可或缺的基本素质。

## 高层次人才培养目标的特色

21 世纪将是高新科技迅猛发展的时代,是我国经济繁荣、社会全面进步的时代,是社会变革更为深刻广泛、对人的素质要求日益提高的时代。我国是一个发展中国家,在培养高层次人才的过程中,我们所遇到的问题有些是世界性的问题。但由于国情不同、制度不同、民族不同,教育的目的、内涵和方法都不同。因此,要使我们培养出来的人才能够满足建设现代化中国这一伟大事业的需要,任务要比过去更加艰巨和复杂。我们培养出来的人才不能单纯是为了掌握和研究现代科学技术,更重要的是要提高人的整体素质,即要解决做什么人、怎样做人、如何成为符合新时期我国社会需要的完美人格的问题。为此,我们在培养新一代高层次人才的过程中,要特别重视对其预期目标的研究。

我们培养的高层次人才必须热爱自己的祖国,能把为祖国的独立和富强、为人民的自由和幸福而奉献自己,作为人生的最高价值。要努力具备科学的、正确的世界观、人生观和价值观。像邓小平同志那样,把自己作为“人民的儿子”,认识到劳动人民是生产力最活跃的因素,是历史的主人和创造者。从而把自己融入劳动人民之中,成为推动历史前进的骨干力量,并把这样的人生价值和远大理想与自己崇高的事业心统一起来。在改革开放的今天,我们培养出来的青年人,要更加清醒地懂得,一些西方势力会不断在政治、经济、军事、文化等方面对我国施加压力,一个繁荣强大的中国并不会使他们高兴,反而要借种种理由,对中国问题说三道四,乃至粗暴干涉。这就要求我们培养出来的人才要有政治头脑、德才兼备、爱国爱民、具有敢于奋斗、勇于牺牲的崇高精神。

我们培养出来的高层次人才必须善于把先进的科学技术和中国的实际情况结合起来,解决中国建设中的实际问题。我国地域辽阔,发展水平很不平衡,如果脱离了现实,即使掌握了高深的理论,但不会应用,也将一事无成。这就要求我们培养的专业人才,能了解国情、研究社会、深入实际、不图虚名,脚踏实地地为振兴中华而贡献自己的才能。

我们培养的高层人才必须善于与广大群众结合,走群众路线。作为某一科学领域的专家学者,不管成就多大、学问多深,都要认识到任何科学发现、技术发明最终都要依靠实践。在改造世界的活动中,不可能仅仅依靠少数人,必须深入实践,依靠群众。任何看不起劳动,看不起实践,不能与工农群众相结合,并在群众中吸取智慧和力量的人,要在事业上有所成就是不可能的。同时也必须认识到,现代科学工作,绝大多数是靠集体完成的,往往需要各种不同层次、不同专业的科技工作者共同合作,处理好专家学者与群众之间、专家学者相互之间的关系,善于相互尊重、相互学习,善于与人合作。这就要求我们所培养的人才要有历史唯物主义观点、群众观点、劳动观点和集体主义观点。

我们培养的高层次人才必须善于立足本国,面向世界。西方经济发达国家,为了占有国际市场,十分重视培养"国际社会通用人才"。这也是有的国家提出所谓高等学校国际化的原因之一。我国培养的高层次科技人才,不仅要借鉴他们这种经验,学习先进的科学文化知识,而且还要能熟悉国际社会和国际事务,以便有能力参与国际市场的竞争,甚至进入国际性工作岗位,这都是十分必要的。但是必须清醒地认识到,西方经济发达国家的国际化归根结底是为了本国的利益,利用本国科学技术和经济上的优势,与发展中国家进行不平等交换,并把他们的社会制度和价值观强加在这些国家人民头上。为此,我们培养的人才,必须要有很强的爱国主义理想和社会责任感,既能有鉴别地吸收、消化和融合外国科学、文化的能力,又能把中华民族优秀的思想文化传统作为全国各族人民的强大凝聚力,并以邓小平建设有中国特色的社会主义理论作为辨别是非的思想武器。

我们培养的高层次人才要努力以唯物辩证的科学方法,对待人类科学技术上已取得的成就,既要学习还要创新,自觉培养自己的科学思维和创造能力,当前以信息技术为中心内容的新技术革命,已越来越清楚地使我们认识到,把人的大脑功能从单纯记忆的重复中解放出来,发展创新能力的重要意义。正如江泽民同志在 1995 年全国科技大会上的讲话中指出的:"创新是一个民族进步的灵魂,是国家兴旺发达的不竭的动力。"在当前,以综合国力为核心的激烈较量和竞争中,人才特别是高层次人才的质量起着关键性的作用。而创造能力的高低正是高层次人才质量的重要因素,为此它已经成为世界各国高等教育领域的研究热点。这一点,我们与世界各国有共性,我们还要认真学习外国在这方面有益的经验。但是我们认为创造能力的核心是创造性思维,而唯物辩证方法是最具有创造性的。对科学技术工作来说,高水平的创造性思想不是天生的,需要在正确哲学思想指导下,以广博的系统知识为基础,并在长期实践活动中经过自觉的持续的培养和锻炼才能获得。这方面我们有自己的优势,要发挥这种优势。

我们培养的高层次人才要努力以继承和发展中华民族优势的思想文化传统和革命传统为己任,自觉提高自己的人文社会科学素养。我们所培养的科技方面的人才,对中华民族优秀文化传统和革命传统的熟悉和了解程度当然不如人文社会科学方面的人才,但总的来说,过去那种了解甚少或一无所知的现象将不会继续下去。当前我国还是一个基础文明尚未普及的国家,而受过高等教育的人占全国人口不足百分之十。因此与全国大多数人特别是同龄人相比,大学生最有条件了解并接受中外两方面的传统文化。在当前中外文化激烈碰撞的过程中要肩负继承和发展中华民族优秀文化传统和革命传统的历史责任。作为科学技术人才,当然要掌握和应用科学技术,但是他们总要通过正确处理人与人、人与社会的关系才能实现认识自然、改造自然的使命。有些学科领域,如环境、能源、建筑等已出现自然科学与人文社会科学相互渗透的发展趋势。作为社会的人,特别是高层次人才,不仅要参与经济建设,而且还要参与社会的全面进步。在对外开放条件下,我们还面临正确处理好学习国外有益文化与抵制腐朽思想和生活方式的传播,以及吸收并融合国外有益文化与弘扬本国优秀文化传统和革命传统等矛盾。随着我国现代化建设的进展,社会对文化生活将有更高的要求。这些,都要求高层次科技人才有更高的人文社会科学素养,保证炎黄子孙的"中华魂"和"中国心"世代传递下去。

我们培养的高层次人才要有艰苦奋斗、顽强拼搏的健康心理和生理素质,以及对社会的适应能力。当前,我国正处在世界风云多变、竞争激烈的动荡环境之中。国内社会主义市场经济体制正在建立，许多政策尚不成熟，又缺乏经验，因此种种矛盾错综复杂。作为高层次人才，要准备应付任何逆境，接受各种考验，在生理和心理方面，要有严格训练。由于当前我国不少大学生是独生子女，承受逆境的能力往往较差，意志比较脆弱。加上这些年我国社会稳定，生活开始富裕起来，而有的家庭和学校教育不当，使得青少年已不容易体会到什么叫艰苦奋斗、顽强拼搏、迎接挑战。这就更需要我们重视提高他们的生理和心理素质，为承担未来艰苦而复杂的任务打下坚实的身心基础。

（本文是作者在完成全国哲学社会科学“八五”国家级重点课题《社会主义理工科大学培养人才主要特征及其途径的研究与试验》的基础上写成的。该课题后以《坚持与超越——理工科大学培养人才的基本特征及其途径的研究与试验》为名，由清华大学出版社 1997 年出版）

# 关于高等学校提高人才素质的思考*

当前我国教育界正在对素质教育进行热烈的讨论,高教领域中的素质研究也在不断深入,不少专家学者发表了许多精辟的见解,这无疑是对推动教育改革起了良好的作用,我们从中也得到启迪,学习到许多有益的东西。这里仅谈谈我们的一些学习体会,认识很粗浅,可能有片面性,不当之处请大家批评指正。

## 一、素质的含义

我们现在所说素质已经突破了心理学对“素质”一词其原旨中先天性、生理性的局限,而是教育大词典中所说的:“素质是指公民或某种专门人才的基本品质,是个人在后天环境教育影响下形成的。”①马克思曾指出:“人的本质并不是单个人所固有的抽象物。在其现实性上,它是一切社会关系的总和。”②世界上所有的人都是社会的人,而教育的过程正是使人社会化的过程,因此人的社会性素质,主要是在人的生理条件的基础上,通过人后天所处的环境、所受的教育和他

---

* 本文原载《中国高教研究》1997 年第 6 期,与王孙禺共同署名。

① 顾明远主编:《教育大词典》第一卷,上海教育出版社,1990 年版。

② 马克思:《关于费尔巴哈的提纲》,《马克思恩格斯选集》第一卷,人民出版社,1972 年,第 18 页。

的社会实践形成的身心品质。这些品质是受既定条件影响的,又随时代变化而发展。人在不同社会制度和不同经济体制下,在不同利益集团和不同民族传统的社会环境中,形成的素质也是不同的。所以我们研究人的素质,不能局限于先天的生理基础,而要把侧重点放在后天的社会环境和教育上。先进的教育应是面向未来的,要为未来社会发展造就它所需要的人才。因此从教育的角度来看,我们要研究未来社会发展对受教育者提出的条件和需求,并着重研究通过教育对受教育者的素质给予的影响,使培养素质的教育与社会未来发展统一起来,教育不仅要使受教育者主动适应社会发展,而且还要使受教育者能动地推动社会向正确的、科学的方向发展,并在以后的生活中,通过改造客观世界的实践,不断地改造自己的主观世界,不断强化适应社会发展所需要的自身素质。

素质是人的身心的基本品质。它具有质的规定性,一旦形成了,便有相对的稳定性,因而具有长效性,它可以在各种不同的场合有不同的表现。目前有二素质论(智力素质和非智力素质)、三素质论(德智体三方面素质)、四素质论(思想、科学、文化和身心四方面素质)等等的提法,这可能说明人的素质是有结构的。为了深入了解素质的内涵,把它在不同方面的表现分解来研究是必要的,也是可以理解的。事物同一个质在不同场合可以有不同的表现形式,同一素质的人在不同场合会有不同的表现,这些表现可以反映他的素质的某一方面,但不一定反映他的素质的全部。如一个学生对一门学科掌握得比较好,体现了他有较高的智能素质。他必然能在这门学科的学习中获得优异成绩,而且还可能把掌握这门学科的能力迁移到别的学科领域中去。但这仅是他的智能素质在这些学科领域中的表现,还不是他的全部智能素质的本身。我们进行素质教育,要把教育的着眼点,最终放在提高学生带根本性的、本质性的身心品质上。不区别素质本身和素质的表现,就容易泛化素质的概念,就不能突出教育的着力点,最终也就不能从根本上实现素质的提高。教育上的措施,很多是针对素质在各个方面的表现采取的,如需开设各种各样的课程,但最终要有利于素质本身的提高。

## 二、我国大学素质教育的着力点

大学生正处在青年中期,他们的生理机能已达到了成熟水平,但是心理成熟往往落后于生理成熟,特别是世界观、人生观、价值观正处在形成的关键时期,而世界观、人生观、价值观正是大学生素质形成的基础。我们还要看到,大学生毕业以后要走上社会,独立工作。他们要通过社会实践在改造客观世界的过程中继续提高自身的素质。所以在大学期间帮助他们奠定好素质的基础是十分重要的。从建国以来的历史经验看,我们认为对大学生素质教育的着力点,最基本的是要在爱国主义教育基础上,培养他们初步具有马克思主义的立场、观点、方法,并以此构建自己的世界观、人生观和价值观。真正懂得做什么人、为什么人服务、做适应中国社会发展所需要的人。这是我国大学素质教育的着力点,不仅对培养各种领导人才是必要的,而且对所有要成为社会主义建设者和接班人来说也是最根本的。

我们曾重点调查过我国大学"文化大革命"前后毕业生的状况,最近又做了追踪调查。调查结果表明,知识水平差不多的人,成就状况有很大差异,这当然有机遇造成的差异,但是机遇只给予主观上有准备的人。从内在条件来看,能否自觉运用马克思主义的立场、观点、方法对个人发展起着重要作用。这里说的立场,就是要始终站在为大多数人谋利益的立场上,认识到劳动人民是生产力最活跃的因素,是历史的主人和创造者,从而把自己融入到劳动人民之中,成为推动历史前进的骨干力量。所谓的观点,就是辩证唯物主义、历史唯物主义的基本观点。最根本的方法,就是科学的、辩证的方法。有的科学工作者很有成就,反映出他在素质上有优于常人的地方,他很可能没有学过马克思主义,但却不自觉地运用了马克思主义的观点、方法,他的实践必然客观上符合了科学发展的规律,而自觉地运用辩证唯物主义、历史唯物主义的基本观点、方法,正是我们社会主义大学培养人才的优势所在。

建国以来,我们对旧教育成功地进行了社会主义改造,努力让师生自觉掌握马克思主义的立场、观点、方法。“文革”前十七年大学毕业生的实际情况说明,他们身上虽然也有当时历史条件造成的局限性,但其中绝大多数成为又红又专的高级专门人才,业务基础扎实,适应能力强,更可贵的是他们当中大多具有坚定正确的政治方向,热爱祖国和人民,愿意到祖国最需要的地方去建功立业,无私奉献,有的虽然经过各次政治运动,受到冲击和伤害,但是仍能坚持实现社会主义的远大理想,走与广大工农劳动群众结合的道路,成为我国社会主义建设事业中各条战线上的骨干力量,其中一些人走上了共和国各级领导岗位。“文化大革命”后二十年,我国大学培养了大批人才,这些人才有优点也有不足,他们也是在“文化大革命”前十七年培养的人才作骨干的条件下培养出来的。尽管在那个时期,由于当时历史的局限性,使这些同志在素质上有这样或那样的缺陷,但绝不能因此否定一切,得出解放后的人才素质不如解放前的人才素质的结论。在人才条件上也就不能解释新中国几十年所取得的震惊世界的成就。不能低估这方面的历史成就,低估坚持马克思主义教育的重要性。低估了就会丢掉我们的优良传统和优势,容易导致全盘照搬外国的偏差。当然,深入研究过去素质教育的缺陷和不足,认真进行改革是完全必要的,但不能因此淡化其着力点。

## 三、对当前有关培养途径讨论中的若干问题的看法

1. 关于红与专。在江泽民同志为核心的党中央领导下,连续几年召开了高校党建工作会议,高校的政治、思想、道德教育有了加强,

出现了八十年代以来未有的稳定局面。但从培养社会主义建设者和接班人的素质要求来看,不能认为问题已经完全解决了。

当前,在国际上,我们面临着霸权主义强权政治的压力和发达国家在经济和科技上占优势的压力,在国内,我们要实现经济体制和增长方式两个根本性的转变。为此,我们的高层次专门人才,一方面要努力向西方学习先进的科学技术,包括管理经验和教育经验,另一方面,又要有正确的立场,发展我国的科学技术与经济,加速社会主义物质文明与精神文明建设,真正使广大人民过上富裕的幸福的生活。这就要求我们的高层次人才,既能吸收外国先进有用的东西又不盲目崇洋,善于运用马克思主义,把从发达国家所学到的先进科学技术和进步文化与中国实际结合起来,解决中国的实际问题,为我国的繁荣富强所用。这就是红专结合,是不容易的事。

大学生在大学里绝大多数时间是学习业务知识,这就要求我们对大学生的素质教育,要突出它的着力点,贯穿在整个教育教学过程之中。为此我们要改革课程体系,加强课程的思想性,调整实践性教育环节,加强课外活动的指导,优化教育教学过程,并动员全校教师职工都能结合自己的岗位工作,特别是教师要结合自己的业务教学,自觉为提高学生的素质进行工作,这就是我们所提倡的"教书育人,管理育人,服务育人",即全方位、全过程、全员都自觉为素质教育做贡献,使红与专真正结合好,落到实处。

2. 关于通与专。关于大学是培养"通才"还是"专才",是大学教育至今还有争论的问题。根据我国大学培养高级专门人才的历史经验和我们多年来对大学毕业生的追踪调查(最近的一次是 1997 年 4 月 6 日),我们认为,为了提高大学生的素质一定要有宽广扎实的理论基础,包括数学和自然科学、人文社会科学、技术科学和专业基理论,还要能熟练地运用计算机、语言等工具,以上都是毕业生走上工作岗位以后继续提高所必要的,特别是在市场经济条件下,要随时准备适应产业结构的调整,通过自学,增强自己的适应性。一般地说,高校毕业生,在独立工作以后,除了从事基础理论研究或教学工作等少数工作岗位以外,绝大多数都要在工作岗位上解决各种具体实际问题,因此他们不能无所专精。具体问题常常不是单靠一种理论能解决的,要综合应用各种基础理论才能解决实际问题。这里有由分析到综合的过程,也有由具体到抽象的过程,这就是我们通常所说的分析问题和解决问题的能力。这种能力,只在书本上学是学不全的,只有基础性理论和方法也是不够的,必须有所专精,一定要在专业实践中培养,这就是为什么要特别重视“真刀真枪”毕业设计的道理。为了实现这个目标,要懂得一些专业知识,目的不是专业知识本身,不应认为学生学了一点专业知识,就能决定他终身择业的业务范围,而是要求学生在打好基础和加强专业实践过程中,掌握综合运用基础理论分析问题和解决实际问题的能力,把通与专辩证地统一起来,这才能提高大学生的智能素质,也有利于加强他们思想品质。

3. 关于基本功与创新能力。近年来,强调高级专门人才要有创造性的素质,已经成为高教领域热门的研究课题,这一点与世界各国是共同的。

有人提出与西方特别是美国大学生相比,中国传统教育方法是在按部就班读书,注意系统科班训练,考试方面可能强些,但是要创造性地从事研究就大大地落后了,为此,只有向西方,特别是美国学习。我们认为,这种意见有某些根据,但也要防止片面性。事实上,给学生以系统和扎实的基本功训练是我国大学本科教育的长处,有的美籍华裔著名学者提醒我们,不要丢掉这点长处。但我们也要认识到,我国受历史上科举考试与八股取士的僵化传统影响很深,在培养学生创造性素质方面,与时代要求还有很大差距。对西方发达国家,包括美国大学在这方面的某些长处,我们还要在认真总结自己实践经验的基础上加以学习和借鉴。

创新素质的核心是创造性思维。早在1886年,恩格斯就提出唯物辩证的思维是最具有创造性的思维,它以唯物辩证法对待人类历史上已经形成的一切成就,指导人们在已有基础上,不断创新,向前发展。

毛泽东对培养学生的创造精神有过许多精辟的论述,这种教育思想是前后一贯的。关键在于转变教育思想,注意发挥学生的特长,鼓励学生的创造思想。创造性素质的培养要体现在教学计划、教学管理、各种学生活动和一系列教学环节中,以发展学生的个性,还要不断提高教师的哲学修养,使教学更富有哲理性。教师水平提高了,才能使我们所培养的人才以辩证唯物主义对待人类历史已往形成的一切成就,既能学习中外前人的科学文化成果,打好扎实的基本功,又能独立思考,勇于创新。西方大学在培养学生创造力方面,有值得我们借鉴的地方,但他们不可能完全做到这一点。

4. 关于加强人文素质的教育。加强大学的人文素质的教育是当前世界发达国家高等教育发展的共同趋势。表现在教学计划中,增加了人文社会科学课程的比重,这里反映了当代自然科学和人文科学互相渗透,综合发展对人才的需求。但是在西方的人文社会科学的内容中渗透着维护剥削和压迫制度的思想体系,而且对某些发达国家来说,又反映出其干预世界事务,称霸世界的政治意图,并为此通过人文社会科学课程,进行意识形态的渗透,对此我们必须要有清醒的认识。

在改革开放条件下,大量外资和跨国公司进入了中国,怎样做到既要引进先进的技术和大量的资金,又不失去本国技术进步的自主性和自立性;既要充分利用外国资本发展我国科学技术和经济,又不被外资所利用;等等,问题相当复杂。与此同时,必须对西方人文社会科学方面有所了解和吸收,但又要给予科学的评析,不能迷失方向。这就对人才的人文素养提出了更高的要求。其中核心问题是要加强马克思主义的指导,贯穿在增设的其他人文社会科学课程中,两方面相辅相成。

这些年来,我国不少中学为了追求升学率实际上过早进行文、理分科教育,理工科大学入学考试对基本文化素质又没有明确要求,结果使我国理工科大学生不仅人文社会科学知识贫乏,而且就是对我国的革命传统和几千年来所积累的优秀思想文化和道德传统都知道得过少。良好的人文素质,视野和兴趣的扩大,包括对高品位的文学作品、音乐作品和艺术作品的爱好和鉴赏能力,不但是在爱国主义思想基础上,逐步形成正确的人生观、世界观、价值观和良好的道德品质所必须具备的,而且对人才提高科学的思维活力和综合的适应能力也是大有好处的。

# 解放初期高教领域学习苏联结合中国实际的某些历史经验*

在我国现代高等教育史上，学习和借鉴国外教育理论和经验，已经走过近百年的历程，既学习过日本，也学习过欧美，解放初期又学习过苏联，应该说在学习借鉴过程中有不少历史经验和教训，其中一条很重要的经验是任何国外先进的理论和经验都不能生搬硬套，必须与我国实际相结合，进行严谨的消化、吸收、创新，才能具有生命力。这里我仅就清华大学解放初期学苏的某些历史经验作一些论证。

50 年代我国高教领域学习苏联主要有两项重大措施，一是仿照苏联高校类型进行院系调整，二是院系调整后，各院校全面系统的学习苏联进行教学改革，包括专业设置、教学计划的设置、教学内容、教材、教学制度和教学方法。

先就院系调整来说，1952 年 11 月蒋南翔被任命为清华大学校长，12 月底正式到校，当时清华大学已经院系调整结束，蒋南翔在学校干部会上公开提出，把理科调出清华是对清华教育质量的重大损失。1953 年，苏联专家组组长萨多维奇以苏联多科性工业大学不办无线电系为由提出要清华撤销无线电系，南翔同志坚决反对，继续办

---

* 本文原载《纪念〈教育史研究〉创刊二十周年论文集》，2009 年。

无线电系。1956 年清华大学即创办工程物理系、1958 年又创办工程化学系和工程数学力学系,这些高新技术的系,都是根据我国国情建立的,并没有得到高教部苏联顾问的同意。这些系有较强的理科基础,有的就是应用理科,带动了全校的基础课教学。1952 年院系调整时,由于文学院调到北京大学,也要求清华大学图书馆把有关中国文学的图书调出学校。清华大学解放前有著名的国学研究院,留下的图书不少是国家珍本,南翔同志坚决反对调出。还有音乐室与音乐老师一起都保留下来了。五六十年代,清华大学适应我国工业建设的需求,培养了大批工程技术人才,以上措施对这些人才全面发展,起了很好的作用。

其次就学习苏联时期教育质量而言,这一时期清华大学所培养的毕业生大多数已成为我国社会主义建设中各条战线的骨干人才,其中解放后毕业的人成为院士的 105 名(包括研究生和留苏进修生),成为技术骨干的人更多,还有的同志已走上国家和各省市的领导岗位,他们的政治与业务质量都经历了历史考验,应该说是成功的。近年来,我们对这些毕业生调查的结果表明,学习苏联先进经验有它的积极作用,但更重要的是我们还继承了我党解放区新教育的优良传统,结合中国的实际情况,有所发展、有所创新。例如:

一、把马克思主义理论教育列入正式教育计划,这是学习苏联先进经验,培养学生树立科学世界观和人生观必不可少的理论教育,但当时我们请苏联专家来讲课,他们的讲课较多的是解释经典原著,有教条主义味道,更不能结合中国学生特别是工科学生的实际。清华大学当时强调要继承解放区政治思想教育的传统,马克思主义理论课教师,不仅要掌握马克思主义理论,更重要的要了解学生的思想状况,结合中国学生的思想问题,有的放矢的讲理论。当时有人反对这种做法,认为是“大炮打麻雀”,但事实证明,这样的结果是好的,许多毕业生都提到当时马克思主义理论学习对他们终生都起作用。为此，学校还调了一批工科的优秀学生转学马克思主义理论，并任理论课教师，使马克思主义理论课教学与工科学生的实际紧密结合。

在加强马克思主义理论课和政治思想工作的同时，清华大学还继承党在白区爱国学生运动的优良传统，在学生中培养“双肩挑”的干部，让他们在学生时期就承担政治辅导员、组织社团等社会工作，在实践中学习理论、锻炼才干，这就使我们的马克思主义理论教育和政治思想工作，与苏联不完全相同，带有中国特色，历史证明这是有效的、成功的。

二、在工科学校里，重视基础理论课，基础课的教材注意严谨的理论体系和严格的基本训练，这是工科大学学习苏联先进经验的重要内容，也是培养高质量本科生所必需的，但是在我们把苏联基础理论课方面的教材经过翻译并初步使用以后，就发现它们有过于繁琐和前后重复的缺点，致使学生学习负担过重。为此，学校又提出了“少而精，抓关键”的教改方针，保证了清华大学的本科生有很强的扎实理论基础。

三、在工科大学的教学计划里，苏联比较重视实践环节，不仅低年级有教学实验、教学实习、课程设计，而且毕业班特别安排了毕业设计（论文），这对培养学生理论联系实际，培养分析和解决实际问题的能力是不可缺少的。清华大学在学习苏联基础上，1958 年进一步提出真刀真枪毕业设计，即让学生毕业时独立解决一个在生产或科研实践中的实际问题，这是学习苏联结合我国实际的新发展。从对五六十年代毕业生的调查情况来看，他们认为通过自己亲身从实践中所获得解决实际问题的能力对以后工作最有用，从方法论上讲有很强的迁移性和很大的适应性。

四、苏联大学比较重视教学工作，普遍建立教研组，强调教学的规范化和制度化。这当然有过分强调统一，不利充分发挥师生的积极性、主动性和创造性的缺点，但在当时克服大学教师教学中的自由散漫的作风,提高教学质量是有一定的好处的。

五、苏联的大学解放以后为了实现高等学校向工农开门,改变高等学校学生的阶级成分,普遍设立工人系,学制三年。工农学生和革命干部在工人系经过三年补习中学的课程,升入大学学习。解放初期,我国高等学校也仿照苏联在各大学附设工农速成中学,当时清华大学也创办了工农速成中学,学制也是三年。但经过实践,较早就发现学生负担过重,实在吃不消,后来经蒋南翔校长同意,报教育部批准,改为四年,并修订了教学计划,历史证明,效果是好的。63%的学生经大学入学考试,升入大学深造,确实提高了大学生中的工农成分比例,其中不少学成以后,成了各省、市、地区的领导骨干和技术领导骨干。但据了解,有的工农速成中学,因学制太短,不能保证质量,未能达到预期目标。

总的来说,通过对五六十年代清华大学毕业生的调查,说明工科大学学习苏联先进经验,特别是结合中国实际,本科生的教育教学质量是好的,至少不比欧美大学差,在某些方面还要强些。1949 年 12 月我国召开第一次全国教育工作会议提出"建设教育要以老解放区新教育经验为基础,吸收旧教育某些有用的经验,特别要借助苏联教育建设的先进经验"。1952 年教育部又明确提出:"全面、系统的学习苏联先进经验,结合中国实际",现在看当时学习苏联的方针是正确的,积极作用也是主要的。但在实践中不同的教育领域,不同单位有差别,这是要作具体分析的。

# 从美国高等教育的发展看其人才培养特征*

纵观美国高等教育发展的历史,可以清楚地看到,美国高等教育逐步形成了多层次、多类型的格局。正是在这一种独特高等教育结构和具有鲜明特色的高等教育思想指导下,美国高等教育培养出了大批适应其社会经济发展的各具特色的人才。本文着重研究其人才培养的特征,以供我们思考和借鉴。

## 一、鲜明的阶级性

在阶级社会中,教育受到各种因素的制约,其中最重要的、起支配作用的是统治阶级的根本利益。教育是一种特殊的社会活动,它培养的人可以直接为国家的经济建设、科技发展和文化事业的繁荣服务,同时又具有一定的思想意识、道德观念。美国高等教育的发展深刻地反映了教育的这种属性。

**首先看高等学校的培养目标**　早期殖民地学院的培养目标主要是培养教士。1636 年建立的哈佛学院章程中明确规定:“该校的主要目的是培养学生能够牢记永生的上帝和耶稣救世主。”[①]1701 年创立的耶鲁学院在办学目的中虽也说明要让青年人在人文和自然科学

* 本文原载《高等教育研究》1995 年第 5 期,与张凤莲共同署名。

① 陈学飞:《美国高等教育发展史》,四川大学出版社,1989 年,第 12 页。

方面受到教育,但进一步说明其目的是使“这些青年经过全能上帝的赐福,将适于在教会和文明国家中供职”①。据统计,17 世纪哈佛学院的毕业生中一半以上做了牧师。

1776 年,美国独立。随着资本主义经济的日益发展,政治上需要维护、巩固资产阶级共和国,统治者把发展教育作为很重要的条件。一方面,教育本身可以培养和造就大批能够掌握先进知识和实用技能的人才;另一方面,教育本身具有巨大的潜在的维护资产阶级统治和社会秩序的力量。美国著名教育家贺拉斯·曼曾经指出,“学校潜在着一种全能和全知的力量,受过学校教育的民众是安全与顺从的民众,学校教育比任何警察治安力量都能提供更有效的保护”。② 可见当时美国的学院就是要培养维护资产阶级共和国的民众。

第二次世界大战的爆发,为美国高等教育提供了迅速发展的契机。战争的需要,使高等教育对象发生了重要的变化,军队急需各种指挥人员和技术人才,因此大学与政府签订了各种培训军事人员的合同。据统计,1940—1945 年间,大约 180 万人参加了各类培训计划,仅 1943—1944 学年,在大学注册的军事人员就达 31 万人。从中不难看出,战时美国高等教育的一个重要方面就是培养战争需要的各种人才。20 世纪 50 年代以来,美国高等教育在人才培养方面不仅着重于道德培养和为某些专业或职业培养人才,而且越来越强调培养学生的适应能力和应变能力,以满足迅速发展的工业化社会和高新技术的需要。

在美国高等教育发展的历史进程中,不管是 20 世纪 30 年代出现的经济大萧条,还是“二战”后社会主义国家在东欧的建立,或者

① 陈学飞:《美国高等教育发展史》,四川大学出版社,1989 年,第 12 页。

② [美]理查德·D. 范斯科德等:《美国教育基础—社会展望》,教育科学出版社,1984 年,第 10、13 页。

70 年代学潮的爆发以及反越战争的行动,都使美国的当权者感到其社会制度面临着动摇与危机,因此,也意识到必须通过教育培养良好的公民来巩固其社会制度。

**其次是课程设置方面** 殖民地学院中,主要课程为古典语——拉丁语、希腊语等,因为当时的牧师必须具备这些语言知识。但是到 18 世纪后期,学校的培养目标中逐步加强了为世俗社会培养官员和专业人才的职能,学院中开始出现一些实用性课程,如航海、测量、地理、商业、自然科学等等。

南北战争以后,州立大学开始兴建,民主主义思潮的冲击和欧洲启蒙运动的强大影响,促使学校逐步打破以古典语言文学为核心、全部为必修课的课程体系,增设了自然科学、现代英语、商业及农业方面的一些课程,并在一些学校实行选课制。

“二战”后,由于社会经济和科学技术发展的需求,高等学校中开始出现一些新的学科和课程,除了适应新技术革命的发展,满足现代工业社会需求的新知识课程以外,还开设出“科学与政策研究”“科学技术与国际事务和对外政策”“科技与管理”等课程。

**三是联邦政府制定的教育发展战略和规划** 美国联邦政府制定的教育发展战略和规划受到国内外政治形势和经济发展的制约与影响,充分体现了统治阶级的根本利益。1862 年,美国国会通过《莫里尔土地赠予法》。其后,赠地学院迅速发展,为各州农业和工艺教育发展做出了巨大贡献。

1957 年,苏联成功地发射了世界上第一颗人造地球卫星,震惊了美国朝野。《国防教育法》正是在这一背景下出台的。此后,美国高等学校数量增加,学生数量激增,基础研究加强,研究生数量增加。在贯彻《国防教育法》的过程中,美国高等教育的职能也有了许多重要的发展。

美国联邦政府始终把高等教育看作是国家经济发展、社会稳定的重要因素，通过频频立法，通过对高等学校提供各种资金，加强对学校的控制与影响。

## 二、明显的实用性

美国高等教育的最大特点是注重实用性。在高等教育发展的各个历史阶段，美国都十分注重教育的实用性，这一点体现在各类学校的创办目标、高等学校职能的发展、课程内容与教学环节等各个方面。

1. 州立大学和社区学院的创办目标——满足经济发展需要。

1862 年《莫里尔法案》颁布后，赠地学院或州立大学发展很快。19 世纪末，高等教育实用性的目的，已逐步成为美国高等教育的一个重要特点。1895 年，担任芝加哥大学校长的威廉·哈珀指出："过去 25 年中，大学生活发展中最显著的一个特点，就是使学生运用所学的方法和所受训练以解决人们生活中各种实际问题。"①曾任约翰·霍普金斯大学校长的吉尔曼在其就职演说中强调，建立大学则意味着减少贫穷、人们的苦难、学校中的无知、寺庙中的偏见、医院中病人的痛苦、商业界的欺诈、政治上的愚昧等。至今，美国近 500 所州立大学或学院分布全国各地，它们在教学、研究与服务三重任务中发挥着重要的作用。

20 世纪初出现的社区学院，是最具美国特色的高等教育形式之一。今天已发展到 2000 多所，占据着重要的位置，构成了美国高等教育结构中金字塔的基础。社区学院的建立和发展，适应了美国社会与经济的变革，提供了与地区发展密切相关的教育项目。它的普通教育和职业培训教育是根据社区的需要灵活制定的，课程的实用性深受社会各界的欢迎。社区学院的发展方向就是利用教育服务于

---

① Berelson, Berhand, *Graduste Education in the United States*. N. Y. MoGraw-Hill, 1960, P13.

社区,解决社区发展的实际问题。

可以说,州立院校的创办,社区学院的发展反映了美国社会经济发展的需要,充分体现了美国高等教育的实用性。

2. 美国高校是社会服务职能的发源地。

大学发挥社会服务职能从上个世纪下半叶发端至今,已有百年历史。美国的高等学校在其发展过程中起到了示范和带头的作用。现在,“威斯康星思想”已成为高校社会服务职能的别号。威斯康星思想的实质就是大学要把自己看作当地社会的一个学术研究与服务中心,大学的教授或研究人员帮助所在地区解决工农业生产发展中的问题,同时也要为地区的行政管理提供管理方面的研究和发展战略的计划等等。

大学通过社会服务不仅建立了了解社会的窗口,可以获得社会对人才需求的信息,促使其不断调整专业设置,改革教学内容,使培养的人才更加符合社会发展的需要;而且社会也通过这一途径更加了解高等学校,从而为高等教育事业的发展提供支持。今天,大学为社会服务已成为高等学校中教学、科研两大职能之后的第三职能。

现在,新的科学技术革命的兴起,世界经济的迅速发展以及社会生产与生活的日益现代化、科学化,使大学与社会的关系发生了深刻的变化,大学与社会的联系日益紧密。现代的大学绝不再是纯粹的教育及学术机构,社会要求大学除了培养人才、发展科学之外,还要提供更加贴近的全方位服务。

3. 加强实践教学环节。

美国高等学校针对以往工程教育中存在的问题,在实践教学方面进行了大胆改革与探索。重视实验和课程设计。以麻省理工学院为例,电子与计算机科学系的数字电路实验课是一学期的课程,共120多学时,其中包括四组实验、考试,最后进行课程设计。在最后得分中,课程设计占35%,四组实验占35%,书面考试占20%,平时的提问及分析水平等占10%。重视工程设计。为了培养工科学生解决工程实际问题的能力,美国许多工程院校改革了课程设置,增加了工程设计及其它实践教学环节。重视合作教育。美国的一些大学十分重视与生产实践有关的教学环节及教学内容。据调查,约有900多所大学实行了合作教育计划(CO-OP),其实质是教育与生产实践相结合。这种工读结合、理论与实践密切结合的培养方式深受企业和学生的欢迎,许多参加CO-OP的毕业生最后往往到所实习的企业就业。

多种多样的实践教学环节不断给美国的高校注入了新的活力,使其充满生机。大学生在这样的氛围下学习,其分析问题和解决问题的能力不断提高,个人的创造性得到充分的发展。

## 三、宽广的通用性

人们常常用通才教育来说明美国高等教育的特点。通才是相对于专业训练而言的,其核心是重视基础教育。1944年美国教育委员会发表的报告指出,“通才教育是指非职业的和非专业性的教育而言,这种通才教育为人人所应受的教育,以期养成健全的个人和社会中健全的公民”。3个多世纪以来,在美国高等教育的发展过程中,通才教育一直占据主导地位,但其通才教育模式的发展和完善则是20世纪以来的事情。

近来年,美国大学进行了一系列改革,其核心仍然是进一步加强和完善通才教育的目标。1989年美国全国人文学科基金会曾提出50小时的核心课程,包括文化与文明、外语、数学、自然科学、社会科学和现代世界共5种课程。这些课程全部是必修课程,目的是帮助学生了解文明史,扩大眼界,增加知识面。

通才教育的目的在于培养学生宽厚的基础,为大学生的一生打下坚实的基础,使其人才保持竞争力。美国高等教育界对此看法并不一致，多少年来围绕着培养目标、课程设置、教学内容一直有争论。如大学教育主要是培养有很高品味，对各学科都有一定了解的“文化人”，还是培养学生掌握一些专门知识或一些专门技术；在课程设置上是坚持基础教育为主的必修课程，还是鼓励学生根据自己的兴趣和爱好自由选课；在课程内容上是强调人文及理论基础课，还是强调应用与实验等等。一些人认为当前美国高等教育的功利主义严重，课程狭窄，有专业化的趋向，建议要加强文化课程，让大学生们了解西方文明，特别是美国文明。

我们说美国大学以培养通识人才为主要目标，也并不是说美国的高校不分专业，学生只学基础知识。虽然美国存在一些不分专业、只开设普通文化知识课程的大学，但是，绝大多数大学是分专业培养的。如我们熟悉的麻省理工学院设有 5 个学院 21 个系，哈佛大学设有 10 个学院，学院下设系、学部及研究中心等，加州大学伯克利分校设 14 个学院，100 个系。只不过这些大学中所设置的专业面较宽，有时甚至一个系只设一个专业。美国大学中这种宽专业的设置方法为其通才教育目标的实现奠定了良好的基础。在“通识为本”的教育思想指导下，美国大学毕业生一般都具有较强的适应能力。

## 四、灵活的创造性

接触过美国大学生的人往往感觉到他们比较灵活，相比之下，我们的学生则往往是规规矩矩，显得呆板。“灵活”是美国大学生的重要特点，灵活往往就会产生创造性。创造性能更好地、更充分地发挥一个人的个性或特长，并使其升华。

灵活的创造性可以从美国高等教育思想、管理体制等方面充分地体现出来，也是后者孕育的结果。

麻省理工学院在本世纪 40 年代以来实现了向综合性研究大学的转化，这是当时的校长吉利安教育思想的具体实现。他认为，MIT

培养的人才应是适应科学技术向综合化、整体化方向发展的高层次人才。培养这样的人才需要跨系、跨学科的实验室和专业计划,需要减少学者之间的隔离,在学科之间加强联系,鼓励交叉学科的产生,特别是理工学科和人文社会科学之间的渗透或密切结合,在自然科学和人文社会科学之间架设桥梁,真正实现大学是"把不同知识分支带到一起使其相互接触并相互协调组织的地方"。这种丰富扩大学生知识面、文理综合的做法为学生的聪明才智、创造性思维的开发打下了良好的基础。在课程改革方面,吉利安主张"对本科生、研究生的科学精神和对生活的开放态度可以通过在真正创造性的环境中生活而获得",还强调"必须小心避免排课过满,给学生塞过多的东西"[①],学生需要时间掌握大量的信息,培养判断能力,拓宽生活面,因此学院采取了一些具体措施:(1)设置文字、历史、哲学、音乐等课程;(2)为学生提供更多地参加科研的机会;(3)设置双重主修课等。

美国的高等学校注重对学生创造性的培养还体现在以下几个方面:

1. 培养模式灵活。

在美国大学中,一般学生不是一入学就分专业,学生虽然有自己的主修方向,但往往可根据自己的爱好、兴趣、特长等中途变换专业;学分制的实施,也利于优秀人才脱颖而出,学生在选课方面有较大的自由度。这样,学生的智力因素与非智力因素都能得到健康的发展。

2. 教学方法灵活。

在美国大学中,学生是学习的主人。学生可在多种教学环节中充分发挥自己的作用,教师只是引路人。如讲课,一般没有统一的教材,只有教师指定的一系列教学参考书,教师只讲要点、难点。这样

① James R. Killian, Jr.: *The Education of A College President-AMnenioir*, MIT Press, 1985.

做的结果是老师教给了学生怎样学,教给了学生学习的方法和自学的能力,而不仅仅是一两门具体的课程。再如,习明纳尔是一种为众人公认的有效教学形式,它可以引导学生提出问题,分析和讨论问题,引导学生积极思考。另外一种学术研讨会由系或学校组织,报告内容均为最新的理论或科研成果,学生通过听报告、讨论提问,可以了解专业发展的前沿,吸收新的理论及实验方法,等等。

美国大学的管理体制也为学生聪明才智的发挥创造了有利的条件。如一些大学的学生活动中心为学生提供了社会交流、培养创造性的机会和场所。又如威斯康星(麦迪逊)大学设有两座风格独特、丰富多彩的活动中心,一方面为学生提供各种服务,一方面让学生们自由地进行一些有益的活动,为提高学生素质,激发其创造性提供了良好的条件。

# 母亲一生和她的家庭
## ——李卓宝小传

何晓红　何晓杲　何晓涛*

作者按:《李卓宝小传》本来应由第三方来写,但是由于母亲家庭的特点——跨国家、跨文化和跨语言,所以,这个责任自然也就落在了我们姐弟的肩上。我(何晓红)是李卓宝的大女儿,近四十年来在国外从事国际商务领域的教学和研究,对母亲海外的兄姐相对比较了解。本书虽然由我执笔,但通过文中"我"这个第一人称,表达的是我们三姐弟在各种不同情况下的经历和感受。同时,我的职业和经历不可避免地会影响我看问题的视角,不当之处还请读者见谅。我们中华民族的历史是由无数个人和家庭的历史汇集起来的。常言道,树根有多深,树就能长多高。一个民族,也只有根深才能叶茂。谨以此文献给快步前行在复兴路上的伟大祖国。

在中华民族的复兴之路上,曾有一代革命知识分子,为实现中华民族的解放和复兴,为打下新中国建设及现代化、工业化的坚实基础,奉献了他们的一生,我们的母亲李卓宝就是他们中的一员。后人也许能够通过她的成长环境、历史和家庭,懂得她这一代人的选择,特别是他们对理想的追求和对事业的执着,了解那一代人知行合一、

* 作者何晓红为李卓宝长女,何晓杲为其次女,何晓涛为其儿子。本文由何晓红执笔。

不忘初衷的人生轨迹。本文共分为六个部分：母亲的简历、家庭、求学经历、工作经历、为人和兄姐。

## 一、李卓宝简历（1928—2020）

1948 年，加入新民主主义青年联盟。

1949 年，加入中国共产党。

1950 年，毕业于清华大学理学院心理系并获得理学院学士学位。

1949—1953 年，任清华大学共青团团委副书记。

1953—1958 年，任清华大学工农速成中学副校长，党组书记。

1950—1966 年，任清华大学党委委员。

1958—1966 年，任清华大学基础部副主任，党总支书记。

1960—1966 年，任清华大学教务处副处长。

1965—1966 年，任女生工作委员会主任

1966—1977 年，因“文化大革命”下放劳动。

1977—1985 年，任清华大学基础部分党委副书记，先后参加筹建物理系、生物系和理学院。

1977—1993 年，任清华大学党委委员。

1982—1985 年，任清华大学物理系党委书记。

1984—1986 年，任清华大学教育研究室主任、校务委员会委员。

1986—1993 年，任清华大学教育研究所所长，兼《清华大学教育研究》主编。

1993 年 3 月，离休。

曾任中共北京市第二届、第三届党员代表大会代表，北京市妇联常委，北京市第一届妇女代表大会代表（参加 1949 年新中国第一次

国际妇女代表会议:亚洲妇女代表大会),国家教委教育科学规划领导小组成员兼高等教育学科组组长,国家教委教育发展研究中心研究员,中国高等教育学会常务理事,中央教育科学研究所学术委员会委员。

## 二、家　庭

母亲出生在广州,并在那里度过了她的童年。抗日战争爆发后,10岁的她离开广州逃难到澳门,与她的父母和祖母相依为命,一直到读完中学。后来,母亲考入清华大学,乘船北上到达北京。从此她在清华安身立命,把她的一生献给了母校和教育强国的历史使命。

少年时期的李卓宝

家庭是中国文化的核心,与西方以个人为体、日本以族群为体的文化十分不同。母亲常说:“家庭是国家的细胞,民族传统的缩影,个人成长的根源。”母亲生在一个南洋归国华商家庭,有10个兄姐,她在家中排行最小。20世纪初,她的父亲随着辛亥革命的浪潮回国,在广州成家立业。这个家庭既受到西方科学文化思想的影响,又保持了中华民族的传统文化和习俗。家中11名子女在不同地域、不同环境,以自己特有的方式,与中华民族的成长荣辱与共,为中华民族的复兴添砖加瓦。这个家庭也像千千万万遍布世界的华侨家庭一样,成为世界大同的纽带和多元文化的使者,百年多来四海为家仍心系中华,命运随祖国一同起伏跌宕。在此背景下,母亲的求学、参加革命、探索民族复兴之路,描绘出一个人可以为理想付诸一生的故事。

自明清以来,广东和福建一带便有华人移居到东南亚及至世界各国。其中东南亚地区汇聚了众多“下南洋”的华人,人数占当时在海外华人的3/4左右,成为海外华人的中心。听母亲讲,由于交通的

母亲的父母李镜池和崔妙真

母亲的家庭(大部分成员,1938年)(二排右一为李卓宝)

原因,那时下南洋反倒比去北京还要容易。母亲的祖父李崇基是广州番禺早期的瓷器和古董商人,在广州经销出口景德镇瓷器和古董。19世纪末叶,他下南洋到新加坡(当时属马来西亚)开拓国际市场,在那里认识了母亲的祖母,并生下了我们的外公李监波(字镜池)、两个叔公和姑婆。母亲的祖母是新加坡一位富商的养女,聪慧漂亮又能干,很有商业头脑。所以外公自幼学习经商,同时还学习国语、马来语和英文。外公 12 岁时,他的父亲早逝,作为长子的外公几年后便跟着他的母亲一起打理新加坡的生意,后来还把自己的两个弟弟分别送去英国和德国留学。

听母亲讲,外公一家在新加坡时就在政治和财力上支持同盟会,并追随孙中山先生回国参加了推翻清政府的运动。外公和叔公们在新加坡时阅读了不少革命党人的出版物,我外公和他的两个弟弟李监鎏(字晓生)、李监威(字拂飞)都在新加坡加入了同盟会,在海外为辛亥革命出资出力。其中李晓生还是中国同盟会新加坡分会最年轻的创始会员。武昌起义后,他应孙中山先生之邀,放下在英国伦敦大学主攻化学的学业,陪同孙先生经由法国一同回国。随后孙中山在南京就任中华民国临时大总统,李晓生则任总统府秘书。李晓生还曾任南京国民政府印铸局局长(1927),代理立法院秘书长(1931),后转任立法院秘书等。

母亲祖母的年青照

外公回国后,曾短期在广州任一个地方税务局局长,但他后来对官府的腐败作风十分痛心失望,从此脱离政界,专注实践他实(工)业救国和教育救国的理念。据母亲讲,外公十分痛恨国民政府的贪官污吏,还曾给“官”字加了“犭”旁。

外公勤奋、见识广,又有经商的才能,回广州以后很想读书深造,但他在国内的几位同父异母的兄长却不同意他上岭南大

外公李镜池(右二)与他的弟弟和妹妹李晓生(左二)、李拂飞(左一)、李玉贤(右一)

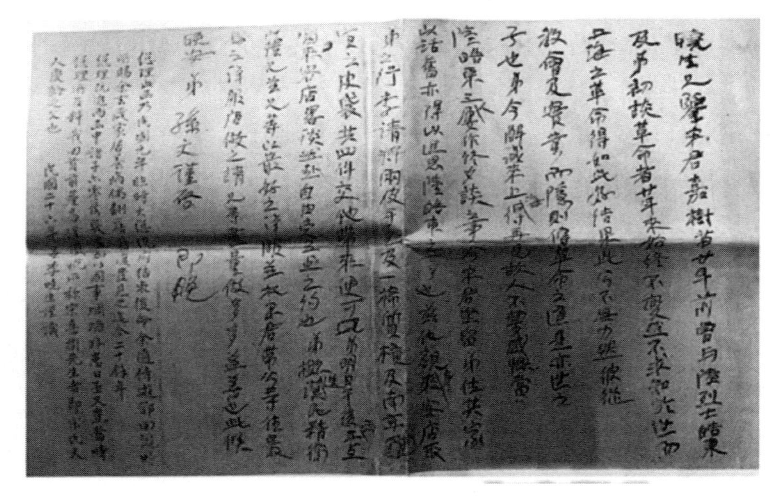

晓生兄鉴：来君嘉树廿年前曾与陆烈士皓东

[illegible]

晓生兄

弟孙文谨启

即晚

[illegible]

孙中山先生与李晓生的往来书信

学,而是让他继续帮助经营家族企业,与他的哥哥李监高(字道明)一起做瓷器和古董生意。

不久,李家与一位从香港回来的年轻企业家冯栢燎合资创办了第一家华人独资外贸企业(现在香港利丰公司的前身,“利”出自李姓,“丰”出自冯姓),将瓷器等商品出口到美洲大陆,优质的瓷器曾在美洲巴拿马国际博览会获铜牌奖。但外公认为贸易必须要有实业

(工业)作后盾,通过往返于香港、广州、景德镇打理家族生意,他很快熟悉了国内的经商环境,羽翼逐渐丰满的他决定自立门户实现实业救国的理想。外公李镜池先后开办了铜厂、皮革厂,后来引进德国技术开办了砂砖厂;还与合伙人在美国旧金山市成立公司,出口在景德镇设计和定制的瓷器,是当时极少见的由中国人自己出资建立起来的跨国企业。

李家瓷器古董店一角

外公的教育救国思想主要体现在他对两个弟弟和十一个孩子的教育支持上。在新加坡和广州替父经营家业期间,外公先后将两个弟弟分别送到英国和德国学习,但自己却一直没能有机会接受高等教育;回国后,他又因家庭原因未能实现上岭南大学的梦想。这成了他一生的遗憾,也促使他更加重视教育。李卓立舅舅曾写道:“他立下誓言,不买田置地,一心供儿女上学。终其一生,他最大的投资全都用在了子女的教育上。抗战期间,(我们)举家迁居澳门,父亲无收入,生活上很窘迫。那年我上岭南分校,学费很贵。当母亲将好几桶白银交给我的时候,两手都发抖。父亲却说,这是该花的钱,就在别的地方省吧。我激动得掉泪,心中说,如果书读不好,真是无颜面见父母亲。"

据母亲讲,华侨家庭有多子女的传统,在海外多子女才有"势力"。然而外公一贯反对纳妾,他与外婆崔妙贞养育了十四个子女,其中三个因病夭折,长大成人的共十一人,五男六女。外婆出生于一个中医家庭,婚后在外公的支持下完成了中等师范教育。他们的十一个孩子也全部接受了高等教育,其中四人获得博士学位,两人获得硕士学位。外公的长女(我的大姨妈)是其中第一个接受高等教育的,她毕业于南京金陵女子学院外语系;她也是家中第一个出国留学的孩子,于 1936 年毕业于加州大学伯克利分校心理系。那个年代女性不被鼓励读书,但外公毫不犹豫地把大姨妈送出国求学,大姨妈回国后主要从事教育事业。随后我四个年长的舅舅也先后出国留学,李氏四兄弟在国际教育界和科学界都做出了非常杰出的贡献。大舅舅李卓敏是美国加州大学伯克利分校经济学教授,创办了香港中文大学。在美博士毕业后,他曾任南开大学和西南联大教授,联合国中国善后救济总署副署长,国民政府驻联合国亚洲暨远东经济委员会常任首席代表。二舅舅李卓皓是美国加州大学伯克利分校生物学教授,他是发现并合成人类脑下腺生长荷尔蒙的第一人。据表哥(资深心脏外科医生)李伟怡回忆,皓舅舅曾经至少两次被提名为诺贝尔奖候选人,他的研究有力推动了生命科学和教育的发展。三舅舅李卓荦是脑外科医学博士和哲学博士,在美国国家卫生总署工作 29 年,从事癫痫、脑肿瘤和帕金森病的研究,并在华盛顿大学医学院兼教。他是第一位成功记录人脑皮层单细胞放电的科学家和脑外科医生。1973 年中美关系缓和后,三舅舅作为美国医学代表团的成员来华访问,与李振翩医生一起受到毛主席的接见。四舅舅李卓显是美国加州大学伯克利分校的冶金物理学博士,在霍尼韦尔(Honeywell)公司工作 26 年,任研究发展中心主任和公司科学家行政主管。20 世纪 80 年代初,台湾地区经济起飞,四舅舅受聘任台湾清华大学工学院院长和新竹科学园局长,对台湾地区的高技术产业发展起到重要作用。从台回美后,四舅舅从事私募投资,主要往返与美国、日本及中国台湾芯片企业之间。这几位舅舅即便在国外,也都在他们的位置上为中华民族复兴作出贡献。母亲和她其余留在国内的哥哥姐姐们也大多从事教育。其中值得一提的是母亲唯一在国内的哥哥李卓立,1949 年秋天,他放弃了伦敦经济学院的奖学金和留学深造的机会,毅然决定留下投入新中国建设。1957 年,与许多中国知识分子一样在反右运动中被划为“右派”。1957 年到 1979 年,遭受了身体上和精神上的摧残。1979 年平反并撤销右派档案,当时他已经移居香港,晚年迁居美国加州伯克利市。即便经历了这样坎坷的人生,他从未改变和放弃对祖国、对事业和对人生的理想和追求。到了 80 年代初,时值中国改革开放初期,为了向中国读者介绍西方计量经济学的思想和方法,他撰写了数种关于计量经济学、经济决策、经济计量模型和预测的书籍,同时还翻译了经济体系相关著作。他是把西方计量经济学介绍到中国的先行者之一。

据李卓立舅舅和母亲回忆,这个家庭是“父亲有远见,而母亲教子有方”。外公不信鬼神,自成信奉儒学,他经常阅读《曾文正公家书》,讲父慈子孝、兄友弟恭、长幼有序。外公很重视儿女们的教育,不仅要读书,更要让他们学会做人。母亲常说,饭桌上吃饭要有规矩。她小时候家里兄姐多,每次吃饭外公外婆不动筷子,孩子们是不可以动筷子的,吃饭时也绝不能掉饭粒。小时候我们在饭桌上表现不好时,母亲常提醒我们:“记住外婆说的,看一顿饭就显示一家人的家教水平。”外婆从不去寺庙拜佛,但相信善恶报应,现在看来也很有远见。十一个孩子年纪相差较大,天赋也各有不同,据母亲回忆,外婆在教育子女互相帮助的同时,也教导孩子们自食其力,不要依靠哥哥姐姐。外婆经常让母亲计算她六十岁的时候，母亲该多大，借此告诫母亲：“不要以为哥哥姐姐多了，就可以依赖。你若没有本事，不能自强自立，将来就是住鸡笼，也不能去攀登哥哥姐姐住的洋楼。要早日学成独立，不要增加哥哥姐姐的负担，成为包袱。人要自强自立，才能受到欢迎，否则令人讨厌。”20 世纪 80 年代初，我在加州大学伯克利分校研学，当时小舅舅李卓立也从香港来伯克利探亲、学习。李卓立小舅舅只在大舅李卓敏家住了几天就搬了出来，他后来在旧金山住的地方条件非常差，差到我在美国长大的表姐和表姐夫都看不下去。但小舅舅一直记着外婆的这条家训，不去打扰他的哥哥们。同样继承了家庭祖训的我在美国读硕读博时也从未接受过舅舅和姨妈的资助。我初到美国的那年夏天，碰上了李家自 1937 年以来唯一的一次大聚会，在美国不同地方的舅舅们都赶到加州，我在香港的姨妈也赶来了，还有在中山大学任职、当时在纽约进修的小姨妈。他们每晚轮流请客，聚会非常热闹，舅舅和姨妈们仿佛又回到了儿时，常常捧腹大笑。当时有两件事我记得很清楚：舅舅和姨妈们也经常有不服气彼此的时刻，仿佛能看到他们小时候相互竞争的状态，犹记得李卓立和李卓显两位舅舅为了一个问题争得脸红脖子粗；但同时也可以感受到他们互相爱护的手足情谊，为了感谢在昆明西南联大和重庆时期（1940—1945 年）卢盛文舅妈（李卓敏之妻，马友友的大姨妈）的照顾之情，由李卓显舅舅当司机，李卓立舅舅、李卓美姨妈和我一起像小孩子一样偷偷驱车出门，代表李家全体兄弟姐妹为她挑选了一条十分精美而贵重的项链。

母亲的老家位于广州近郊白鹤洞，后来我去广州讲学时，听当地人讲这个地方当年被称为广州的“白宫”。外公的一栋楼房在中央，李晓生叔公一家、李玉贤姑婆和她先生程天固的两栋楼房分别在两边。程天固是广东香山（现中山市）人。民国时期，他从英国牛津大学毕业后回国，曾任广州市市长、国民党行政院高等顾问，1941 年出任驻墨西哥、巴西大使。母亲和她海外的兄姐们都不喜欢这个官腐气十足的姑父,而李晓生叔公刚性耿直、忧国忧民,口碑最好。李晓生叔公的儿子李舒平与我的母亲、舅舅李卓立、姨妈李卓美一起在家里接受了私塾式小学教育。

李卓宝(左二)与母亲崔妙真(左三)、父亲李镜池(右二)、叔父李晓生(右一)、大哥李卓敏(左一),在广州白鹤洞老家(1936年)

正如母亲所述:"像这样的家庭在那个年代是不多见的,我的父母虽然文化水平不高,家庭教育也不是完美无缺,但的确有许多独到高明之处。他们的11个子女当中,虽然没有政界的高官,军界的英雄,但在学术上的成就,却反映了中国是个教育大国,有优良的道德文化传统。中华民族接受了西方工业文明的现代文化以后,有着无比的智慧和力量,使种族得以健康延续和兴旺发展。现在这个家庭连同他们的儿媳、女婿、孙子女、重孙子女已发展到100多人,分布在世界各地。由于种种原因,他们的国籍不同,(所处的)社会环境不同,所经受的文化、语言(熏陶)尽不相同,但根子却是共同的——身上都流淌着中华民族的血液。"

1938 年,抗日战争开始,日本人曾多次要求征用外公的铜厂生产子弹,但外公决意关闭(也即放弃)他的所有产业,带着全家老小逃到澳门。从这里也可以看出中国民族资产阶级的爱国情怀和中国人的风骨。母亲当时只有九岁多,在澳门协和女中初中一年级就读,这是她第一次进入正式学堂,以前都是在家与姐姐、兄长和堂兄一起接受家教。母亲上中学时比其她的同学年幼,坐在学校的椅子上脚还够不到地。

1941 年太平洋战争爆发后,日本军队占领了香港在内的华南大部,澳门成了孤岛,物质极度缺乏,每天都有人饿死,有些地方甚至出现了"吃人肉"的现象,人的生存成了大问题。彼时母亲的哥哥姐姐都已离家求学,家中只剩下母亲与她年迈的父母和祖母。当时母亲一家住在澳门的贫民窟,生活十分艰苦,母亲几乎中断学业,还要定期代家里去领救济粮,排队时多次受到葡萄牙警察的鞭打。即便如此,外公也不愿意做亡国奴。母亲说,那时外婆常感叹"人不能无家,家不能无国",外公则常给母亲背诵爱国诗人陆游的诗:"死去元知万事空,但悲不见九州同。王师北定中原日,家祭无忘告乃翁。"如八姨妈所言:"父母处处把国家利益看得重于一切,经常以好儿女志在四方的思想教育勉励我们。我们兄弟姐妹们(虽)成家立业在外,(定居)香港、广州、上海、北京,(乃至)国外,(但)我们都把报效祖国和孝顺父母紧密联系在一起,无时无刻不想念着在故乡广州的父母双亲。"

后来由于母亲成绩优异,协和女中的廖校长给她找了一份为富家子弟做家庭教师的工作,这样母亲不仅没有中断学业,还可以通过勤工俭学补助家用。学校还筹集了一笔奖学金给母亲继续完成学业。在澳门七年,母亲从高中毕业,并在协和女中接受了一年师范教育。母亲对心理学的爱好就起源于协和女中。她非常喜欢教育心理学,在上清华以前就学了大量的心理学著作。报考清华的时候,她表现出在心理学方面超常的知识准备。在澳门时,母亲的心理学老师对她的影响很大,曾告诉她"了解一个学生和看一个人,首先要看其成长的环境和身体状况,也就是生理基础。”母亲上清华时,生物系和心理系就在一个楼里。清华的心理系教授也十分重视心理学的生物基础,鼓励学生多选修生物课,特别是脑神经学和内分泌学,所以母亲选修了大量的生物学课程。她的心理学功底,对她掌握研究和解决问题的科学方法,以及之后的工作和事业影响很大。

在澳门期间,特别是在协和女中廖校长言传身教的影响下,母亲成了一名基督徒。母亲读高一以后一直是学校的学生会会长,师范毕业后又做了小学六年级的班主任和教师。在澳门的这七年为母亲人生观和思想方法的形成打下了重要基础,她饱尝了没有国就没有家的苦难。1946 年,母亲被清华大学和南京中央大学同时录取,她最终选择了清华。外公外婆把他们最小的女儿送到北京读书,希望她“学习深造、强我中华、永不再做亡国奴!”这个家国情怀始终伴随着母亲的成长。

## 三、求学经历

母亲的大姐和三个哥哥都曾在南京求学,为什么她选择了北京的清华?主要原因是清华的心理系教授与母亲在澳门的心理学老师同样重视心理学的生物基础。因此,虽然母亲的三个兄长都毕业于南京中央大学,而且当时去北京要从香港乘船北上路途遥远,但出于对心理学专业的执着探索,母亲仍然选择了清华。

青年时期的李卓宝

清华大学在学校建设之初,就设立了心理系,是我国 20 世纪前半叶最有名的心理系之一。此前中国的大学向来把心理学专业放在人文社会科学系里面,既不在理学院,也不是独立的心理系。把心理学放在人文社会科学院只能研究心理学的应用,即应用心理学。院系调整以后,清华心理系调到北京大学,也仅是哲学系的一个专业,而不是一个独立的系。这使当时的清华心理系的师生很怀念清华。而清华的心理系则在理学院,强调脑、神经、内分泌等人体科学,因为这是心理学的重要生理基础;还强调要以物理学、化学和生物学为理论基础和分析方法,来研究心理学。母亲在读心理系时,一二年级就专修了不少生物系的课程,所以专业底子非常好。解放前夕,母亲还只是大学四年级学生,当时的心理系主任孙国华和周先庚教授就给母亲在生物馆专设了办公室,让她能够独立地与不同专业的同学进行研讨并进行科学实验。母亲的老师们希望她毕业后留校接他们的班,与他们一起研究、发展心理学专业。然而新中国成立之初,百废待兴,国家对她有更大的需要。母亲后来多次尝试重返心理学研究都未能实现,这也成为了她的终生遗憾。

关于母亲为什么加入中国共产党,从母亲家史这一章可以得知。母亲在家中排行最小,所走的路径与她的兄长十分不同。抗日战争时期家庭的遭遇和在受殖民统治的澳门生活 7 年的经历,彻底改变了母亲的命运,并深深地影响了她安身立命的选择。后来母亲在清华不但能够继续钻研心理学,还找到了她毕生追求的目标和理想。母亲在 1946 年进清华前就已经通过从重庆回澳门探亲的舅舅李卓荦,听到了很多有关共产党的所见所闻,她还接触和阅读了荦舅带回的一些解放区的出版物,对共产党既好奇又钦佩。进清华后,母亲开始重新审视自己的基督教信仰,开始了解马克思主义理论,入学不久就参加了一系列地下党组织的学生运动,如反饥饿、反内战游行等。但母亲并未急于加入地下党及其外围组织,这有两个原因:一是她要搞清楚马克思主义是什么,二是她对心理学专业的执着探索。为了搞清楚马克思主义是什么,母亲在地下党组织的图书馆仔细地研读了马克思主义思想著作。在这之前,母亲认为人文学科的思想或主义都“不科学”;读了马克思主义著作之后,母亲为其思想、立场、方法所折服，感到辩证唯物主义和历史唯物主义思想很有道理：社会必须要为大多数人服务，这是一个人安身立命的根本，而辩证法是认识事物的科学方法。马克思主义不是教条而是科学理论，不同于任何宗教和神学。在经过深刻的思考之后，母亲放弃了基督教信仰，发现马克思主义是摆脱殖民主义统治和帝国主义欺凌的唯一理论，从此接受并开始坚定地实践马克思主义思想。母亲就这样在清华找到了人生理想和能够实现这个伟大理想的组织。值得一提的是，当时母亲的海外兄长通过在北大英文系读书的母亲的堂姐李丽棠和她的同学，多次劝母亲与她们一起出国。但母亲留在国内的决心已定，她选择了一条截然不同的人生道路，成为了一名坚定的马克思主义者，一生知行合一，自始至终地忠实于自己的理想和抱负。母亲的这个选择还同时感染和影响了她的哥哥李卓立和姐姐李卓美。1949 年 2 月，母亲加入中国共产党。解放初期，母亲是清华妇女工作小组的组长，负责女教师、女职员、女学生和校外的妇女工作。记得母亲给我们讲解放初期她们做过妓女从良的工作。1949 年 12 月 10 日至 16 日，母亲作为中国女学生的唯一代表，参加了第一个在新中国举行的国际会议——第一届亚洲妇女代表大会，会议通过了《关于争取妇女权利的决议》等文件。而后北京市第一届妇联成立，母亲被选为北京市妇联常委。1951 年，母亲任清华团委副书记兼团委组织部长。母亲的求学经历也是个人立心立命的历程，期间她找到了探索和实现民族复兴之路理想的组织——中国共产党。

## 四、工作经历

母亲从未放弃返回心理实验室做研究的梦想，却不得不长期干行政。这首先是因为解放初期中国的教育普及情况这一大背景。中华民国时期，受教育体制以及连年动荡的社会局势影响，教育普及长期得不到落实。到 1949 年，中国总人口 5 亿多人中有超过 4 亿人是

壮年时期的李卓宝

文盲,文盲率高达约80%。其中绝大多数是工人、农民,而文盲妇女又是工农文盲中的大多数。母亲常说:“列宁讲,只要妇女不解放,一个社会就不可能真正地解放。”当时带我长大的蒋阿姨是个寡妇,丈夫是个矿工,因事故死在门头沟的矿井里。蒋阿姨能干聪明但是不识字,在我妈妈的鼓励下,她是第一个在清华北院摘掉文盲帽子的阿姨。

当时中国最大的城市——上海市郊外黄渡地区的青壮年中,81.4%为文盲。在贫农、下中农家中找不到识字的人。如黄渡地区沈家浜村1949年前有24户人家,其中有19户三代都没进过学校,各家连一支铅笔也没有,写封信都要去4里地以外的镇上求人代写。当时全中国的小学仅有28.9万所,在校学生仅2368万人。1949年9月,中国人民政治协商会议第一届全体会议通过的临时宪法性质的《中国人民政治协商会议共同纲领》要求,加强劳动者的业余教育和在职干部的教育。学校必须向工农开门,新教育要以老解放区的新教育经验为基础,吸收旧教育中的某些有用经验,借助苏联教育经验。

在这个大背景下,高等学校要增加工农学生的成分。根据苏联的经验,清华大学于1951年9月成立了清华工农速成中学,这是中国教育史上从未曾有过的学校。当时希望经过三年补课,大部分学员能够进入大学。该校的第一批学生共288人,90%以上是党员团员。其中包括参加过长征的老红军,抗日战争和解放战争中的英雄人物和官兵,还有来自全国各省市的劳动模范。这批人经验丰富、政治素质好,学习十分努力,但年龄大、文化基础弱、家庭负担重。繁重的学习压力使一些学生患上了神经衰弱,有人中途退学,总之问题很多。1952年10月,蒋南翔伯伯被任命为清华大学校长,他针对工农速成中学的重要性和问题，劝说我母亲留在清华担负起培养这批特殊学生的责任，把学校办出水平、办出成绩，找出一条有特色的教育路径。对母亲来说，这份工作是让教育为社会大多数人服务，她感到十分神圣和紧迫。

当时工农速成中学的概念是跟苏联学来的，但是中国的国情不同，这些工农干部的认知和学习过程有其特殊性；另外，学习理工科比文科难度要大很多。对母亲来说，这每一项新任务就是一个新的与心理学有关的研究课题，而她在清华工作的平台就是一个大实验室。母亲与那个时代大多数革命知识分子一样，有革命的一面，也有求知的一面。母亲一生虽没有机会全职投入她的专业，但是她做的每一件事情，都显现出实事求是的态度，以及心理学和生物学中所用

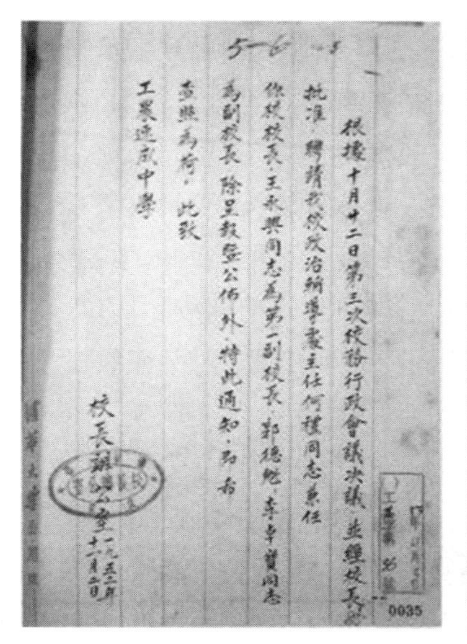

根據十月廿二日第三次校務行政會議決議，並經校長
批准，聘請我校政治輔導處主任何禮同志兼任
你校校長，王永興同志為第一副校長，郭德魁、李卓寶同志
為副校長。除呈報[illegible]公佈外，特此通知，即希
查照為荷。此致
工農速成中學
校長辦公室 一九五三年十一月二日

关于聘何礼兼为工中校长，王永兴为第一副校长，郭德魁，李卓宝为副校长的通知（1953 年 11 月 2 日）

清华工农速成中学历任校长与副校长

研究方法的影子。母亲用她的专业知识,以不断发现、研究和解决新问题的态度来对待和处理工作中所遇到的各类事件。

母亲是一个有思想和抱负的学者,对权力和名利很淡漠,事必躬亲、知行合一贯穿始终,不为上、只唯实,以下是几个例子。1952 年至 1954 年,母亲任清华工农速成中学副校长兼党委书记。母亲是学心理学的,对教育心理学自然手到擒来。她上岗后就马上开始调查研究学生的情况。她发现大部分学生只有小学二三年级的水平,若按苏联的三年学制和经验,用三年时间补六年的中学课程十分困难;而且考虑到中文不是拼音文字,学起来时间比较长;另外中国工业化水平比苏联低,工农干部文化水平也低;因此不能照搬苏联的经验。母亲做完学生的调查之后就开始做教师的调查。老师们也普遍认为用三年时间完成六年的任务太困难了,很多老师还因为学生水平参差不齐很难教而焦虑。加上所用的教材是普通中学的教材,必须进行压缩,但如果把几个定理合成一个定理来讲,学生消化起来就会更困难。母亲认为,如果要解决这些问题,就必须延长学制,改教学计划、改教材、改课程设置,同时也要考虑师资配置。但当时的学制、教材和课程设置等都由教育部规定,于是母亲找到蒋南翔校长商议,蒋校长十分同意并支持母亲的想法,认同应该实事求是、保证教学质量,同意将学制延长为四年,教学计划、教材、课程也统一调整。蒋校长还对我母亲说:“干好了是你的功劳,干不好是我蒋南翔的责任!”在蒋校长的支持下,清华大学率先进行了工农速成中学改革,教育部工农教育司司长来视察后又把清华的经验推广至全国。后来清华工农速成中学近半数以上的学生考上了大学,其中 34% 通过统考考入清华大学,还有几名学生考上了留学苏联的留学生班。而没有上大学的学生,也提高了文化水平,回到工作岗位发挥更大的作用。20 世纪 60 年代,清华附中的成功就是借鉴了这次“少而精”的教学实践经验，这次教育实践对如今的成人继续教育和第三世界国家人才培养仍具有借鉴意义。

清华大学工农速成中学54级四班毕业留影（1958年）
前二排右七为李卓宝、右六为万邦儒（1960年代清华附中校长）

清华大学附设工农速成中学创建六十周年合影
（2011年4月）（前排右七为李卓宝）

1954年，工农速成中学最后一届招生，这届毕业生毕业以后学校就停办了，很多师资都并入清华附中。1957年，工农速成中学最后一届毕业生即将毕业，母亲也准备去北大返回她久久盼望的心理系搞研究，因为当时心理学研究多是学习苏联，这与清华以前以美西方为主的心理学研究不同，新的学习方向很吸引母亲，从清华调到北大的心理系教授也已请母亲抽空到北大听课并准备参与实验和研究。但就在此时，另一个重要的任务又在等着她。清华经院系调整以后，清华的理科基本转到了北大，而工科大学没有理科，会把学生培养成没有理论基础的实用人才。如何搞好基础部，直接影响到我国工程技术人员的培养质量。面对这个十分艰巨的问题，母亲不得不再次放弃心理学研究，1958—1966 年，母亲接任清华大学基础部副主任、党总支书记。母亲的工作作风向来是从研究实际问题入手（这与她接受过的心理学专业训练很有关系），经调查研究她发现了四个问题：(1)关于基础课要适应专业的问题，就是基础课与专业课的关系。(2)关于基础课和应用学科的问题，也就是理论与实践的关系。(3)关于基础课如何反映现代科学技术发展的问题，就是古典理论与现代科学发展的关系。(4)基础课怎样用辩证唯物主义来指导改革的问题，就是哲学与自然科学理论的关系；对这四个问题的提出、讨论和解决在当时是很有前瞻性的。1961 年，母亲与江丕权教授为此撰写《关于基础理论课教学工作》一文，文章刊登在当时很有影响力的《红旗》杂志上，面向全国推广，对全国高等学校教育质量的提高起到了很大的作用。除了需要厘清理论问题，清华理科的师资也面临很多问题。清华大多数工科专业与国防工业有关，因此一些有历史背景或社会关系比较复杂的教师就都在基础部。这些学者业务好，但政治背景复杂。听母亲讲，当时基础课教研组有一位教师，俄文水平非常高，但曾在日本特务机关工作过，因此很多人不同意让他教俄文，认为为日本特务工作过的人怎么可以教我们的青年学生呢。母亲只好劝说反对的人：现在很缺基础课老师，这位老师尽管历史比较复杂，但已经向组织交代过了，他的俄文这么好，应该团结教育他们，使他们成为社会主义的知识分子。1957 年正值“反右”时期,清华基础部的领导班子和教师中很多人都被划成“右派”。当时整个思想环境比较“左”,如何执行党的知识分子政策并为国家建设培养出高质量的工科人才事关重大。面对这些问题,母亲带领基础课党总支带头撰文《清华大学物理教研组对待教师宁“左”勿右》,这篇文章在 1958 年 12 月 22 日得到了毛主席的批示,这为全国高校一大部分知识分子得到重用、为新中国培养一大批高质量的工程技术人才以及落实当时党的知识分子政策起到关键作用。

1961 年,国家面临经济困难,粮食短缺,每个人吃饭都是定量分配,学校发现女生的身体健康状况十分糟糕。当时清华党委中只有三位女性,两位是解放区来的老同志,母亲年纪最轻。尽管母亲在基础部的工作已经十分繁重,但由于母亲在解放初期做过女生工作又做过妇女工作,因此还兼管清华大学的女生工作。蒋校长对她说,女同学不仅是中国未来的红色工程师,她们还将是共和国的母亲,她们的健康状况直接影响到我们的子孙后代;母亲可谓是“奉命于危难之间”。与以往一样,她从调查研究入手,发现问题不少:70% 的女生有闭经病,60% ~ 70% 的女生有浮肿。母亲与校医院妇科主任商量诊疗方案,妇科主任连称这么大面积太难了,之前从来没有这方面的治疗经验。但母亲坚持调查研究,最后发现问题所在:(1) 当时的政治气氛较“左”,宣传男女都一样,男同学能干的,女同学也能干,所以女同学在月经期间也不愿意说,跟男生干一样重的体力活。(2)学校的男女生宿舍都是一起建的,男女生宿舍的厕所厕位一样多,这样一来男同学的厕所够用了,而女同学却不够用,每天早上都为了上厕所排队,有些女生排不上队就憋尿,结果就憋出病来了。(3) 因为国家经济困难,学生吃饭都是定量的,而且男女一起,男同学的饭量大,女同学的饭量小,吃饭时,男同学的主食吃得非常多,女同学则吃得少;菜本来就不多,偶尔有肥肉,女生又不爱吃,男生则无所谓,说“你们不吃,给我们吃”;结果女同学的主食不够,菜也不够,营养跟不上都生病了。因为医生说没有见过这么大面积的妇科病,母亲只能自己解决,先去查文献,发现英文文献中没有,只有俄文文献上有。在苏联卫国战争时期,苏联有大量妇女因营养不良得了妇科病,但文献中没有治疗和解决方法。于是母亲带着校医院妇科主任和学生干部到协和医院找林巧稚大夫,林大夫说:“这是大面积营养不良引起的病,这么多女同学患病这么长时间可不是小事,得赶紧治疗。从营养学上说,女生跟男生吃的东西应该不一样,女生应该多吃种子类的,如豆子、花生、芝麻。你们回去想办法给女同学增加这类营养,女生吃足了,健康情况就会好起来。此外在目前这种情况下,我建议不要再让女生参加重体力劳动。另外女生不能长时间憋尿,时间长了就会憋出妇科病。”为此,母亲建议办女生食堂、增加女生宿舍的厕所,并且在学习和工作上照顾女生的特点,这些建议得到蒋校长的大力支持。当时干这几件事阻力很大,引起的争议也不小:后勤觉得很麻烦,不太愿意干;女生也反对,说男女都一样;有些干部也说不能搞特殊化,还说这会助长女同学的“娇气”。最后在母亲的坚持下,决定先开办一个女生试点食堂。在试办过程中,母亲要求后勤给女生少供肥肉,多供豆类食品,有豆腐先供女生吃。女生食堂基本上能根据女同学的特点做菜,还在主食方面做了许多花样,女同学都能吃到八两以上。一段时间后便见到成效,女同学的健康很快好转,不少女同学的月经马上就来了。基于这段女生工作经验,1965 年学校正式通过女生工作条例。就因为这件事情,在“文化大革命”中,母亲受到体罚和大批判。

1949 年以后,父母对中国的教育制度有一个共识,认为当今世界主要有资本主义教育和社会主义教育两种教育制度。资本主义教育与社会主义教育有共同的地方,也有质的区别。二者在同社会主义生产力发展相联系的地方,特别是在知识传授方面是有共性的,但在同上层建筑联系的部分是有区别或者是对立的。现代中国教育制度有一个不断演进的过程。解放前是半殖民地半封建教育,又由于科举制度传统,属于精英教育。中国虽然经历了五四运动,开启了新民主主义革命,但当时的教育制度并没有注重提高全民素质。解放后,我党对接管过来的教育制度进行了社会主义改造,又由于教育存在一些共性特点,所以对待旧教育体制,既不能全面否定,也不能全面继承。例如教育的对象不能只是精英,教育还须同时向工农大众敞开大门。

当时正处于"冷战"时期,若要建设社会主义,走工业化发展道路和建设强大的国防,需要大量地、低成本地、有效地培养一批助力实现社会主义工业化和适应现代化发展的专门科技人才,因此提高全民素质必须先行。为此,"文化大革命"之前 17 年的教育为新中国的工业体系建设和发展输送了大量的人才。由于任务紧迫、目标明确,专业设置及教学方法要直接与生产劳动实践和应用相结合。实践证明,改革开放以来,中国建立起的强大工业基础与当时适合中国国情的理工科高等教育是分不开的。若没有理工科教育的支持,工业基础建立不起来,中国也不可能成为如今世界的制造业大国。但遗留的弊端是当时因国家经济落后只能注重专业训练,对学生的全面通才培养力度不够。

1978 年改革开放以后,中国要在全球化的开放条件下办教育,又面临着两个教育制度——社会主义教育制度和西方资本主义教育制度的共性和区别问题。对西方教育的长处应结合我国的国情和新的发展目标,有所选择地吸收。同时,要实现现代化目标,就急需培养有创新能力的人才。创新人才的培养除了要与实践相结合,还需要通才教育,培养学生个人的独立创造性,工科学生也要有坚实的理科和人文科学基础。

在这个大背景下,母亲觉得有两件事她有能力做:一是建立清华教育研究机构,二是筹建清华的理学院。1980 年初,清华不少同志提议母亲进校常委,父亲对母亲说:“夫妇两人都在常委不合适,周总理和邓大姐就是先例。”后来父亲离开清华后,林克(1977—1984 年任清华党委书记)请母亲“出山”担任清华纪委书记,母亲拒绝了。同时也有其他高校想调母亲去担任领导职务,她也拒绝了。母亲不愿意离开清华,最大的原因是她想总结清华的教育经验。为什么要在清华搞教育研究呢?母亲从 1957 年到 1966 年,一直主持基础部的工作,期间清华基础部几乎在每次运动中都受到很大冲击,常常被批判为理论脱离实际。当时教师面对的问题是基础理论课与专业课的衔接问题,学生刚入学校,也不知道将来的专业是干什么的,因此关于先学专业课还是先学基础课有很大的争论。这其实是一个如何按照认识论的规律,理工结合培养高级工科人才的问题——只有依靠雄厚的理论基础,才有能力研究新问题,才可能创新。

蒋南翔校长去世前几天,找母亲去谈话。蒋校长说:“我们在五六十年代,在很短的时间内培养了大量的工科技术人才,为国家的工业发展做出了重要贡献。但这工作还没有完成,最好能总结并上升到理论。你一定要把这件事做好。你创建教育研究机构我很支持赞同!”

中国历史上的教育机构大多都在师范大学,研究的对象主要是基础教育,清华是第一个设立教育研究机构的工科大学。清华教育研究院与师范大学的不同在于,主要研究高等教育的规律性,研究社会主义大学的特点,研究中国理工科大学教育特点,研究中小学与大学衔接的问题。要做好这些工作,必须总结中国过去在教育上的历史经验,只有站在历史的延长线上才能走得更远。当时清华很多知识分子或干部都调离至外校担任更高的职务,母亲却坚持在清华办教育研究机构,因为蒋校长的委托和她在清华的使命尚未完成。当时没人能理解她,也没人愿意跟着干,只有江丕权叔叔——母亲在基础部多年的同事和朋友,认同这个任务的重要,江叔叔也辞掉了力学系副书记的职务与母亲一起专攻教育研究。1979 年 10 月,清华建立教育研究室;1985 年 11 月,教育研究室扩建为教育研究所。教育研究所成立后,母亲出任第一任所长并任教授研究员,连续十年亲自承担国家哲学社会科学“七五”“八五”有关高层次科技人才培养试验与研究的重点研究项目,担任项目总负责人。1991 年 4 月,她主编了“七五”的研究成果《继承与发展:新时期清华大学教育改革试验与研究》,于 1993 年获中国高等教育学会优秀科研成果一等奖。1997 年 8 月,她又主编了“八五”研究成果《坚持与超越:理工科大学培养人才的基本特征及其途径的研究与实验》,此书于 1996 年经全国教育科学规划领导小组的专家鉴定,认为“在国内同类研究中居于领先地位”,并于 1999 年获全国教育科学优秀成果一等奖。

20 世纪 80 年代,清华筹建理学院,李传信叔叔(1984—1988 年任清华党委书记)请母亲担任清华理学院筹备小组组长,因为当时清

清华大学心理学系复系大会合影(2008 年 10 月)

(前排右四为李卓宝、前排右六为贺美英、前排右八为顾秉林、前排右九为王大中)

华的数理化等理科课程都在基础部,还希望她以后可以担任理学院副院长。母亲则首先恢复重建了物理系,与此同时,母亲还是清华大学唯一一位留校的心理学系毕业生,她又着手复建清华心理学系,这一过程凝聚了几代清华人的努力——母亲身负两位恩师孙国华先生和周先庚先生的嘱托以及她自己的愿望。母亲认为,要恢复心理学系,首先要建生物系,为此她一直致力于恢复生物系和心理学系的工作,并追踪心理学领域新的学科发展点。

为了直观了解、借鉴西方教育经验,母亲于 1980 年 5 月作为清华大学访美代表团成员考察美国教育;1986 年 1 月,率教育代表团赴香港考察;1990 年 6 月,作为中国教育代表团成员赴德访问;1991 年 6 月,作为中国教育代表团成员访苏,并在莫斯科召开的中苏高等教育改革研讨会上宣读论文《坚持社会主义方向,全面提高教育质量》。

清华大学访美代表团合影(1980 年)

(左起:李卓宝教授、刘达校长、高景德校长、张光斗教授)

在母亲的努力下,1987 年,清华大学成立了中国高校最早的学生心理咨询中心,帮助许多青年学生解决了心理健康问题。在清华大学复建心理学系时,母亲提供了许多宝贵经验和建设性意见,起到了重要作用。记得父亲曾经说过,新中国成立后有两个学科没能得到足够重视:一个是经济学,一个是心理学。回顾历史,中国心理学的发展十分坎坷。清华在心理学领域起步很早,如果没有各类干扰,中国的心理学水平现在在世界上应是很超前的。改革开放以后,母亲了解到西方的心理学发展很快。她知道,心理学看起来是行为科学和认知科学,但本质上是以脑神经科学等理科专业为基础的。这是 21 世纪的前沿科学,是对理科、工科,人文科学、社会科学,医学和教育学都具有推动力的基础学科,影响到全民素质教育、创新质量和总体国力提升,所以母亲晚年还急切地建言清华建立以脑神经科学为基础的脑认知学科。中国已不是一个一穷二白的国家,搞好基础科学才能有原创能力——这是母亲一生的愿望。

母亲历来注重历史,在她看来没有历史,就没有未来。母亲有记笔记和写日志的习惯,她常说要时时刻刻注意积累历史资料。我小时候喜欢看母亲做学生时的笔记,特别是生物课所画的解剖图,她的笔记清楚细腻。但母亲的学习笔记连同她十七年的清华党委会会议记录笔记都在"文革"中被一扫而空。"文革"以后她参加了许多有关清华校史的编写工作,从清华的地下党革命史、清华校史、解放以后清华工科教育的历史经验,到清华工程物理系人才培养的历史和经验。

母亲一直非常关心教育学院的发展,希望学院能为国家培养出高精尖的教育学人才。她有一个习惯:每星期五下午,必须定时浏览清华的网站并做笔记,追踪清华发展的新动态。母亲晚年时,清华校领导和教育学院的领导每年都来看望她,请她讲述教育学院成立发展的理念和经验,以及对时局的看法。

2001 年 12 月，清华大学邀请部分清华地下党老同志回校座谈，征求对《清华革命先驱》一书编辑内容的意见，会后在工字厅合影
（左起，第一排：樊恭烋、白祖诚、熊向晖、郑天翔、陈舜瑶、何东昌；第二排：白永毅、许京骐、李传信、孙仲鸣、庞文第、赵斌；第三排：徐振明、陈秉中、王浒、解沛基、□□□、叶宏开、李卓宝、张再兴、徐心坦、承宪康）

李卓宝与校领导贺美英（左一）、方惠坚（右一）及钱锡康（后）合影（2014 年）

母亲与校领导陈旭（2015 年）

李卓宝与教育研究院领导（2019 年）
石中英（左一）、刘慧琴（右图后排中）、李曼丽（右二）、赵琳（右一）

## 五、母亲是怎样的人，怎样的母亲和妻子？

小时候我们都知道母亲乐善好施，母亲与所有在我们家做过事的阿姨都处得非常好，她们家里有困难时母亲经常接济她们。记得我小的时候，有个阿姨把从我父亲老家带来的核桃藏了一部分在抽屉下面，再偷偷带回自己家去。母亲知道以后，不但没有说阿姨，还装了一包给她。后来，这个阿姨在我们家做事的时间最长，待我们像她的亲生孩子一样。母亲很理解贫穷造成的后果。从小她就给我讲苏联教育家马卡连科的故事：十月革命胜利以后，苏联有很多流浪儿童，造成了严重的社会问题，马卡连科成功地用爱心和教育改变了这些孩子的命运，使他们变成对社会有用的人。这对我以后的教育理念产生了很大的影响。人是环境教育的产物，是可以改变的。母亲一生念念不忘她的心理学，我生了儿子，家里有了第三代，母亲知道后十分高兴，第一句话就是："这可太好了，我又可以做儿童心理测试了！"

母亲很善解人意，会团结人，口碑也很好。她在清华大学基础部做党总支书记时，每到家里吃饭时，来找父母谈工作的人非常多。除了与工作有关的事情，母亲还帮助教师调节家庭矛盾和解决生活问题。作为党总支部书记，母亲采用心理咨询师的方法来做思想工作。"有高山者必有深谷，有奇才者必有怪癖"。基础部个别教师业务很好，但是生活和社交能力比较弱，常人看来比较"怪异"。记得有个老师来拜访母亲，敲门后在门口放了一棵大白菜和一棵葱就离开了；有位老师打电话来，说完"毛泽东思想永放光辉"就把电话挂了；还有位老师，常常在寒冷的冬天也照常穿着背心裤衩在清华跑步，有一次他披着被面跑到颐和园打电话要母亲去接他。母亲常说这些人业务都很好，当他们的注意力过于集中在一个地方时，就忽视了其他方面。母亲还说太聪明的人思想活跃、有奇才，但有时不太稳定，容易产生一些心理问题，要及时发现和干预；要学会挖掘一个人的优点，招贤纳士、海纳百川、博采众长。母亲做领导时，都能根据他们的特长，让他们在工作、科研和教学上发挥作用，帮助他们解决生活上的困扰。记得有一次，有位教师来找母亲，说他的爱人去校外开会让他自己煮挂面。他十分为难地问母亲怎么办，因为挂面很长，而锅的直径很小,如何放进去煮呀?! 我们听了都觉得很可笑,但是母亲却很耐心地帮助了他。

母亲小时候在澳门的生活经历影响了她的一生:她不但家国情怀比一般人重,而且出奇地节俭。母亲晚年时还保持着在澳门的一些生活习惯。澳门缺乏淡水,以前的北京也缺水。为了节省用水,她每天总是把刷牙和洗脸的水都存放在一个脸盆里用来冲厕所。后来北京有了南水北调供水,她还是坚持这种节省的习惯,谁说了也不听。母亲晚年有严重的骨质疏松症,90 多岁的老人每天端着一脸盆水冲来冲去真是很危险。为这个事情,我们姐弟三人常和母亲发生矛盾。母亲还十分节省纸张和铅笔。家里所有的纸,包括写过字的纸,只要还有能写字的地方,她就把它裁剪成小块,订成一个小本儿,用来记账和记事;每只铅笔头也是短得手都快捏不住了还在用。母亲晚年仍然保持着不断学习的习惯,还很关心人工智能、基因编辑等这些新的学科进展。母亲的晚年生活很有规律,她总说她很忙,每天计划的事都干不完。她每天坚持读书看报,每周五下午定时上清华的网站,拿着她的小记事本记录总结在网上看到的信息。每天晚上上床以前,总要把一天所看到和听到的新东西、新观点,记录在废纸

晚年工作中的李卓宝

订成的小本上,再把这些零星的信息整理成日志。无论多晚,不完成日志,她就不上床睡觉。记得三年前一个冬天的晚上,有人跟她打电话到 11 点,之后过了 12 点她的房间还亮着灯,我进去一看,她还在整理日志。

在清华园里,据我们所知,母亲是少有的几个始终如一的人——她的发型如同她的信仰自始至终都没有变过。1966 年"文化大革命"开始时,我刚满 13 岁,晓杲 12 岁,晓涛只有 8 岁。那是不堪回首的十年:父母频繁地被抓走、游街、关押和体罚,亲眼看到父母当众受体罚的滋味是最难受的。清华许多教授自杀身亡,在学校里我们还目睹附中的万邦儒校长、韩家鳌和杨涤生副校长(妈妈在工农中学时的好友和同事)都被打得遍体鳞伤。我们这些出身不好的子女也受到了许多刁难和体罚。家里也被抄过好多次,成套的历史书、文学著作、传记以及现金、值钱的东西全部被抄光。父母的存款被冻结、工资停发,我每个月要到生物馆红卫兵总部去领全家的生活费,每人 15 元。每次去领钱都要受到盘问,要我交代父母在家的表现。我开始有些害怕,后来就习惯了。相当长的一段时间里,我们的父亲被关押着生死不明。母亲被放出来以后,早出晚归地在建筑工地当架子工人,接受"劳动改造"。冬天的北京,风沙又大,天气又冷,母亲晚上回来,遍布血迹的手上裹满了胶布。母亲不但没有怨言,还教我新学来的本事:如何用很粗的铁丝外加一个大铁钉来捆绑施工时用的高大脚手架。在这期间母亲常说:"生活上要知足,知足者常乐。只要我们一家人活着,就是最大的胜利。相信党,相信群众,相信历史的大趋势,好人自有好报。"母亲还常对我说:"你是家里的老大,要做好'带头羊'! 人生本来就是不平坦的,要借这个机会好好锻炼自己的坚韧和定力。"由于母亲随时都有可能再被抓进去,所以家里的钱一直由我来管。母亲常说要学会节省,每次打鸡蛋,她总是很细心地把剩在蛋壳里的蛋清用食指刮干净才丢掉。她还教我如何管钱:"如果你有 1 毛钱,最多只能花 9 分。这样你总有剩余,你经济上独立,就不必去依靠他人。你若花 1 毛 1 分钱,好像只多花了 1 分钱,但在经济上就丧失了独立性,(要)借钱去靠别人。”艰苦的日子让我们一下就长大了。

清华和北大的干部虽然是最早被打倒的一批,但不久全国几乎所有的干部和教授都被打倒了,所以我们也不觉得那么被孤立,但是 1972 年那次冲击就非常不一样了。当时全国开始恢复高等教育,从工农兵中招收大学生。父母对遭到“文革”破坏、瘫痪了六年的高等教育忧心忡忡,为了彻底扭转局面,他们夜以继日地工作并多次发言。为早日恢复高教水准,父母当时根据周总理的指示,恢复了基础课,以加强大学生的数理化基础教育。就在这时,在清华大学的“四人帮”代表迟群一伙就理工科大学教育开始攻击自然科学的基础理论课(基础课)。他们把按照学生认知规律总结出来的课程设置“基础课-技术基础课-专业课”的次序诬蔑为是“颠倒人们认识规律的老三段”“先验论的产物”“认识论的倒行论”“孔德全科教育的翻版”等等,这些论调在今天听起来荒谬无比。他们还砸烂了基础课的实验室,把实验室的设备连同多年积累起来的教学资料通通送进了废品公司,却把“典型产品组织教学”的新体制捧上天,无条件地强迫推行。1973 年年底,“四人帮”出于反周总理的阴谋在清华大学发难,掀起了所谓“反对修正主义复辟回潮”的运动,给基础课扣上了“杀人不见血的软刀子”这顶帽子。到 1977 年初,他们就一直没有停止过打击母亲负责的基础课,但母亲和父亲只是为了保证高等教育的教学质量,为了国家百年树人的大计:因为基础搞不好,学生后面学专业课就会很困难,学习质量会受到严重影响。母亲为此还开办了基础理论的研究班,这一下可得罪了许多所谓的“革命派”,最直接的就是当时“四人帮”在清华的代表——迟群和谢静宜,他们认为这是教育战线上的“右倾回潮”,为此我父亲成了否定“文化大革命”的

“急先锋”,成为为了挽回“文化大革命”对教育的破坏而被第二次打倒的教育界第一人。不久,“四人帮”在全国掀起“反击右倾翻案风”思潮,邓小平同志也被再次打倒。1973 年冬天,我从东北回家探亲,母亲和父亲认真地找我谈话。当时他们的思想相当沉重,告诉我他们这一次的问题比 1966 年的要严重得多,可能要长期做阶下囚,并且在他们的有生之年都不可能再翻案。他们认为,从历史上看,坚持真理的人常常是少数,且很少能在有生之年被人们所认识,所以要有“横眉冷对千夫指,俯首甘为孺子牛”的精神。他们说,人活着就是要有理想,要为理想献身,这包括被人误解;坚持真理不是口号,是要付出代价的,而且他们的政治生命很可能将会影响我们的未来。1974 年的春天是寒冷、黑暗、漫长的,那一年我就读的吉林工业大学(现吉林大学)也在抓何东昌式的代表人物。我(晓红)的满头黑发一下白了近三分之一。可怜的弟弟晓涛头发一块一块地脱落,当时他还不到 15 岁。今天我们也是为人之父母,设身处地地想一想,大难当头时,儿女的遭遇往往比自身的磨难要难熬。回想起来,父母当年真不知道是怎么挺过来的。

在这样的情况下,父母仍奉行“己所不欲,勿施于人”,宽厚待人、严于律己。“文革”的经历使我对“文革”中整过我们父母的人,难以放下旧恨。有次,一个人来家里讨论工作,这个人“文革”时跳得很高、十分凶狠,我忍不住对他翻白眼。事后,母亲在饭桌上当着弟弟妹妹的面,耐心地对我说:“一个人要对己严、对人宽,对整过你的人,只要不是敌人,就要学会宽容大度。古人讲‘宰相肚里能撑船’,何况你知道苦不好受,为什么要别人也去受呢?要学会团结人,团结自己不喜欢的人、反对过自己的人,做到‘己所不欲,勿施于人’,这样社会才能进步,人与人之间才能和睦相处。对帮助过你的人,千万不要忘记别人的恩情和好处。但是当你帮助别人的时候,不要期待什么回报,因为这是你应该做的。”这些点滴的言传身教是我们做子女的一生的财富,使我们终生受益。

我们三姐弟全都出生并成长在清华园。父母因工作早出晚归，能聚在饭桌上吃饭是一家人最难得的时光，饭桌上大多数话题也是父母谈在学校里的工作。我们家的客厅还是父母开会的场所，母亲当时是基础部的党总支书记，总支会常在家里开。会上的话题有时很有趣，从化学、物理的新发现，到数学和外语的教学问题。作为孩子的我们，也被那些似懂非懂的话题所吸引。在这种学术环境的熏陶下，和父母平等地讨论问题、交流思想也成为我们家里的一种文化。同时，我们能感受到父母是一对相亲相爱相敬的夫妇，他们有着共同的教育事业。后来我们姐弟三人各自都有了自己的家庭，但每次回家吃饭，大家还是要在饭桌上讨论上个把小时才算罢休。

改革开放大潮中，教育的发展并非一帆风顺。1995 年我回家探亲时，在饭桌上谈到教育和医疗卫生是公共产品的问题，发现父亲和母亲当时对教育产业化和商品化十分担忧。母亲 1993 年离休后著文(1995 年)写道："学校教育的对象是有生命、有思想的人。在社会主义国家里，人民是国家的主人，学校教育的目的是要用先进的思想、先进的科学技术和进步的文化知识武装青年一代，提高他们作为国家主人翁的觉悟，(让他们) 自觉地发挥自己的才智，为振兴中华、服务于人民、建设社会主义事业和推动社会进步贡献自己的力量。单凭市场机制，会带来盲目性和滞后性，如对基础科学人才的忽视等。教育与经营性质的产业显然不同，这方面应该有清醒的认识。总之，把高等教育产业化、商品化、市场化的提法是不妥当的。"回顾母亲跌宕起伏的一生，无论社会左右摇摆，她始终都没有丢失自己的阵地。

父母一生同行，相濡以沫。回顾母亲的一生，不能与父亲分开，更不能与他们共同的理想和时代分开。父母是在清华认识的，当时母亲是清华团委副书记，父亲是清华党委书记。父亲的家庭与母亲的有很多相似之处。爷爷早年公派留学日本，渴望寻求一条中国复兴和亚洲昌盛的道路。但他回国后,不喜欢国民党的腐败,辞去了国民党军官学校的教职,但又不了解共产党的主张。爷爷一生清高,教了一辈子数学,始终为没能找到报效祖国的途径而困扰。父母继承了父辈关于中华民族复兴的理想,出于自身的历史使命走到了一起。在一个祖国因封建落后备受帝国主义压迫的时代,共同的强国思想成了他们婚姻的纽带,为此他们荣辱与共。父母退休以后,父亲患上了帕金森病,又因腰部在"文革"时被打伤做了手术,行动十分不便。80 多岁的母亲坚持亲自照料父亲,父亲晚上有时起夜七八次,母亲一直坚持陪他上厕所,每周为他洗澡。母亲仍然保持着她的科学态度,为父亲的病情做详细的记录和调药,与病中的父亲一起著书写文章。母亲当时成了父亲的全职秘书、保姆和保持他身心健康的医护。如果不是母亲的细心照料,父亲也不会那样长寿。母亲为父亲晚年付出了很多很多,父亲悄悄地与我说,他一生中最大的幸事是认识了母亲。

何东昌、李卓宝夫妇合影(1955 年)

母亲和父亲在西南联大的同学和挚友钟泉周烈士(1949 年在上海工人运动中英勇就义)墓前

清华大学是父母安身立命奋斗终生的地方,与他们的同龄人一样,他们退休之后仍心系清华,关心清华的进步,为清华的未来和发展献计献策。清华跌宕起伏的历史经历,是他们人生经历的一个重

晚年的李卓宝和何东昌

清华大学校领导祝贺何东昌八十寿辰(2003 年)
(左起:顾秉林、王大中、何东昌、李卓宝、陈希、何建坤)

要组成部分。父母晚年精神上很充实,经常与他们的老校友、老战友等老朋友聚会,后来行动不方便了,还一直保持电话联系。共同的事业和理想伴随着他们这一辈人成长奋斗直到晚年,的确是"革命人永远是年轻的"。

父亲、母亲与宋平、陈舜瑶夫妇

母亲与彭佩云、滕藤和胡慧玲夫妇、汪家璆和王浒夫妇等老校友和老朋友

母亲一生淡泊名利，直到退休她仍然是清华一名普通的基层干部。与她同年和同资历的人职位和官位大多都比她高，退休后待遇都比她好，但她一直不愿做什么“官”，只求搞业务。现在从她的人生

轨迹来看,这是必然的:她学者的态度、科学的方法和对理想的追求贯穿始终。

母亲和父亲与老战友和老校友
彭佩云(左一)和王汉斌(右二)夫妇,何祚庥(右一)

母亲与清华大学基础部的同事聚会

母亲与教育部老朋友、老领导汪明达

母亲与老战友、老朋友汪家璆

教育部老干部局工作人员庆贺母亲90岁生日

中华人民共和国成立以后,母亲有幸参与了三件影响中国命运的大事。这三件事是,劳动人民真正地解放思想成为有自信的社会主人,普及教育使劳动人民成为有知识的劳动者,全方位地在工业革命中奠定基础并最终实现目标;这与其他发展中国家相比非常了不起。然而探索救国兴国之道的过程,充满了艰辛、困难和挫折。中国共产党作为一个以劳动人民为主体的政党,在当时还缺少治国经验,在前无古人后无来者的道路上,一切皆需摸索前行。期间走过了许多弯路,例如“大跃进”“反右”“文化大革命”等等。但有一批有理想、有信仰的老党员,他们不忘初心自始至终为理想奋斗,不是为了

30 亩地一头牛，更不是为了“皇帝梦”，他们的一生证明了他们是推动中华民族复兴和人民解放的中坚力量。1949 年以后，他们的作用更为突出，他们所面临的困难和挫折有些来自敌人，但有些来自党内和民众的群氓行为。历史实践证明，作为那个年代为数不多的知识分子党员，他们选定了一个目标之后，一生都不会改变，因为那是一种理性的选择。他们坚持信仰，做事有历史担当，不会迷信某一人，也不为功名所诱惑。在中国走向民族复兴和推动构建人类命运共同体的进程中，他们不但是促进民族解放和推翻旧制度的革命者，还是中国复兴的铺路人，也是具有国际视野、将先知先觉付诸革命实践的一代知识分子党员。

希望我们的后代了解，在中国这片土地上曾有过这样一代人，他们为了苦难的民族能摆脱外来帝国主义压迫和自身封建主义的束缚，为了民族的解放和祖国的昌盛，而放弃了个人的学术兴趣、追求、机会——这样历经艰辛无私奉献的整整一代人。

母亲一生善始善终，两袖清风，一尘不染。下面是她最后一次交党费的收据和遗嘱。

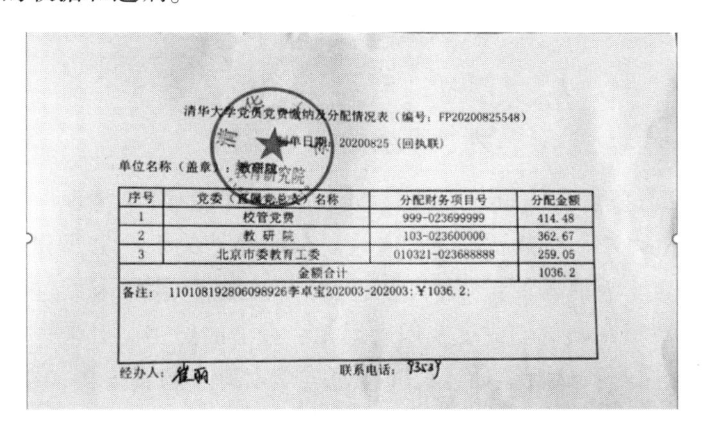

清华大学党员党费缴纳及分配情况表（编号：FP20200825548）

制单日期：20200825（回执联）

单位名称（盖章）：教研院

| 序号 | 党委（直属党总支）名称 | 分配财务项目号 | 分配金额 |
|---|---|---|---|
| 1 | 校管党费 | 999-023699999 | 414.48 |
| 2 | 教 研 院 | 103-023600000 | 362.67 |
| 3 | 北京市委教育工委 | 010321-023688888 | 259.05 |
| 金额合计 | | | 1036.2 |

备注：110108192806098926李卓宝202003-202003：￥1036.2；

经办人：崔丽　　联系电话：93cay

李卓宝的最后一次党费

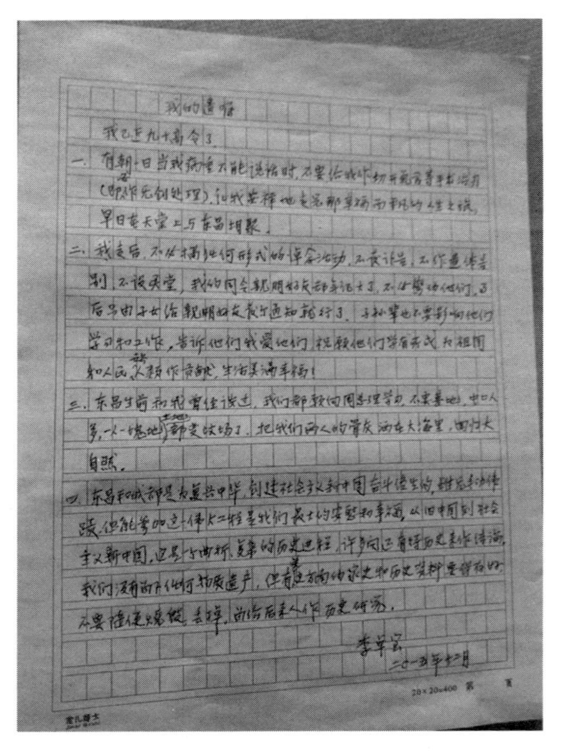

我的遗嘱

我已九十高令了。

一、有朝一日当我病危不能说话时，不要给我作一切抢救等手术治疗（即作无创处理），让我安详地走完那幸福而平凡的人生之旅，早日去天堂上与东昌相聚。

二、我走后，不举行任何形式的悼念活动，不发讣告，不作遗体告别，不设灵堂，我的同龄亲朋好友都年纪大了，不必惊动他们，事后再由子女给亲朋好友发个通知就行了。子孙辈也不要影响他们学习和工作，告诉他们我爱他们，祝愿他们学有所成，为祖国和人民多作贡献，生活美满幸福！

三、东昌生前和我曾经谈过，我们都赞同周总理等的不要墓地，中国人多，一寸一块地都是宝贵的了，把我们两人的骨灰洒在大海里，回归大自然。

四、东昌和我都是为复兴中华，创建社会主义新中国奋斗终生的，我们能参加这一伟大工程是我们最大的安慰和幸福，从旧中国到社会主义新中国，这是一个曲折、复杂的历史进程，许多问题尚待历史来作结论，我们没有留下任何物质遗产，但有些文稿、书信、东昌的日记和历史资料要留存的，不要随便烧毁、丢掉，以供后来人作历史研究。

李卓宝

二〇一五年十一月

20×20=400 第　页

李卓宝的遗嘱

## 六、母亲的十个兄姐

写到这里，我们姐弟三人是以十分复杂的心情来整理母亲兄姐的情况。“文化大革命”时期，这些复杂的海外关系给母亲和我们全家留下过十分痛苦的记忆和心理阴影，当时这些我从未见过面的在海外的舅舅和姨妈们成了我们永远无法澄清的黑锅。后来在我出国前夕，母亲与我认真谈话，反复叮嘱我：李家海外亲属很多，虽然他们都是亲人，但要一分为二来看，在政治上不要受国外亲属的影响，多思考，有选择性地吸收。我出国以后的将近 40 年里，有幸了解了这些曾经给我们带来很多麻烦的海外亲戚和这个华侨家庭的文化。在姐弟中,我是唯一有机会与母亲的十个哥哥姐姐都有过接触的人,也自然成了这个大家庭内部的桥梁。同时,从母亲的家庭历史,可以看出中国与世界的联系,以及这种联系又如何影响并决定了每一个家庭成员的命运,也如何坚定了这个家庭对民族复兴和世界和平的责任感。这一部分先介绍每一个家庭成员的简历,再分享我对这些长辈的印象。因为了解母亲就要了解她的成长环境和家庭,以及她的家人所做的不同人生选择。这是一本活历史,也许对后人有借鉴意义。

顺便提一下,关于本文中母亲和她兄姐的个人简历,都是根据亲属提供的中英文资料。中文出版物,海外各类英文出版物是经过我综合整理和翻译成文的。大部分出处请参考本文最后的《参考文献》。

## 李卓依(1908—1993)

1926—1930 年,南京金陵女子学院外语系,学士。

1933—1936 年,美国加州大学心理系,硕士。

1936—1948 年,加入保卫中国同盟(中国福利基金会)关注儿童犯罪问题,同时在震旦女子文理学院和东吴大学兼教,与雷洁琼教授、严景耀博士、赵朴初先生一起从事犯罪学研究;加入中国民主促进会。

1948 年,南京金陵女子大学社会系兼任副教授。

1949—1953 年,广州岭南大学社会系副教授,晨光中学校长兼教务主任,市三中教导主任。

1953—1993 年,广州华南师范大学外语系教授,广州市人大代表,广东省政协委员,民主促进会广东省委和广州市委委员,民主促进会华南师院支部主任,民主促进会广东省委顾问,儿童心理系教育专家。

我们的大姨妈李卓依是早年出国留学的一批中国女性之一,她为了追求妇女解放和独立一生未婚,这在当时的知识女性中并不少见。我15岁离家去东北上山下乡以后,每年会收到她从广州寄来的二三封来信,她时常在信封里放入一张10块钱的票子。她喜欢嘱咐我如何做人、如何做大姐,告诉我要照顾好父母和弟妹,要懂得自己的责任,千万不要放纵自己。比如说中午吃了两毛五分钱的肉菜,晚上就应该吃一毛钱的素菜。我每次去看她,她都拿出床下的小罐子,把自己节省下来的保存了很长时间的点心给我吃。我有了孩子后,她马上来信,叮嘱我最重要的是要好好培养孩子的性格,要注意培养自信心和独立性。她去世的时候,把她仅有的2万块钱全部捐给了华南师范大学英语系,作为奖励优秀学生的基金。

## 李卓寰(1909—1982)

1928年,广州洁芳女子师范学院毕业。1929年结婚后跟随丈夫程美泉(广东中山县人,毕业于燕京大学教育系,毕业后在广州培正中学任教;广州沦陷之际南迁昆明,在西南联大事务处和总务科工作;1944年任美国炮兵团翻译;1947年在上海善后救济总署工作,1949年后总署归华东工业部,在秘书处工作直到1951年去世)辗转各地。1951年丈夫去世后,李卓寰一直在上海华东工业部(后改名为上海动力机械公司)工作直至退休。

二姨妈李卓寰是"文化大革命"当中我们小孩子最喜欢的上海姨妈,特别是她寄来的包裹。那时父母的工资和存款都被冻结了,家里的生活十分窘迫。由于二姨父早逝,二姨妈在"文革"中没有受到大的冲击。在我们最困难的时候,她从上海给我们寄来我们最爱吃的奶油豆和大白兔奶糖。二姨妈喜欢文学,经常在信里附上自己写的小诗以表达她对时局的看法。二姨父生于台湾,祖父是在台湾做生意的中山县人。二姨父毕业于燕京大学,品学兼优,是“金钥匙”的获得者,还曾在西南联大总务科任职,期间与马约翰伯伯家为邻居,后来马伯伯还与我们谈起这段经历。抗战时二姨妈一家在逃难去昆明的路上,一个儿子被炸死,一个女儿至今不知去向。二姨妈是家中最漂亮的一位,几个孩子都很出众。

## 李卓敏(1912—1991)

1927—1930 年,肄业于金陵大学(1952 年并入南京大学)。

1932 年,获加州大学伯克利分校商科学士;1933 年,获经济学硕士;1936 年,获经济学博士学位。

1934—1943 年,历任中国南开大学、国立西南联合大学、国立中央大学(1949 年更名为南京大学)经济学教授;1938 年 9 月 17 日在香港由西南联大校长蒋梦麟主婚与卢盛文结婚。

1943—1945 年,国民政府为战后经济建设,特派李卓敏赴美国、加拿大、英国,为考察联络专员。

1944 年,任布雷顿森林会议中国代表团专家、芝加哥国际民航会议中国代表团顾问以及伦敦国际善后救济会议中国代表团副团长。

1945—1947 年,任国民政府善后救济总署副署长。

1948—1949 年,中国驻联合国亚洲暨远东经济委员会常任首席代表。

1949—1950 年,任中国行政院善后物资保管委员会主席。

1951—1964 年,加州大学伯克利分校工商管理学教授,兼任国际商业系主任和中国文化研究所所长。

1962—1964 年，经加州大学特别批准停薪留职教学休假 10 年，应香港方面邀请，出任首次组成的富尔顿委员会委员，筹建成立香港第二所大学。

1964—1978 年，任香港中文大学创校校长，为第一位担任本地大学校长的华裔学者，在任 15 年，其间曾三度留任，于 1978 年 9 月底退休；获香港大学荣誉法学博士（1967）、美国密歇根大学荣誉法学博士（1967）、美国匹兹堡大学荣誉社会科学博士（1969）、美国玛规大学荣誉法学博士（1969）、加拿大西安大略大学荣誉法学博士（1970）等学位；1974 年获加州大学伯克利分校颁授海斯国际荣誉奖，1977 年获美国“马克吐温国际协会”荣誉会员；此外又先后获英女王颁赐 O. B. E.（荣誉）勋衔（1967）及 K. B. E.（荣誉）勋衔。（1973），英国皇家经济学会终身院士，克拉克·冠尔荣誉奖（1979）。

20 世纪 70 年代，曾任亚州理工大学（泰国曼谷）校董（Board of Trustees）。改革开放后为清华大学、中山大学、南开大学名誉教授。1982 年 1 月 7 日，香港中文大学“李卓敏基本医学大楼”由港督兼大学校监麦理浩主持揭幕典礼。中国文化研究所前任所长陈方正博士，为了纪念李卓敏博士对香港中文大学及高等教育的贡献，以及表达他对这位创校校长的敬仰和怀念，赠送了一尊李博士的铜像予香港中文大学。铜像由吴为山教授雕塑，立于中国文化研究所的四合院内。2013 年，香港中文大学庆祝创校五十周年，于校庆日（10 月 17 日）举行的第七十三届大会上颁授卓敏教授席予十一位卓越教授。这项新设的教授席以已故李卓敏博士嘉名命名，他是杰出学者及香港中文大学创校校长，为香港中文大学奠下稳固的基础。

大舅李卓敏是对我从工科转学国际工商管理影响最大的两个人之一，另外一位是表姨父王念祖（曾任联合国经济及社会理事会跨国公司中心主任和美国哥伦比亚大学教授）。20 世纪 70 年代末 80 年

近半个世纪后兄妹重逢(20 世纪 80 年代初)
(左起:何晓红、李卓宝、李卓敏、何晓涛、何东昌、何晓杲)

代初,应薛暮桥和老友马寅初邀请,敏舅多次回国讲学。他来我们的清华家里吃饭时,我就觉得这个舅舅十分和蔼可亲,家里大人、孩子们都感受到了他的魅力,他有使每个在座的人都觉得自己很重要的本事。

1934 年到 1944 年,舅舅一直在南开和西南联大教授国际经济学和国际工商管理,当时这是一门对全球化和世界经济发展走向十分重要的学科。大舅是说服我从机械工程转学国际工商企业管理的领路人,后来我在我所任教的大学也创办了国际工商管理系。有幸的是,现在我的侄子——何晓涛的儿子何晟昉也选择了这个专业。

20 世纪 80 年代初,我被公派出国,如同我所有的舅舅和姨妈一样,从加州伯克利开始了我的“西天取经”之旅。我在伯克利的导师是大舅的好朋友哈顿博士(美国商务部前副部长)。在伯克利期间,我用的是舅舅的办公室。记得刚到伯克利不久,舅舅驱车带我来到附近的海滩,我们漫步在通往海里的长长木桥上,他跟我分享了他的人生低谷以及40年代后期回到美国的日子和彷徨。舅舅告诉我,他刚来美国求学的时候,当时也在伯克利,身为华人留学生的他在租房子、买房子、剃头发时都遭遇过“华人与狗不得入内”的闭门羹。他还提起抗战时期与蒋介石政府“道不同不相为谋”的一段经历,发誓这辈子就是八抬大轿抬也绝不去台湾。事情的来由是这样的,1943年,美国总统罗斯福联合第二次世界大战期间的同盟国国家,成立联合国善后救济总署(其名称“联合国”并非指后来于1945年在旧金山成立的联合国,而是指第二次世界大战期间的同盟国参战国家),为被侵略国家提供战后重建的各项物资、医药及经费。1944年左右,受蒋介石及国民政府之命,蒋廷黻与大舅一起筹办中国善后救济总署(行政院善后救济总署),后来蒋廷黻为署长、大舅为副署长,负责接收联合国善后救济总署分配给中国的善后救济物资,对中国遭受日寇侵略的地区开展善后救济活动。直至“二战”结束,该署共向联合国善后救济总署争取了总额超过5亿美元的援助,对国内各地重建与赈济有甚大帮助。1947年,联合国善后救济总署任务结束,行政院善后救济总署因此裁撤。据舅舅说,由于他十分认同并遵循联合国善后救济总署的原则,把善后救济物资同时也分配给了当时共产党所在的解放区,因此被蒋介石政府指控为贪污。舅舅后获时任联合国善后救济总署署长鲁克斯少将(Major General Lowell Ward Rooks)致函支持,对舅舅在任行政院善后救济总署副署长期间推行的救济工作予以肯定,同时联合国善后救济总署派负责人专程赶到南京,单独会见蒋介石,由宋美龄做翻译陈述联合国总会的意见,才为舅舅澄清事实。因经过四五个月查无实据,舅舅终于被撤销指控。此时的舅舅对国民党贪污腐败、嫁祸于人的做法十分反感,从此决心与国民党政府分道扬镳。舅舅与我分享这些时已是风华落幕之年,现在想想,他选择与我分享这些经历而非人生亮点,其实是用心良苦——他是在告诉我在美国的求学和未来的事业之路不会一帆风顺。

舅舅当时对中国的改革开放充满了激情和乐观精神，他曾跟我说："没有一个政党有勇气以这种方式改变它的轨迹！中国正在创造历史。"(No party in the world has the courage to change its course this way! China is making the history.)舅舅在香港任中大校长的时候，英国女王曾两次为他授勋。对一个外国人授予贵族勋位，这在英国来说是十分罕见的。舅舅要我记得，他从来没有去英国参加接受勋位的仪式。他说，作为一个中国人，他绝不会向一个殖民主的国王下跪。1984 年 10 月，舅舅应邀到美国国会就香港回归问题在众议院第 98 届国会能源和商业委员会的对华贸易特别小组委员会听证会上发言。他把自己关在书房里准备发言稿，事后还把发言稿文本送给我留念。在听证会的结尾他是这样说的："关于'一国两制'政策，在这个关头，难道这是中国内地方面为迁就香港的权宜之计，而对中国本身意义不大吗？我的想法是，中国正在摸索按照中国的条件和需求重组其经济的最佳路径，即结合了社会主义和资本主义最佳特征的中国模式，'一国两制'将是一条它所寻求的引领中国走向混合经济的道路，这项政策对中国的未来意味着一切。"(Finally, a word about the policy of 'One Country - Two System.' Is it mainly an expedient on the part of China to accommodate Hong Kong at this juncture that means very little to mainland China itself? My thinking is that China is in the midst of groping for the best way to reorganize the economy that will be in accord with the Chinese conditions and needs, that is, a Chinese model combines the best features of socialism and the capitalism. 'One Country - Two System' is a path that will lead China to the type of mixed economy she is looking for. The policy means everything to China's future.)可惜的是，美国有些人从一开始就读不懂中国模式。我在伯克利时，舅舅喜欢和我一起讨论中国问题。他喜欢在送给我的书上签上他的名字，我收到过一本他 70 大寿时香港中文大学为他出版的纪念文集《香港之发展经验》，现在经过了香港回归的风风雨雨，再回头读那本纪念文集，还感到很有价值。大舅母卢盛文是一位海纳百川的女性，当时在伯克利，她一直希望我能帮助舅舅写自传，但我由于求学心切一直没了此愿，在此也算做个交代。

## 李卓皓(1913—1987)

1929年，考入南京金陵大学数学系，后改入化学系。

1933年，毕业于南京金陵大学化学系，获得理学士学位，留校任助教两年。

1935年，就读于加州大学伯克利分校研究生院。

1938年，获加州大学化学博士学位，并任职于加州大学伯克利分校生理学家Herbert Evans实验生理学研究所。

1938—1949年，任加州大学伯克利分校实验生物学助理教授和副教授。

1950年，加州大学伯克利分校医学院成立荷尔蒙研究所，李卓皓担任所长，并升为生物化学及实验内分泌学教授。

李卓皓当选为数个国家的科学院院士，包括美国艺术与科学院院士(1963)、美国国家科学院院士(1973)、智利科学院外籍院士(1978)、印度国家科学院外籍院士(1984)。他一生曾获10所大学颁赠荣誉学位，包括智利天主教大学医学荣誉博士、香港中文大学法学荣誉博士、美国太平洋大学理学荣誉博士、马凯特大学理学荣誉博士、圣彼得学院理学荣誉博士、瑞典乌普萨拉大学理学荣誉博士以及美国旧金山大学、长岛大学、科罗拉多大学以及宾夕法尼亚医学院等的理学荣誉博士。

李卓皓一生曾获25项以上的科学奖，主要包括1947年内分泌学会汽巴(Ciba)奖、1951年美国化学会奖、1955年美国艺术与科学院艾摩里(Emory)奖、1962年拉斯克基础医学研究奖、1970年美国医学会科学成就奖、1971年美国癌症学会国家奖、1977年美国哲学会刘易斯(Lewis)奖、1979年美国化学学会尼科尔斯(Nichols)奖、1981年内分泌学会柯克(Koch)奖以及1987年第10届美国肽研讨会皮尔斯(Pierce)奖。

1986年，李卓皓回到中国讲学，指导和帮助清华大学重建生物科学院，李卓皓在其领导的荷尔蒙研究所先后接纳和指导了30多个国家的300余名学者从事荷尔蒙研究。他的学术成就包括以下几方面：从脑下垂体分离出激素，用化学方法人工合成激素，合成人类生长激素，发现人体自生的止痛激素(β-内啡肽)。

二舅李卓皓是一个治学严谨、不断求索的科学家。他在生活上十分自律，回家吃过晚饭后总是在书桌上伏案工作，不管桌上摊了多少文件和纸片，第二天早上桌面都是干干净净没有一片纸，文具也放在该放的地方，几十年如一日。二舅中饭总是吃香蕉，他告诉我香蕉又营养又干净，还不麻烦。我初到美国时，二舅有一次问我一个月生活费有多少，我告诉他是380美元。他问我够不够用，我说足够了。他十分骄傲地大声对我舅妈和其他人说，你们看看只有中国内地来的学生是这样。也许他从我身上看到了他当年的影子：二舅当年与大舅刚到美国的时候，住在外公开的店里，因生活十分拮据，他们曾送过报纸和牛奶。“二战”期间，为了补贴四口之家的家用，身为教授的二舅用在南京金陵大学化学课上学到的做酱油的知识，与舅妈开过一个生意不错的酱油工厂，听说他很长一段时间衣兜里总是放一小瓶酱油用来拌米饭吃。1984年圣诞节过后，我在二舅家里度过了新年。有天晚上他喝了点酒打开了话匣子，大谈他在中国的事情，还告诉我1949年后他是多么向往回到祖国。二舅说，在钱学森回国之前,他们曾聚在一起讨论过一起回国的事情,钱学森劝他先不要着急,因为国内还没有他需要的实验条件,为此推迟研究会十分可惜。当时,胡适也劝他先不要回去,并送给他一首诗。

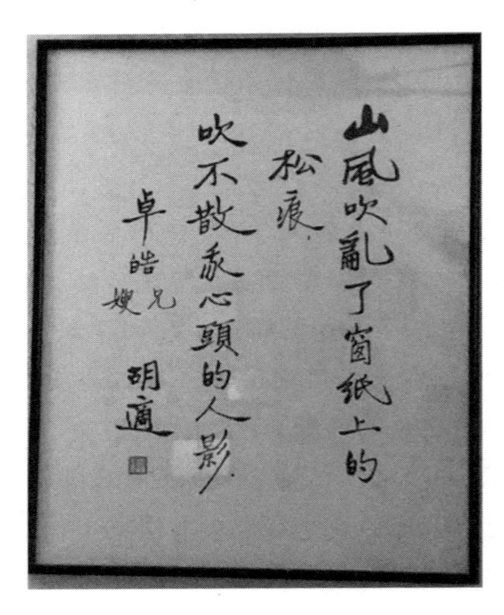


二舅 1955 年才入美籍。听舅妈说,自 1940 年二舅在世界上首次从羊的脑下垂体中分离出一种荷尔蒙(促黄体激素)之后,他的发现成果就像井喷一样。1950 年,瑞典国家科学院邀请二舅去当教授,加州大学校长收到他的辞职电报后立刻回复了一封紧急长电挽留,请他务必回来并同时提升他为正教授,又为他成立了荷尔蒙研究所聘请他担任所长。二舅成名之后,美国多所大学都请他去做教授,他谢绝了包括哈佛大学在内的邀请,但后来答应哈佛大学每年去东部做几次讲座。美国东部当时十分歧视华人,二舅一直以自己是中国科学家而骄傲。

二舅的发明给很多孩子带来了福音。知名足球明星莱奥·梅西(Leo Messi)曾经因罹患侏儒症险些彻底葬送足球生涯,是二舅发现的人生长激素(Human Growth Hormone, HGH)使梅西的身高达到了

170 厘米。二舅的一生，直到去世前不久都是在实验室度过的，这其实是我母亲很向往的实验室生涯。二舅晚年一直在研究骆驼脑子里的一种无痛荷尔蒙，他称之为“快乐荷尔蒙”。我最后一次见二舅时，他高兴地告诉我刚刚又发表了一篇论文。听学化学的小姨妈讲，二舅年纪大了，实验室里每一个他常工作的实验台上都放了一副他的眼镜。科学家对实验室的痴迷或许不是人人都可以理解，在常人看来那是一种有短暂喜悦但长期孤独的生活。改革开放以后，1986 年，二舅为指导和帮助清华大学重建生物科学院曾回中国讲学。

## 李卓荦(1915—1986)

1942 年，中国国立医学院(上海)外科学士。

1942—1946 年，中国国立上海医学院外科助理住院医生，住院医生。

1946—1947 年，作为首批选派出国学习的 6 位青年医生之一前往波士顿麻省总医院，原定导师不幸逝世后改道加拿大麦吉尔(McGill)大学(西方当时不承认中国的医学教育因此从零开始)。

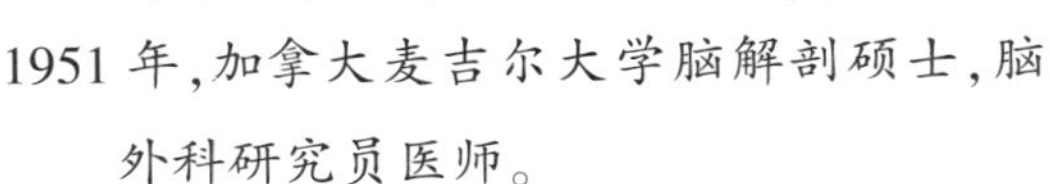

1951 年，加拿大麦吉尔大学脑解剖硕士，脑外科研究员医师。

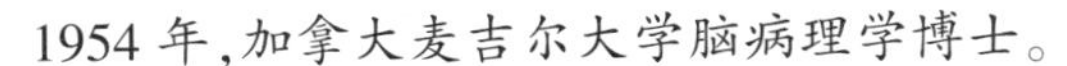

1954 年，加拿大麦吉尔大学脑病理学博士。

1947—1951 年，蒙特利尔脑神经研究所(MNI)脑外科高级助理住院医师。

1951—1952 年，蒙特利尔脑神经研究所脑电图研究员医师。

1954—1983 年，美国国立卫生研究院(NIH)脑神经系统疾病和中风研究所(NINDS)脑神经外科科学家、脑外科医生，并兼任美国乔治·华盛顿大学教授。

李卓荦是第一位成功记录位于人的脑皮层单个脑细胞放电过程的科学家,他的手术室成了实验室,许多相关领域的教科书对这一个历史时刻详加记载。在美国国立卫生研究院的国家脑神经系统疾病和中风研究所(NINDS),李卓荦继续他的脑部电生理研究,探索癫痫病和疼痛的有关课题:把对癫痫和帕金森病患者的研究与对疼痛与癫痫的机理实验研究结合起来,分析电感应疼痛对神经细胞的效应,评价不同的神经递质(neurotransmitter)对神经细胞疼痛反应的效应。

李卓荦的研究发展了三个有关癫痫机制的理论:当伤疤组织阻碍正常细胞交流时便会发生突变和不可控制的脑细胞放电;长期在脑细胞膜增加正电荷会使这些细胞反复点燃从而导致癫痫发作;周期性增加在脑中部的神经细胞活动,会使癫痫"病灶"的其他细胞放电——癫痫病正源于"病灶"所处的这个脑部位。他还为诊断帕金森病发明了一个重要的诊断工具:他和他的同事设计了记录电极,用它可以找到产生帕金森症颤抖的脑部部位;这些发现为外科干预治疗打下了基础。中美关系正常化后,他还回国对针灸麻醉脑神经机理做过研究。

三舅舅李卓荦是一位学历最长但最不像学者的舅舅。用我余凯生表哥的话来说,他具备了人间最美好的品德:慷慨、善良和使人捧腹大笑的幽默感。我母亲常说:"病人见了他,病就好了一半。"他的幽默不是装的,而是天性滑稽。每次聚会时,总有机会见他拿出上衣口袋内的一个小本本,里面记录了一些超出常理、稀奇古怪的数据。他会让大家猜,称这与桌上的菜一样有味道。他是第一位把印有中国共产党思想的书籍报刊从重庆带到澳门介绍给母亲看的。抗战期间,上海医学院迁到四川乐山,在那里他完成了外科学习,成为一名外科住院医生,也是在那里他第一次接触了中国共产党。通过为我党在重庆的重要领导同志治疗的过程中,开始认识和了解了中国共产党。他十分钦佩当时在野的共产党人。他一生都很喜欢唱《义勇军进行曲这首歌》。我和他一起唱这首歌的时候,他告诉我1973年访华时他险些犯了大错误。他在颐和园领头与随行团员大唱这首歌时,被随行翻译制止,因为当时田汉还没有被平反。三舅小提琴拉得很棒,网球也打得好,但是具有所有李家人的"基因缺陷"——方向感极差。1985年冬天,我期末考试刚结束,接到了一个奇怪的电话,电话里一个男性用低沉的英文自称是FBI(美国联邦调查局)的Agent(探员),我十分震惊,最后发现是三舅这个老顽童在捣乱。三舅邀请我去华盛顿过圣诞节和新年,给我寄了机票并到机场接我。那时他刚退休,开了一辆手排挡、没有空调的小型旧汽车,当他听说我开一辆德国大众自动档有空调的兔子牌二手车,大叫我已"资产阶级化"了。第二天,他带我周游华盛顿各处名胜地标,还说要带我去国家公墓,结果转了一天也没找着,竟然迷路了!当时三舅舅已在马里兰州的贝塞斯达(在华盛顿特区西北部,紧挨着华盛顿)住了三十多年。我是急坏了,而他笑着说:"你让一个脑外科医生给你当了一天的司机,免费坐车看风景,应该好好谢谢我才是。"在华盛顿与三舅舅一家共度的那一周令我非常难忘。三舅给我讲了很多往事,并带我参观了美国国立卫生研究院和舅妈工作的国会图书馆。他了解到我的名字是"日出"即"东方复兴"的意思,便给我起了个外号"东方红",这个外号很快就在国外的舅舅和姨妈中传开了。

三舅当了一辈子医生,对生活的要求非常少。他1946年左右开始他的留学和科研生涯。20世纪50年代,加拿大蒙特利尔脑神经研究所是当时最先进的脑科学研究所。该所成立于1933年,早于美国国立卫生研究院旗下1950年成立的脑神经系统疾病和中风研究所。当时,三舅作为第一个能在该所学习的中国人的确是难得,期间他利用电生理技术开始界定脑部各部分的功能,特别是将控制运动神经活动的部分绘制成图，并且揭示其中的基本机理。在加拿大，他有幸直接受教于脑外科和脑神经学著名学者怀尔德·潘菲尔德（Dr. Wilder Penfield）和赫伯特·贾斯珀（Dr. Herbert Jasper），他还认识了麦特兰德·巴克利·鲍德温（Dr. Maitland Barkley Baldwin）。当鲍德温被美国召回组建脑神经系统疾病和中风研究所时，是他把三舅舅也请到美国国立卫生研究院，舅舅在那里一直工作了 29 年，直至退休。

李卓荦、李英如夫妇与章文晋、张颖大使夫妇（1985 年）

李卓荦舅舅十分热爱祖国，1973 年，他与李振翩一起作为美国医学代表团成员访问中国，由此我们这个大家庭自"冷战"之后第一次恢复了联系。中国在美国华盛顿建立联络处和大使馆以后，听舅妈说，舅舅常常夜里被叫醒为祖国亲人诊病送药。值得一提的是，若不是这个舅舅，我母亲也许会死于"文革"年代。当年母亲患严重的腹膜结核，卧床不起，清华迟群和谢静宜等人拒绝让我母亲就医和用处方药，最后是舅舅将药（利福平）从美国寄给香港的姨妈，然后从香港寄给上海的姨妈，再从上海转寄到北京，我母亲才捡回了一条命。

## 李卓韶(1918—2000)

1942年左右,西南联大(清华)生物学学士。抗战后随丈夫余万夫(香港英之杰 Inchcape 公司前董事长)一同离开重庆返回香港,后定居美国。

七姨妈李卓韶从西南联大毕业后就嫁给了在重庆逃难的余万夫。据表哥回忆,他们是在重庆抗战募捐活动中认识的。1941年12月7日珍珠港事件之后的第2天,日本就侵略了香港,随着香港沦陷和大屠杀,不久余家逃难到重庆。抗战胜利后,七姨妈和丈夫带着在广西出生的儿子桂生回到香港。她一生相夫教子,晚年迁居美国。香港是内地的海外窗口。七姨妈则是李家内地与海外联系的唯一纽带。转寄邮件包裹,照顾从内地来避难的亲人,例如老革命家李晓生叔公。余家是一个香港世家。七姨夫是英国跨国公司英之杰(Inchcape)在远东公司的董事长。七姨父的父亲是香港一位资深华人领袖,非常爱国。他积极参与改善英国和中国之间的关系,在政治上为争得对中国文化和本地华人的尊重以减少对华人的歧视做了很多重要的贡献。同时,还在经济上为改善市政建设等多项领域发挥了重要作用和做出了很多贡献。例如,填海造地建造开发了湾仔地区,建造了大潭水库、中央邮政局等。作为中国人,他拒绝了任何英国人向他提供的头衔或荣誉。七姨妈是一个十分慷慨和虔诚的基督徒,每周在教堂工作,为病人读书,且参与红十字会的救援工作并荣获嘉奖。

1984年,我在加州大学伯克利分校进修学习,第一次与这位“买办资产阶级太太”见面。当时我刚到美国不久,我想我的身份使海外有些亲属感情十分复杂:他们一方面期待与来自北京的下一代亲人见面,同时又抱有对共产党政权下成长起来的一代人的偏见。但我早就知道是这位姨妈在“文革”中把三舅从美国寄来的药物转寄到国内,救了我母亲的命。回忆我们的第一次见面,还挺有意思。当时我的三位长辈——二舅妈和从华盛顿远道而来的三舅妈、香港来的七姨妈没有事先通知我,同时出现在我的公寓门口。当时我正在读书,小小的桌面上摆了高高的一摞书,还摊满了笔记。由于刚到美国,经济上十分拮据,我租了一个简陋的公寓与另外一位打工的上海姑娘同住。三位长辈中有两位是第一次与我见面,经过简单的寒暄和自我介绍后,就进门把我这很小的宿舍好好地“巡视”了一遍。我心里嘀咕:为什么来访也不事先打个电话,这不是美国的规矩吗?她们三人“巡视”之后似乎十分满意,大大赞扬了我的学习精神和简朴生活,并让我立即停止学习,要带我出去吃一顿大餐补补身子。在饭桌上我才知道她们是想搞一次突然袭击,抽查我是如何利用时间的。她们十分惊讶地说,没想到新中国出来的孩子学习如此刻苦。我告诉她们,我只受过六年的正规教育,五年小学、一年中学,后来因“文革”中断学业上山下乡,是工农兵学员;现在正在转行准备学经济和企业管理,学习压力很大,靠自学的东西实在不足以应付这个挑战,真担心完不成祖国交给的任务,等等。我本以为这次见面以后,她们也许不会再来找我了,没想到我这三位长辈从此一直与我保持亲密联系。后来我因为奖学金转学到得州读博士,七姨妈来信最勤,她常给她五个小孙儿看我儿子的照片,让他们一定要记住这位北京表兄。我儿子到美国后,她还让每个孙儿选三样玩具一起寄给我儿子。七姨妈像母亲一样,常给我写信,寄衣服,寄她儿子、儿媳、孙儿们的照片。如她所期望的,家里这三代人都成了很好的朋友。后来我多次路经香港或去香港出差,只要有机会都去探望七姨妈并住在她家,与七姨父家的亲戚也结成了好朋友。通过对我的了解,七姨妈是第一次,也是最后一次与七姨夫旅游内地,并到北京看我的父母。

20 世纪 90 年代中期，七姨妈一家去美国，与在美执教和行医的两个儿子余凯生教授/医生、余桂生医生团聚。我一直不太理解，为什么像我姨父这样的香港精英们既真心热爱祖国、希望中国强大，从骨子里痛恨英国殖民主义，但又担心和不理解中国的政治。后来我才了解到，我姨父的堂姐夫朱光(红四方面军政治部秘书长，是亲手绘制并刻板了第一张中华苏维埃共和国货币的人。曾任广州市长）和堂姐余修都是经历过长征的老干部，朱光 1969 年含冤而死，至今为止还没有找到他的后人。现在想想我们父辈所经历的一切，历史伤痛的确需要时间来愈合。这小小的家族关系也可以看到中国与世界关系的起起落落。

## 李卓球（1919—2002）

1948 年，云南大学生物学学士。
1950 年，上海某女子中学教师。
1952 年，上海市劳动局技工学校教师。
1954 年左右，先后任上海宁国中学、上海河间中学和上海市东中学中学教师，直到退休。

八姨妈李卓球当了一辈子中学生物教师，如同千千万万个中学老师，是在学生青少年时期唤醒他们求知欲和好奇心的最重要的启蒙灯。八姨妈退休前曾在上海宁国中学、上海河间中学和上海市东中学任教。她和姨父两人都是中学教师，住在南京路附近一个很小的阁楼里，厨房是跟别家一起公用的。我几次去八姨妈家，印象最深的是房间虽小，但收拾得如实验室一样十分干净整洁、井井有条。有次我出差路经上海，到他们家时已是凌晨 3 点多，为了不吵醒他们，我爬到台阶上把手伸到冬天通烟筒的窗洞里，从里面把门锁打开进去，洗完澡后才被八姨妈发现。那天我与八姨妈和八姨父同挤在一个大床上，聊天到天亮。我了解到八姨父出生在一个农民家庭,家里排行老大,下面还有六个幼小的弟妹,父母全在乡下务农,生活过得非常艰苦;他在苏州还有一位年迈的老祖母,孤单一人无人照顾。50年代初,他与八姨妈结婚前,最担心的就是他的六个弟妹和这位祖母。他把这两件大事说出来后,没想到八姨妈马上做出了两个决定:一,把老祖母接到上海与他们同住。二,从每月的工资里寄20元到常州协助抚养六个弟妹。

八姨妈像我所有的姨妈和舅舅一样,与穿戴打扮没有缘分,但十分好学。她跟我说,生活上要低标准,学习上要高标准;居安思危,生活节俭。“文化大革命”中,由于复杂的海外关系和国内弟弟妹妹的“黑”关系,八姨妈的处境十分不好,幸亏有八姨父保驾护航。八姨妈退休以后还给自己制定了自学计划,每天看新闻、写毛笔字、看书、锻炼,很有规律,从不间断;这一点与我母亲十分相像。八姨妈去世后,八姨父在悼词中引用教育家陶行知所言来比喻她的一生:“捧着一颗心来,不带半根草去。”

## 李卓显(1921—2004)

1945年,西南联大(清华)物理学士。

1945—1948年左右,在广州经营家庭企业。

1952年,美国加州大学伯克利分校物理冶金硕士。

1954年,美国加州大学伯克利分校博士研究工程师。

1954—1957年,美国霍尼韦尔公司(Honeywell)高级冶金研究员。

1957—1964年,美国霍尼韦尔公司研究小组组长。

1964—1967年,美国霍尼韦尔公司助理研究主任。

1967—1977年,美国霍尼韦尔公司研究中心主任。

1978—1980 年,美国霍尼韦尔公司科学家行政主管。

1980—1981 年,台湾清华大学工学院院长。

1980—1984 年,台湾“科学委员会”科学组组长。

1984—1989 年,台湾新竹科学园局长。

四舅舅李卓显是一位学者型企业家,学物理出身,知识面很广,思想活跃出格,青年时期就表现出经营企业的天份。他西南联大毕业以后,曾掌管家族企业。母亲的兄长们有共识,认为他是最适合干企业的。四舅多次骄傲地跟我说,他是当年广州第一个给女工休产假的老板,当时外公十分惊讶于一个没结过婚的二十多岁大男孩会考虑到女性员工的需求。

1984 年,李家兄妹大聚会时,我第一次见到这位皮肤黝黑、说话直接、行事干练、美国味十足的舅舅。他一见面就对我说:“你妈妈是李家兄弟姐妹中最惨的!”还说“我到你们家吃饺子,里面连肉都没有多少,好可怜啊”。还问我“大陆封闭那么多年,与美国差距这么大,你们这些人到美国要学什么,能学什么,学了以后又能做什么?”他说:“我在台湾清华大学对所有送去留美的(学生)都要各个谈话,让他们有的放矢地学习。”我当时心想这个“假洋鬼子”真看不起人!将来我一定要争口气给他做个样子看看。从那天起,每次立舅和他辩论我都站在立舅一边添油加醋地和他斗(逗)嘴。后来我把四舅的这些话告诉我母亲,母亲说:“他懂得什么呀?我们共产党人从来就不为物质享受。我可怜什么?我很幸福。我们的成功和满足,他是永远不能理解的。”母亲告诉我,1949 年前夕,北大英文系的李立棠(显舅妈)和她的一生好友刘君若(后明尼苏达大学比较文学教授)想方设法劝说我母亲与他们一起去美国留学,我母亲当时已加入地下党组织,可想而知她们是白费口舌。后来母亲在“文革”中挨整遭难也是众所周知,之后他们来中国也亲眼目睹了我们家的条件,所以显舅舅认为我母亲最傻,被洗了脑还不知道。但也正是这个舅舅,成了我在美国必须好好学习的动力之一。我后来被加州大学伯克利分校录取读 MBA,但还是决定离开伯克利,去得州大学达拉斯分校读书,这样不用舅舅们接济,独立压力小。而显舅的问题:要学什么,能学什么,学成了又能做什么?成了我在每个岔道口上都必须问自己的问题。

话说回来,虽然显舅舅对大陆有偏见,但他还是很珍惜与我母亲的兄妹情份。当时他挂职台湾清华大学工学院院长,正在考虑是否与舅妈迁居到台湾地区,接任新竹科学园局长一职。他郑重地要求我与我父母联系,表示如果他迁居台湾的情况会影响我父母,他将不会接受此职务。后来我问母亲,母亲说:"这对我们没有什么影响,都是中国人,中国的台湾省科技强大有什么不好。"

后来我来到得州大学达拉斯分校读博,这是一所研究型大学,没有本科生,它的前身是得州仪器公司的一个研究所。珍珠港事件后,美国为了加强国防工业,一直想把这所大学办成美国南部的麻省理工学院(Massachusetts Institute of Technology,MIT)。20 世纪 80 年代初,"亚洲四小龙"正处在经济起飞阶段,为了半导体工业的发展,台湾方面邀请美国得州仪器公司的张忠谋和美国明尼苏达州霍尼韦尔公司(Honeywell)的李卓显参加其半导体工业振兴计划。台湾地区半导体产业发展有 3 个核心战略决策:第一,建立工研院电子所,以引进消化海外技术并使其在台湾生根发展。第二,成立台湾集成电路制造公司(TSMC),以探索建立新的商业模式和龙头企业,改变台湾产业落后的劣势。第三,在蒋经国的直接推动下,建立产业集群,成立新竹科学园区。显舅舅就是在这个背景下被请回台湾的。他认为科学园区是培养明日工业领袖的大熔炉,是展现青年人创业抱负的大好摇篮。正因为如此,得州的达拉斯也成了日后显舅舅经常到访的地方。他每次来达拉斯都要来看我全家,从他那里我了解到他正在建立南亚地区第一个高科技工业园区,也了解到日本半导体工业增长迅猛。由于我的专业是国际工商管理,我从专业意义上能够理解他的作为,以及台湾地区为东南亚经济和科技发展起到的重要作用。东南亚自然资源缺乏,台湾地区在如何“创造”其比较优势和国际竞争力上,为后发的亚洲经济开创了一条路;在某种程度上说,也是深圳模式的前车之鉴。我逐渐改变了对显舅的看法,他的成就不但颠覆了传统经济学中大卫·李嘉图(David Ricardo)对有关地缘比较优势的理论,而且为发展中国家走向富强提供了十分有利的理论依据。后来我到各地讲学,碰到了一些从台湾工业园区走出来的科技企业家,他们对显舅舅的评价都十分高。但是,当我每次对显舅讲我母亲这一代大陆革命知识分子的故事时,他还总是习惯性地与陪同人员说:“她的妈妈,是我在大陆最可怜的妹妹。”如果他现在还活着的话,也许他会改变想法,事实是我母亲那一代人的奋斗是多么地值得。

## 李卓立(1924.1.4— )

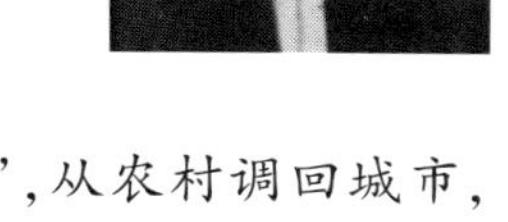

1948 年,南京国立中央大学经济学学士,广州岭南大学助教。

1949 年,华北革命大学学习,后分配到天津财经委员会工作。

1955 年,就职于天津市工商局。

1957 年,递交入党申请书。

1958—1960 年,错化为“右派”,下放到天津农村劳动。

1960—1978 年,由“戴帽右派”转为“摘帽右派”,从农村调回城市,降薪降职处分未被撤销,在菜市场干体力劳动。

1978—1986 年移居香港,任香港电视广播公司研究顾问。

1979 年降职降薪处分取消,右派档案销毁。

1986 年全家移居美国。

我小的时候,小舅舅李卓立一家常来看我们,但我对他了解甚少。直到 1984 年夏天,我与他同在伯克利,这是我成年以后第一次真正地了解立舅。当时,他从香港到伯克利,知道我初到美国,还给我从香港带来了几件入时的新毛衣。这时,他利用假期来美为他全家迁居美国打前站,另外也想借此机会学习提高。当时我们同住在离我学校不远的一所公寓里:他与科学院的两位老师和清华的张孝文老师(后任清华校长)住在一起,我与一位上海来的打工女孩住在一起。我是从机械制造转学的经济管理,专业基础和专业的英文术语一切从零开始,万幸有立舅舅在身边。当时正是学校暑期,也是补课的好机会,每天早上我们俩人各带上一个三明治和一个水果同去图书馆,晚上一起回来后我做饭我们俩一起吃,我很珍惜和他在一起的这两个多月的时光。每次吃晚饭时,我们就天南海北地聊很久。舅舅是一个地地道道的学者:他英文很好,尤其喜欢莎士比亚的作品,经济学底子也很扎实。他给我讲经济学的历史,马歇尔学派、凯恩斯主义等,是引我入门的启蒙老师。我小时候只知道他是一个慈祥的长辈,快 30 岁了才知道他的"庐山真面目"!正如 1980 年一位报社记者报道立舅舅所起的标题——《被埋在泥土里的一颗明珠》。在那些日子里,我第一次了解到了他当"右派"的痛苦岁月,一点也不比我们家在"文革"时期的经历逊色。同很多 1957 年在反右扩大化中蒙冤的知识分子一样,我唯一一位留在国内的舅舅一生中有二十年是在谁都不愿意沾边的"贱民"地位中度过的,那是整整二十年的蹉跎岁月,而人生又有几个二十年呢?1949 年秋,他接到伦敦经济研究所的入学通知书,但他"一心想报国,认为留学算得了什么,还不如早日参加新中国的建设"。祖国解放和对未来的希望使他选择了华北革命大学,经过培训成为一名国家干部。但 1958 年到 1978 年,他都是一个"有历史前科的人"。他被打成"右派"以后,下放到天津农村进行思想改造,当时正是"大跃进"期间大炼钢铁,他的任务是把从坟墓里挖出的棺材板劈成炼钢的燃料。冬天与老农一起赶车进城掏大粪,由于实在太累太倦,他在大粪车顶上打了个盹,不小心从车顶上摔下来左臂骨折。为了把原来的公墓变成养猪场,他又被派去做“起坟”的工作,不幸被棺材板上腐烂的钉子扎到,伤口感染了很久。后来舅舅学会了赶大车,在猪场当上赶车工,到豆腐渣场拉豆腐渣。当时正值“三年困难时期”,路上很多人要饭,舅舅心眼好,放慢车速让他们到车上掏豆渣。1960 年舅舅被摘掉“右派”帽子,到 1978 年一直在菜市场干活。虽然这二十年他中断了学术生涯,但他对经济学的兴趣从未间断——我还记得他跟我讨论如何减少国家财政负担和解决中国农产品补贴的问题。1978 年底,在卓敏舅舅的帮助下,立舅离开天津到了香港,那时候他已经 54 岁了,可想而知此时的西方世界特别是经济领域的发展已是今非昔比。立舅先在一个渔场做事,借机争分夺秒地补课。他不愧是南京中央大学经济系毕业的高材生,我真佩服他超人的自学能力!立舅十分聪明,英文好,数学底子过硬,围棋下得也棒。不久,他被香港电视有限公司聘为研究顾问,负责市场分析及经济预测。在三个月的试用期中,他夜以继日地找参考书补课,在规定时间内写出的分析报告获得不俗评价,终于通过了考试。那些日子里,他从图书馆借来研究生院经济专业用的全套教材,每天下班之后研究到深夜,并做遍了统计学教科书中的全部习题。三年后,他先后出版了《实用经济计量模型与经济预测》《决策与经济计划最优化》《实用经济计量学》《宏观与微观经济规律》,还翻译了《未来的行政首脑》和《经济系统》等著作。1982 年后,他先后应清华大学、北京大学、南开大学和中山大学邀请回内地讲学。立舅是最早把计量经济学引入国内的学者之一。他一生大起大落,却始终保持着真挚的国家和民族情怀,热爱并锲而不舍地探索自己的专业——这是那一代中国知识分子的代表精神。

## 李卓美(1926—2017)

1943 年入西南联大(清华)化学系,后转入重庆大学,1947 年获重庆大学化学学士。

1950 年,获岭南大学化学硕士。

1952—2017 年,历任中山大学化学系主任、教授、科研处处长、校务委员会副主任等职,中共党员。

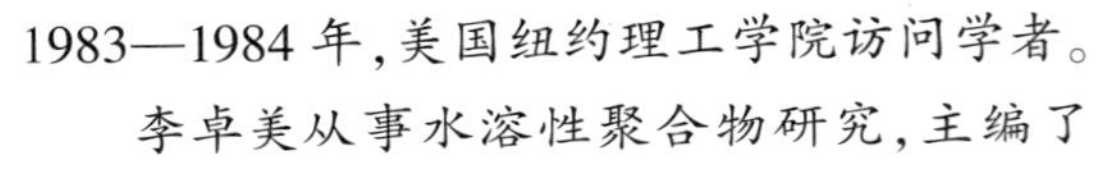

1983—1984 年,美国纽约理工学院访问学者。

李卓美从事水溶性聚合物研究,主编了我国第一本高分子化学教科书《高分子化学》。1959 年,获全国“三八”红旗手称号。20 世纪 60 年代,研制出一种高分子聚凝剂,应用于钛白粉生产和采矿选矿。1978 年,获广东省科学大会奖。在中国首次研制成功改性聚羟基氯化铝,研究成果包括高分子泥浆处理剂、油品降凝剂等。先后在国内外有影响力的杂志上发表论文 120 余篇。1989 年,国家教委和广东省人民政府分别授予她“全国高校国家级优秀教学成果奖”和“广东省高校省级优秀教学成果一等奖”。

小姨妈李卓美与我母亲年龄差距最小,两人从小就最要好。她们各自结婚以后,尽管身处天南海北,仍保持着密切联系。直到美姨去世前,两个人还每隔一两个礼拜就要通一次电话。20 世纪 50 年代初,我们家还住在照澜院时,小姨妈和小姨夫林怡堃就常住在我们家里。当时他们正在北大进行学术交流和进修,美姨是化学教授,小姨父是物理学教授。他们每次到北京开会总是住在我们家,像父母一样伴随着我们姐弟三人的成长。当时父母经济条件紧张,奶奶、上北工大的何武珍姑姑和林学院的程子玲表姐(二姨妈的大女儿)都需要父母扶养和补贴,所以我们的很多图书、小三轮车、玩具,都是小姨妈和姨父买给我们的，我到现在都还记得那一套《十万个为什么》。“文革”之后，因为父亲身体不好，父母还去了广州中山大学小姨妈处治疗和养病。我结婚生子之类的人生大事，都征求过小姨妈的意见。

我小时候，小姨妈就常给我们讲抗战期间她艰苦的求学经历。那时美姨才 16 岁，与五位年长的女同学结伴去粤北坪石山区找中山大学。她在路上患了重病，到柳州时在一座冰冷的教堂里躺了两天不省人事，差一点丧命。后来千辛万苦找到了中大，她与另外一个女生被中大录取，其他四位只好继续奔走他乡。在中大的生活同样艰苦，学生吃不饱，学习环境很差。在重庆的舅舅们不放心年幼的小姨妈，一年后把她接到重庆，在那里她同时考上了西南联大和重庆大学。由于就读西南联大需要额外费用，而且当时李卓敏和另外两位舅舅都在重庆，她便选择了重庆大学化学系。1947 年，她又在广州岭南大学研究生院(后并入中山大学)获硕士学位，从此留校任教，在中大度过了 40 年的学术生涯，从助教成长为博士生导师，后又成为国家高分子重点学科的学术带头人。美姨常说，在兄姐妹中她受李卓皓影响最大。皓舅舅说：“人生中有两个 F，一个是 Fate(命运)，一个是 Faith(信念)。一个人要想把握住自己的命运，就要有信念和理想，并且要为这种信念孜孜不倦地奋斗。”这点她做到了。

小姨妈是一个严格的学者，每次和小姨妈谈话总有几个特点：第一，她先听你说，然后总结出一二三条议题要点再讨论，以免走题太远；第二，她从不以长辈自居，与晚辈关系平等，各抒己见，她会有建议，但听不听由你；第三，小姨妈为人师表，以身作则，从不教训人。小姨妈做事井井有条，床铺书桌收拾得整整齐齐。她读书、给学生批作业以及与我父母讨论问题的方式，也潜移默化地影响着我们。记得 1984 年我与她在伯克利见面，她正在纽约理工学院做访问学者，从纽约飞到旧金山的一路上她都在给学生修改论文。在飞机上批改学生作业也成了我后来喜欢干的事，这种情况下没人打扰效率最高，或许这也是“基因作怪”。小姨妈是把一生都献给学生和化学的高分子化学家。

## 结 束 语

母亲的一生和她的家庭历史是中国走向世界的缩影。百年来，她的父辈和她这一代的十一人，由于时代变革，每个人的经历和道路各有不同。他们的经历是中国的也是世界的，就像中国的文化是中国的也是世界的。在这个过程中，一个家庭内部都会有彼此不理解的地方，何况一个社会乃至世界呢？回顾母亲的一生和她家庭的历史，也是饮水思源的过程。我们中国人的历史观是以天下为公、和而不同、海纳百川，方可昌盛。一个家庭，一个民族，一个国家，乃至世界也是如此。20 世纪是民族解放、殖民主义历史终结的时代，而 21 世纪，是发展中国家真正以自己的民族特点，探索并改变自己的命运，进入世界舞台的多极时代。中国打开国门后，如何了解世界，又如何让世界了解中国？现在的世界，是一个你中有我、我中有你的世界：从世界和平，到自然生态环境和资源的共享开发，再到经济发展

永远活在我们心中的爸爸妈妈(“文革”期间)

和个人的幸福,世界越来越成为一个命运共同体。四十多年改革开放的经验证明,中国只有融入世界才能不断发展,这就意味着中国必须要持续地向世界开放,这绝不是什么权宜之计。在这个过程中必然会面临冲突,但和平发展才是世界人民人心所向的大趋势。国家疆土虽有界,为大多数人所接受的文化、思想和科学技术却无界。百年树人的教育事业要为中华民族的伟大复兴、为推动构建人类命运共同体筑牢人才基础,这是一个时代的主题。前辈们未完成的事业永远与我们同行前进。

## 参考文献


[1] 清华大学校史研究室. 清华校史丛书:清华大学一百年[M]. 北京:清华大学出版社,2011.

[2] 宣讲家网. 中共中央转发毛泽东对《清华大学物理教研组对待教师宁"左"勿右》一文的批示 [EB/OL]. http://www.71.cn/2011/0930/632530.shtml, 2011-09-30.

[3] 樊富珉,李卓宝. 重视和加强大学生心理健康教育[J]. 教育研究,1996(7):21-24.

[4] 廖江群. 清华大学心理学系:几番风雨终辉煌——写在清华大学心理学系复建之际 [EB/OL]. http://edu.cnr.cn/eduzt/qhxl/news/20101230/t20101230_507532617.html,2010-12-28.

[5] 林崇德. 一国的教育部长与心理学科的发展——深切怀念何东昌部长[J]. 中国教师,2014(5):59-60.

[6] 方惠坚等. 蒋南翔传[M]. 北京:清华大学出版社,2005. 172-234.

[7] 李卓宝等. 坚持与超越:理工科大学培养人才的基本特征及其途径的研究与实验[M]. 北京:清华大学出版社,1997.

[8] 清华大学教育研究所. 继承与发展:新时期清华大学教育改革试验与研究[M]. 北京:清华大学出版社,1991.

[9] 李卓宝. 怀念和追忆蒋南翔校长[A]. 校友文稿资料选辑清华校友通讯丛书(第十集)[M]. 北京:清华大学出版社,2005. 159-171.

[10] 章熊主编.特殊篇章:清华大学附设工农速成中学创校四十周年纪念文集(1951—1991)[M].1991.1-13.

[11] 王孙禺,刘惠琴.深切缅怀李卓宝教授[EB/OL].https://mp.weixin.qq.com/s/L971mS0H-QD1XvcUuIiN-A,2020-04-04.

[12] 李卓宝.黑夜中的一盏明灯[A].贺美英,王浒主编.峥嵘岁月:解放战争时期清华校友足迹[M].北京:清华大学出版社,2008.287-289.

[13] 李卓宝,江丕权.谈谈教学过程中的认识规律——评“四人帮”对“老三段”的攻击[J].人民教育,1978(12):29-34.

[14] 李卓宝.在新的历史条件下关于教育本质与大学职能等问题的思考[J].清华大学教育研究,1995(1):1-9.

[15] 李卓宝,江丕权.关于自然科学基础理论课的教学工作[J].红旗,1961(24):25-31.

[16] 李卓立、李卓宝、李丽棠等,《荣荫之源》《At Home in The Four Corners of The World: The Legend of Li Rong-Yin-Tang》USA,Berkeley,CA,1993. 中国,北京,1997.

[17] 哈特臣.锦霞满天:利丰发展的道路[M].黄佩仪,汤丽仪译.广州:中山大学出版社,1993.

[18] 余齐昭.孙中山致李晓生函时间再考[EB/OL].https://www.sohu.com/a/208461015_161795,2017-12-05.

[19] 黄宇和.中山先生与英国[M].台北:台湾学生书局有限公司,2005.321.

[20] 刘寿林等编.民国职官年表[M].北京:中华书局,1995.

[21] 李纾.李晓生未完成自传稿先睹:辛亥年前的革命生涯[J].南大语言文化学报,1998,(1).

[22] 周兆呈.星洲同盟会最年轻的会员——李晓生:孙子追寻祖父革命路[EB/OL].http://www.sgwritings.com/bbs/viewthread.php? tid=59898.

[23] 程天固.程天固回忆录[M].台北:龙文出版社,1993.

[24] 朱桂芳.乐观健康余热生辉:访华南师范大学外语系李卓依副教授[J].(刊物和时间不详).

[25] 傅寿宗.精神常驻人间:悼念儿童心理教育专家李卓依同志[J].(刊物不详)1993.

[26] Choh-MingLi, "Political and Economic Parameters: Hong Kong and China," in China's Trade With Other Pacific Rim Nations: Hearing before the Special Subcommittee on U. S. Trade with China of The Committee on Energy and Commerce House of Representatives, (Washington: U. S. Government Printing Office, 1984), 137-169.

[27] 李卓敏. 开办的六年:1963—1969[M]. 香港:香港中文大学,1969.

[28] 李卓敏. 新纪元的开始:1975—1978[M]. 香港:香港中文大学,1979.

[29] Choh-Ming Li, *Economic Development of Communist China: An Appraisal of the First Five Years in Industrialization* (Publications of the Bureau of Business and Economic Research, University of California), 284.

[30] University of California, Berkeley, *Haas School of Business 100 Years: Brief Centennial History 1898—1998* (Berkeley and Los Angeles: University of California Press, 1959), 23.

[31] Berkeley China Initiative Video, "Center for Chinese Studies, UC Berkeley 50th Anniversary 1957—2007".

[32] Paul Trescott and JingjiXue, *History of the Introduction of Western Economic Ideas into China, 1850—1950* (Hong Kong: The Chinese University Press, 2007).

[33] University of California: In Memoriam, 1992, "Choh-Ming Li, Business Administration: Berkeley," https://oac. cdlib. org/view? docId = hb7c6007sj&chunk. id = div00035&brand = calisphere&doc. view = entire_text.

[34] 邢慕寰,金耀基. 香港之发展经验:李卓敏博士七秩华诞纪念论文集[M]. 香港:香港中文大学出版社,1986(2).

[35] 《中文大学校刊》1964 年 6 月至 1992 年. 香港:香港中文大学.

[36] 台湾省"行政院善后救济总署"[EB/OL]. https://art. archives. gov. tw/Theme. aspx? MenuID = 444.

[37] Li,Choh H. (李卓皓)[EB/OL]. https://calisphere. org/collections/12903/.

[38] University of California San Francisco, "UCSF Medical Center, Choh Hao Li (1913—1987) Biography—A History of UCSF," https://history. library. ucsf. edu/li. html.

[39] Sandra Blakeslee, "Human Growth Hormone Produced in Laboratory," New York Times, January 7, 1971.

[40] R. David Cole,"CHOH HAO LI,"https://nap. nationalacademies. org/read/5406/chapter/13#221.

[41] CarolKahn, "The Man Who Discovered Happiness Hormone," *Family Health Magazine*, (1978—9?).

[42] "Choh Hao Li, Biochemist, Is Dead; Isolated Human Growth Hormone," https://www. nytimes. com/1987/12/01/obituaries/choh-hao-li-biochemist-is-dead-isolated-human-growth-hormone. html.

[43] 张家庆. 纪念国际杰出的华裔科学家、实验内分泌学家李卓皓教授诞辰100周年[J]. 中华内分泌代谢杂志,2013,29(12):1003-1005.

[44] "Li, Choh-Luh," https://www. washingtonpost. com/archive/local/1986/08/29/obituaries/d5a9f66f-043b-4c54-bcd0-96c64e944807/.

[45] National Institute of Health, "Dr. Choh-Luh Li Retire from Research Career," U. S. Government Printing Office, (1983).

[46] Choh-LuhLi, "A Brief Outline of Chinese Medical History with Particular Reference to Acupuncture,"*Perspectives in Biology and Medicine*18, (1974): 132-143.

[47] Li, Choh-Luh. American Scientists. Vol. 4, 12th ed. 1972.

[48] 李卓显. 美国"生产自动化"技术考察团:考察报告[EB/OL]. https://www. google. com/books/edition/%E7%BE%8E%E5%9C%8B_%E7%94%9F%E7%94%A2%E8%87%AA%E5%8B%95%E5%8C%96_%E6%8A%80%E8%A1%93%E8%80%83%E5%AF%9F%E5%9C%98/9Xr7kQEACAAJ? hl=en.

[49] 李卓立. 实用经济计量模型与经济预测[M]. 北京:清华大学出版社,1981.

[50] 李卓立. 决策与经济计划最优化[M]. 北京:清华大学出版社,1982.

[51] 哈林·克里夫兰. 未来的行政首脑[M]. 李卓立译. 北京:清华大学出版社,1984.

[52] 李卓立. 实用计量经济学[M]. 北京:清华大学出版社,1987.

[53] 黄乐览,胡建中. 命运与信念的礼赞:记高分子物理学家李卓美教授. 中山大学高分子研究所,1995.

[54] 李卓美,高魁祥,申建国编. 中华古今女杰谱[M]. 北京:中国社会出版社,1991.

# 后　　记

敬爱的李卓宝教授于2020年3月13日离开了我们，清华大学教育研究院全体师生深感悲痛。院党政联席会决定编撰《李卓宝文集》，一为纪念李卓宝教授，二为志记清华教研文脉。

《文集》以时间为序，共编录李卓宝教授14篇教育研究文章，研究主题广泛，记载了李卓宝教授为理工科高等教育、高校知识分子政策、课程设置和为国家建设培养高质量人才在不同历史时期所面临问题和挑战所做的思考和建议，留下了为社会主义高等教育发展所做出不懈努力的印记。这些文字充分反映了李卓宝教授对党的教育方针和政策的深刻理解，反映了她对教育科学研究和高水平人才培养等诸多方面的独特见解。这些教育理念曾对清华大学和全国教育研究的深入开展产生了重要影响。

清华大学党委原书记方惠坚专门撰写纪念文章《回顾与李卓宝同志共事时的两三事》，作为《文集》代序。清华大学教育研究院王孙禺教授和院党委书记刘惠琴研究员合作《深切缅怀李卓宝教授》一文，全面阐述了李卓宝教授作为清华大学教育研究所首任所长对清华教育学科建设之贡献。《文集》后附李卓宝教授子女所写《母亲一生和她的家庭——李卓宝小传》，生动展示了李卓宝教授为人为学的高尚品格。

文集编撰工作组由清华大学教育研究院王孙禺教授主持,成员包括副院长赵琳、国际工程教育中心田慧君等。院综合办公室孙笑、清华大学教育研究编辑部张婧妍也承担了文稿校对工作。清华大学出版社马庆洲等同志对文集出版给予了大力支持。

在此,对所有参与《李卓宝文集》编撰工作的同志表示诚挚感谢!

《李卓宝文集》编撰工作组

2023 年 1 月